社火：老俗新欢

人类学·民俗学：来自生活一线的田野报告（第十二辑）

主编：郝苏民　马忠才

那贞婷　等著

甘肃省民俗学重点学科建设基地
西北民族大学西北民族非物质文化遗产保护研究中心

中央民族大学出版社

图书在版编目（CIP）数据

社火：老俗新欢/那贞婷等著．—北京：中央民族大学出版社，2013.12

ISBN 978－7－5660－0594－6

Ⅰ．①社…　Ⅱ．①那…　Ⅲ．①风俗习惯—研究—中国　Ⅳ．①K892

中国版本图书馆 CIP 数据核字（2013）第 285830 号

社火：老俗新欢

作　　者　那贞婷等
责任编辑　红　梅
封面设计　智一视觉
出 版 者　中央民族大学出版社
　　　　　北京市海淀区中关村南大街 27 号　邮编：100081
　　　　　电话：68472815（发行部）　传真:68932751（发行部）
　　　　　　　　68932218（总编室）　　　　68932447（办公室）
发 行 者　全国各地新华书店
印 刷 厂　北京宏伟双华印刷有限公司
开　　本　880×1230（毫米）　1/32　印张：10.625
字　　数　270 千字
版　　次　2013 年 12 月第 1 版　2013 年 12 月第 1 次印刷
书　　号　ISBN 978－7－5660－0594－6
定　　价　32.00 元

我们的学科之路，这样走来
（代总序）

1 30 年前的 1984 年，原西北民族学院（今西北民族大学）创办了西北民族研究所，动机原本出自对“十年动乱”反思后的一个学科基本建设之举。所名还是其时国家民委领导人拟定的。这个反思的主旨，是出自这样一种回顾与思考：新中国人民政权，一反千年封建王朝与国民党政府大民族主义的统治惯制，要实现各民族当家做主、一律平等的民族政策。于是开展少数民族工作，培养少数民族各类型干部成为一切首要。为此，应运而生了民族高校的创办。共和国第一所民族高校，便是西北民族学院。她的办学是强调族群性的，也突出了区域性。因此，“西北民族研究所”的关键词应是“西北”、“民族”、“研究”。毋庸置疑，民族高校的学科建设和办学特点，对全国其他普通高校而言，亦应如此看待。

2 应该说，民族学院类型高校群的产生，确系中国教育史中最崭新而灿烂的一页。然而，西北民族学院从成立伊始的 1950 年，直至 1984 年前，却未曾有过科学意义上成体系的民族学的理论研究、专业建制与教学队伍与体系的组建（这与稍后 1951 年在首都北京创办的中央民族学院的情形：有中国学界老一辈中外著名专家吴文藻等以及早已成为领军人物的费孝通、林耀华等学术大师群体的存在有别）。虽然学科建设上的这种“空缺”，责任与损失并不都来自学院本身与其时奉命而办学者个人，它与当时中国人类学/民族学、社会学学科等的境遇完全是一致的。随着中国共产党十一届三中全会之后拨乱反正思想路线的贯彻执行，的确对有志从事人类学/民族学等的学人们应是一个极大鼓舞。所以说，1984 年西北民族学院西北民族研究所的创办以及《学报》创办问世，从高等教育着眼看问题，便是当时本院民族学人与高教工作者学术心愿的首次圆梦！

3 然而，发展道路又总是曲折的。“市场经济”转型，带来所谓“全民下海”冲击，本在“意料中”的事实，而“单位”创收，导致高校捷足先登者从办班中捞取的第一桶金，诱惑本在坚守岗位的教师之力，却是令人“意料之外”！希冀重建人类学/民族学的敢想者中也出现了教学与科研比重的意见分歧，科研经费和基础建设等问题无从提上日程的迷茫，凡此直接涉及成员工作量、职称等切身利益的不平与困惑。自然，复杂的表层不能掩盖其简单的内因：历史转折关头老校如何“新生”，学校未来整体发展如何构架？对普通高校而言，民族类高校的不可替代性特点究竟何在？民族院校的时代性角色该怎样定位，哪些是实践实证了的真正“拳头”专业？应恢复、重建哪些机构？又该急速补缺扩建哪些必有的学科？哪些专业由一般普通高校去办比民族高校会更有条件……实话实说，这些本为办学内行领导所关心、研究的事情，因“文革”后遗症受到了影响。

4 经过彷徨、内外沟通，几经“阵痛”，终于在 1998 年 10 月，借教育界连续改革热潮启动和校方领导的理解与支持，原西北民族研究所的我们个别人，决定以放弃原基础资料设备和经过好几个年头整合的学术队伍，以及已在全国圈子里开始产生影响的“西北民族研究所”的“品牌”名称、建制和大部分成员为“妥协”代价，重组三五个青年学术同道加个别老先生，走出原西北民研所的大门，重新组合了“社会人类学·民俗学”

系、所合一的机构，另起炉灶，重开人类学/民族学（民族志学）、民俗学的学科建设。

这个人类学、民俗学名称的出现，为“共和国首座民族高校”办学近半个世纪后首次整合，填补了社会学、人类学/民族学、民俗学专业从未有过的科研与学科空白；也在西北民院首出“系所合一”的教学形式，把科研直接引入课堂教学。在大西北人文社科学界第一次出现了人类学、民俗学的学科建制。不久，在费孝通教授力荐下，又借教育部为北京大学批办社会学人类学高级研讨班的契机，与北京大学合作在西北重镇兰州举办第六届高研班。

费孝通先生煞费苦心的目的有二：一为扶持西北民大社会学人类学专业的开创；二为开发西北研究培养专业人才。费老亲临我校为我系揭牌，并在会间主题讲演；召开来自大西北各地青年的各类型座谈会，谈到人类学/民族学、社会学培养少数民族出身的专业人才的重要和迫切意义。他语重心长、深入浅出，这给有志学科建设者们以极大精神支持和学术“扶贫”。

5 1990 年我们曾首获民间文艺学（含民俗学）硕士学位授予权（马学良、宋蜀华、钟敬文等老一辈学者唯图学术的胸怀和勇气，成了真正“助人成功”的关键），1991 年我们开始招收民俗学研究生。鉴于我们对中国西北地区各民族民间文化（民俗文化）的历史脉络和多元现状及其特征的本土理解，在组织教学与科研上，确定了重视田野作业，开辟民俗志积累，坚持多民族地域多元文化特色，从头打好学术基础建设的发展思路。再加上人类学/民族学教学点的逐步开拓与社会学教学，我们打通了三门学科的交叉，以往全国民间文艺学（民俗学）传统教学仅设在中文系（汉语系）多作为讲座课（选修课），以每位研究生入学，必经“始业课”的专业启蒙，作为来自不同专业本科生开始研究生教学的“补课”；同时，强调导师要根据研究生个人旨趣和优长（或民族、或地域）为本，定其专业研究的具体方向，而不可仅仅依据导师“课题”之需确定研究生的发展方向。随着实践的延续果然局面顿开。至2012年，这个教学点（含少数民族民间文学、民间文艺学两个研究方向）共招生了10多个民族的硕士研究生147名，已毕业获得学位者132人。在毕业者中近三分之二成为民俗学、民族学、社会学的考博人员，他们分散于包括香港中文大学、北大、清华、北师大、人大、中山、复旦、南开、南京大学、中央民大、华东师大、东南大学等多所名牌大学攻博、“进站”；至今，其中有的已成长为名校硕士生、博士生导师。从2004年开始，又开始了招收攻读少数民族民间文（艺）学博士生，至2012年已有12人获博士学位。这一集中现象是西北民大创办以来其他院系、专业所未曾有过的。更重要的是，在培养人、训练队伍的同时，积累了不少以专业要求采集到的比较有质量的田野民俗志的新资料。尤其在其后以降，费孝通教授提出西部大开发中人文资源的保护利用与开发的问题后，我们在承担“西北人文资源环境基础数据库”内民俗部分的任务中，坚持了研究生在导师指导下发挥地方性知识和民族语言无障碍的优势，深入生活第一线，零距离现场考察的专业训练学风。民俗学研究生教学实践，在历练了教学骨干的同时，区域民俗志资料成果累累结枝，积累了几百万字的民俗志数据库资料。

我们这个系（所）经过第一个“五年计划”的艰苦奋斗，借助全国形势好转带来的时运，进一步发展为“社会人类学·民俗学学院”。我们把民俗学的整体学科建设、发展路子，摆脱开往昔传统上仅从“文学”上先入为主地唯以“民间文学”以带动民俗学的旧教学轨道，借鉴相近学科人类学（民族志）、社会学、民间文艺学优势，既互相交叉渗透、互促发展，又各自保持相对学科独立发展的轨迹。我们用超强的劳作先后开办出游牧、农耕、人口较少民族等民俗及其非物质文化遗产教学类型；民族、宗教、文化、家庭、妇女、影视、民间艺术（美术、工艺、歌谣、戏曲、舞蹈）等专业方向，为复合型人才的培养和学生学养的丰厚、“一国多民族”的整体性大视野提供空间，以适应转型期人才市场的多样需求。目前，我们除已有的民俗学研究生点外，人类学、社会学、社会工作和民间文艺学等的硕、博研究生都在培养之中。

6　五年来，我们有北大、北师大、中央民大等高校相关先进专业和其中名师们的协助和具体帮助，在大开局面中崎岖前进。我们的民俗田野，涉及西北各民族地区外，也借主题的需求而波及内蒙古、西藏、新疆、四川、华中及至华东，甚至东北各地以及海外。在物质条件极不足的状态下，坚持依靠业内同行办好我们的专业学刊《西北民族研究》，获得学界广泛认同，成为CSSCI 刊物；也成为这三个学科硕博生和专业教师们喜爱的一块绿色学术平台。目前，《西北民族研究》已成为“国家社科基金资助期刊”；我们正努力把促进、服务于教学、科研和社会的学刊，办成“文化走出去的”学术品牌。

我们的学科基础建设和教学实践使我们体会到：虽也无法回避目前还存在于体制上的掣肘和终于常规仍存距离的艰辛事实，但各高校圈内同行认可的这个路子，亦可视为一种有益的中国地方学术实践经验。事实上，在我们之后，也在中国社会学、人类学/民族学、民俗学界大师级老一代代表人物费孝通、马学良、钟敬文等谢世之后，我们看到从北京师范大学到内蒙古师范大学，也都先后改制或创办了社会学民俗学、人类学民俗学等模式的教学建构……我们自己是欣然的。

7　高校在一阵扩招、扩办、并校、升级之后，据说出于

“冷思考”的调整把高校分类为“研究型”、“教学型”几种发展类型，又似乎学校一旦被划进某种类型后，即将在某类型框子内以行政“规范”去管理（如何有竞争）。各校内各学科、专业之间大约已有的发展水平不尽相同，是将随所属学校类型“一刀切”而去存在、发展？还是以所属行业学科实际水平去“强强联合”（如同当年之“院系调整”）去整合？还是随其各校自主“挖墙”、“流动”、“自生自灭”，以示“市场经济”在教育上的反映？抑或已有资源自主存留等市场经济范式……在如今高校领导层似皆为教育内行，大都系博士、教授的现状下，自主趋势如何发展大学，仅为普通身份的专业教授在学科建设、发展中能发挥多大作用？目前难以预测。虽说人类学、社会学、民俗学研究对象关乎群体、社会、国家认同与人类的大范围，但似乎此类学术属性在中国，往往不像办体育、办艺术那样红火而幸运；确是一种不大显露政绩的“孤独性”学问、学科，得到在意“政绩”、“指标”的领导眷顾，常常是不易的。

好在我们曾经的努力基于事实，亦曾经被其时业内所认同过；“助人成功”之说，本为各自所指各有个人的理解、界定和认可。无论如何师生风餐露宿的“田野”是为学执著的“书呆子们”汗水的播种。于是，仅仅出于其时一个教师的我们，本着曾经为师之心、师生同窗切磋，或曰“教学相长”之情，将把部分学子为攻读学位而参与的调查报告，做初步学术规范和可读性的整理后，以一种资源回报给社会群体，也为这世变方激的新世纪之际，师生们从前沿生活大潮中舀出的这一瓢瓢底层的浪花，存留给来者而感到努力过的欣慰！我们自认为这一行动对当前学术浮躁尚不能一个早晨就烟消云散的今天，于师、于生、于己、于众、更于学校之心，当年大师之良苦用心，皆心同此理吧！

8 若有幸，甚而尚存继续从业之机，我们随时准备用被边缘化了的文化行为寻求可认同的学术合作伙伴。

我们的“人类学·民俗学：来自生活一线的田野报告”系列的编辑，虽也曾得到本学界不少贤达鼓励、促成，但终因未能直接挤入本土的“工程”类和“扶持”类，不足的经费导致了它无法“满书尽披黄金甲”的华贵包装及名人作序牵衔，只能是“素面朝天”，以真人真事的朴实面孔迎接她的识者——广大学子读者了。

本系列之一，曾应方李莉女士建议配合中国艺术研究院“基础数据库”重大项目中民俗部分采集，归入另一丛书出版；本系列之第二、第三、第四共三辑经本校现民族学与社会学学院院长文化（苏依拉）教授之力得到本校资助在兰州大学出版社分别出版。之后，系列之第五、第六、第七、第八共四辑由郝苏民得到祁庆富教授支持纳入教育部人文社会科学重点研究基地中央民族大学中国少数民族研究中心丛书出版。到此，这一系列共八本书，是分别由三处支持才问世的。但是从西北民族大学初创社会人类学·民俗学专业到培养出自己的硕、博研究生和他们的成果，我们实在是得到了不少贤达和学界志士仁人在关键时刻的真诚爱护、支持和帮助才有些许作为的。在进入 21 世纪的今天，又逢“国学”重新被大大提倡，教育新时代青年一辈也要知恩图报，不可满城尽当“白眼狼”之际，我作为这个系列各辑成果出版的操办和见证人，深深体味了出版学术书籍的不易，不能不郑重提出下列先生和同学，因他们的关爱、辛劳，作为其时导师今日主编的我以及各辑的撰稿人在此一一向他们致以中华民族传统式的抱拳和鞠躬：真诚地谢谢你们了！除已经鸣谢之外，他们应是：费孝通、马学良、宋蜀华、祁庆富、马麒麟、谢玉杰、马戎、杨圣敏、王铭铭、金雅声、何烨、文化、沙平、马国柱等诸位先生、女士！

本系列之第五、第六、第七、第八共四辑出版后，据出版社回应，意料之外地收到良好的市场效应。那么，又是“实践是检验真理的唯一标准”。既然社会上还有人自愿阅读，任何凭空之话已无意义；就顺乎读者与学科的“民意”继续办下来了！于是，我们终于以省民俗学建设基地之资格和所获基金和“西北民族非物质文化遗产保护研究中心”支持，继续我们系列的延续，这是本系列第三批成果的出版，是继第九辑之后的延伸。

我们还可欣慰地告诉民族民间文化爱好者的是，我们的坚持不仅仅在硕士水平的田野成果的数量上；博士生的田野成果，也将与此同时以“西北民族大学民族民间文化博士论文系列”同步由民族出版社问世。我们相信这应该是一个质量上的努力。

本系列六辑（九至十四）出版受到西北民族大学学科建设基金支持，特致谢忱！

是为序。

A. 速莱蛮·郝苏民

2005 年 12 月岁末于金城沙痕书屋

2007 年元月修订

2013 年 7 月 9 日病后再修订于葵巳酷暑中

目　录

兰州太平鼓调查研究

——以皋兰县水阜乡为个案

那贞婷

一、引　言

（一）兰州太平鼓研究综述

1. 国内外研究现状

近年来，兰州太平鼓一直是一个很热门的话题，在全国各大报纸上都先后刊登过关于它的报道，但是奇怪的是，到目前为止，还没有人对兰州太平鼓这一民俗事象做过系统全面的研究。目前，我们所能找到的对兰州太平鼓的研究，绝大多数都仅仅是零碎的简单描述，更没有人以某一个特殊地域为个案对其进行全方位的深入考证与研究。

（1）对兰州太平鼓的基本情况的描述。这方面的文献资料还是很多的，针对兰州太平鼓的鼓身形制特征、击鼓人的衣着服饰、表演形式等方面进行了比较翔实的记述，马天彩在中国民俗旅游丛书（甘肃卷）《陇原丝路的民俗与旅游》① 一书中；资华筠主编的1999年北京文化艺术出版社出版的中国文化艺术丛书

① 马天彩：《陇原丝路的民俗与旅游》，旅游教育出版社，1996年版。

《中国舞蹈》[1] 中；陶立璠在其主编的《中国民俗大系（甘肃民俗）》[2] 中；声乐在《兰州太平鼓》[3]（英文）及《威武太平鼓》[4] 中都有相关的段落及文字描述。

（2）兰州太平鼓溯源方面。戏剧文学家曹燕柳先生目前可以说是对兰州太平鼓研究的大家。他在《太平鼓正源》[5] 一文中对兰州太平鼓的源流进行了深刻的文献发掘，通过翔实的文献资料，得出结论：兰州太平鼓起源于北宋神宗熙宁年间初平熙河之时（约1072年），为主将王韶在今兰州市附近的边防地区所创作的讶鼓，宋徽宗政和三年官令禁止，其后民间不废鼓板之戏，改名为太平鼓。该篇文章是现今对兰州太平鼓研究比较深入的一篇，在立论和考证方面都有自己独到的见解。黄河在《三陇民俗》[6] 一书中对兰州太平鼓的溯源问题也有交代，不同的是，他只将关于兰州太平鼓渊源的两种观点（曹燕柳的“讶鼓说”和徐达攻城说）列举出来，没有表达自己的倾向。

（3）女子太平鼓方面。杨玉兰女士打破传统世俗观念，开创女子太平鼓队，在兰州太平鼓的技艺、传承和创新发展等方面做出了巨大的贡献。她在《天下第一鼓兰州太平鼓》[7] 中，以画册的形式，用丰富而直观的图片资料展示出兰州女子太平鼓在打法、具体动作、阵式排列等方面的基本情况。另外，杨女士多年来对兰州太平鼓所做的工作，为我们对其研究打下了坚实的基础。

---

① 资华筠主编：《中国舞蹈》，文化艺术出版社，1999年版。
② 陶立璠主编：《中国民俗大系（甘肃民俗）》，甘肃人民出版社，2004年版。
③ 声乐：《兰州太平鼓》，载《Woman of China》2001年第4期。
④ 声乐：《威武太平鼓》，载《西部论丛》2002年第7期。
⑤ 曹燕柳：《太平鼓正源》，载《文艺研究》1995年第3期。
⑥ 黄河：《三陇民俗》，远方出版社，2001年版。
⑦ 杨玉兰：《天下第一鼓兰州太平鼓》，甘肃美术出版社，1997年版。

（4）兰州太平鼓的特征、功能方面。马兴胜发表了《兰州太平鼓的特征与功能》[①] 一文，从民俗、体育等方面对兰州太平鼓的特征和功能进行了论述。

（5）兰州太平鼓的传承发展方面。路玲在 2004 年第 1 期《丝绸之路》的《太平鼓的传承与发展》[②] 一文中对兰州太平鼓的传说、表演形式上的创新和发展作了简单的论述。同时，她在《兰州太平鼓的传承与发展》[③] 一文中也有类似的描述，供笔者参考。

（6）兰州太平鼓的文化概述方面。这方面主要是对兰州太平鼓的基本情况做一个全方位概述，但是这些研究都仅仅是对这一民俗事象的泛泛地解释。这方面的文献资料有：魏荣邦 2004 年出版的甘肃史话丛书之《皋兰史话》[④] 和邓明 2005 年出版的甘肃史话丛书之《兰州史话》[⑤]。

（7）对于兰州太平鼓的研究必然涉及鼓文化方面的内容，以下是关于鼓文化的一些论文。这些论文对不同地域和民族的鼓文化之内涵、起源、功能、意义、文化变迁进行解析，涉及面十分广泛，对兰州太平鼓方面的研究具有重要的指导意义。

①鼓文化的起源、内涵解析、文化象征方面：

李柏松在《佤族木鼓文化浅论》[⑥] 一文中，对佤族木鼓文化的两个不同神话传说作了简单的分析。杨宝康在《佤族木鼓文化研究》[⑦] 一文中，对佤族木鼓的起源、木鼓崇拜及木鼓舞的演

① 马兴胜：《兰州太平鼓的特征与功能》，载《兰州铁道学院学报》2002 年第 2 期。

② 路玲：《太平鼓的传承与发展》，载《丝绸之路》2004 年第 1 期。

③ 路玲：《兰州太平鼓的传承与发展》，载《中国文化报》2005 年 3 月 17 日。

④ 魏荣邦：《皋兰史话》，第 247—256 页，甘肃文化出版社，2004 年版。

⑤ 邓明：《兰州史话》，第 294—300 页，甘肃文化出版社，2005 年版。

⑥ 李柏松：《佤族木鼓文化浅论》，载《民族文化探索》2003 年第 1 期。

⑦ 杨宝康：《佤族木鼓文化研究》，载《云南师范大学学报》2004 年第 2 期。

变作了简要分析。刘扬武在《傣族的鼓文化》[①] 一文中，对傣族鼓的种类、起源、制作、傣家赛鼓做了简要的介绍。潘利红在《水族铜鼓文化属性的考察与研究》[②] 一文中，分析了水族铜鼓的形制特征、基本奏法、节奏形态以及在文化上与其他民族铜鼓的比较。杨凤江在《用彝语透视彝族的鼓文化》[③] 一文中，根据彝语文对鼓的称谓和彝字的形态，借助彝族用鼓习俗，对彝族文化作了系统的阐述。值得提及的是付爱民在《佤族木鼓文化解析研究》[④] 一文中，通过原始宗教文化的比较研究对佤族木鼓文化的体系结构作出了阐释，主张木鼓起源于原始法术中模拟交媾的法物。认为它是传统文化层次建构过程的现象，也是文化变迁的结果。该篇文章见解独到、剖析深刻。

②鼓文化的变迁、传承发展方面：

按照时间顺序排列，首先是韦丹芳在《试论铜鼓文化的变迁》[⑤] 中，用人类学变迁理论来阐述铜鼓社会功能的变化及铜鼓在现代化进程中被赋予的使命和意义，展示了铜鼓文化旺盛的生命力。说明历史上社会的变迁使铜鼓的社会功能在一定程度上发生了嬗变。朱海鹰在《重新认识象脚鼓文化》[⑥] 一文中，对象脚鼓文化的传播与发展做了论述。袁华韬、黄万稳、唐剑玲在《铜鼓文化保护与传承——以东兰县长江乡兰阳村周乐屯为例》[⑦]

① 刘扬武：《傣族的鼓文化》，载《民族民间音乐》2005 年第 1 期。

② 潘利红：《水族铜鼓文化属性的考察与研究》，载《黔南民族师范学院学报》2005 年 04 期。

③ 杨凤江：《用彝语透视彝族的鼓文化》，载《楚雄师范学院学报》2005 年第 4 期。

④ 付爱民：《佤族木鼓文化解析研究》，载《民族艺术》2006 年第 1 期。

⑤ 韦丹芳：《试论铜鼓文化的变迁》，载《广西民族学院学报》（哲学社会科学版）2002 年青年专辑。

⑥ 朱海鹰：《重新认识象脚鼓文化》，载《星海音乐学院学报》2004 年第 3 期。

⑦ 唐剑玲：《铜鼓文化保护与传承——以东兰县长江乡兰阳村周乐屯为例》，载《广东民族学院学报》（自然科学版）2005 年第 4 期。

一文中，论述铜鼓文化的历史与现状及其保护和发展的重要意义。另外，吴正彪在《从民族学视角看苗族鼓文化的传承与保护》① 一文中，通过苗鼓习俗在苗语不同方言的存在方式以及在口头歌谣中所反映出来的精神内涵，从民族学视角对苗鼓文化的传承与民族精神的培育、苗鼓的保护对增强民族文化的自觉意识和促进人类社会的和谐与进步等方面进行了探讨。秦红增、万辅彬在《壮族铜鼓文化的复兴及其对保护民族民间文化的启示》② 一文中，对壮族铜鼓文化的演变、复兴的表现及功能与实质进行了论述。

③鼓文化的意义、特征功能方面：

梁志明、郑翠英在《论东南亚古代铜鼓文化及其在东南亚文化发展史上的意义》③ 一文中，通过古代铜鼓的源流、分布、传播以及反映出的早期东南亚社会发展状况，揭示铜鼓文化在东南亚文化发展史上的意义。王晓坤在《鼓的文化意义——豫北群鼓个案研究》④ 一文中，以豫北这个特定环境为背景，论述了在该地域产生的众多鼓乐品种及大型鼓群文化，在此基础上对鼓的概况、鼓的形式、鼓的传说、鼓与战争的关系、鼓与民俗的关系和豫北鼓谱进行了深入细致的研究，揭示了豫北鼓群文化的丰富内涵和浓厚寓意，对全面研究中原文化奠定了坚实的基础。邢野在《北方鼓与鼓文化》⑤ 一文中，列举了北方多种鼓种，并从

① 吴正彪：《从民族学视角看苗族鼓文化的传承与保护》，载《黔南民族师范学院学报》2005 年第 5 期。

② 秦红增、万辅彬：《壮族铜鼓文化的复兴及其对保护民族民间文化的启示》，载《中南民族大学学报》（人文社会科学版）2005 年第 6 期。

③ 梁志明、郑翠英：《论东南亚古代铜鼓文化及其在东南亚文化发展史上的意义》，载《东南亚研究》2001 年第 5 期。

④ 王晓坤：《鼓的文化意义——豫北群鼓个案研究》，载《音乐艺术》2004 年第 2 期。

⑤ 邢野：《北方鼓与鼓文化》，载《内蒙古大学艺术学院学报》2005 年第 3 期。

征战、围猎、祭祀、震慑、娱乐等多方面分析北方鼓的用途和功能。

笔者利用西北民族大学 CNKI 电子资源查询系统、甘肃省图书馆及相关网络资源，尚未搜集到关于兰州太平鼓的国外研究资料。根据所掌握的资料，笔者认为此方面的研究还是一个空缺。

在信仰、巫术方面，外国学者的研究已经达到了一个很高的程度。由于本论文涉及鼓文化的象征、隐喻等内容，所以笔者参考了以下著作中的部分观点：

前苏联学者海通的《图腾崇拜》对于图腾信仰方面以及关于民间信仰的诸种学派有着比较全面的介绍。该著作中的图腾信仰观念对于笔者分析兰州太平鼓图案的象征有借鉴指导作用。

《金枝：巫术与宗教之研究》是一部世界范围内研究古老习俗及其有关信仰、观念的科学巨著。英国学者弗雷泽收集了世界各民族原始信仰的丰富资料，运用历史比较法对这些资料进行了系统的梳理，从中抽绎出一套严整的体系，并对巫术的由来与发展作出了令人信服的说明和展望。在这本书中关于交感巫术（包括顺势巫术与接触巫术）和巫术控制天气、驱邪逐瘟等的论述对于揭示兰州太平鼓的隐喻文化具有十分重要的参考价值。

2. 研究思路与研究方法

（1）研究思路。本文重在对皋兰县水阜乡太平鼓的实地调查，对兰州太平鼓这一民俗事象进行具体、系统的深描。在研究、解释兰州太平鼓的过程中，采用“大视野，小做法”的原则。“大视野”注重时空大，把兰州太平鼓置于人类的鼓及鼓文化这样一个概念中；“小做法”选取皋兰县水阜乡这样一个调查范围来做深入的调查研究。

（2）研究方法体系建构。

①方法论

本文将结合具体研究对象，对多学科的相关理论进行重新整合和建构，如民俗学的民俗传承论、文化变异理论、差序格局理论，人类学的结构——功能主义理论、文化解释理论、符号象征理论，心理学的精神分析理论，社会学的互动理论、现代性理论，等等。

文献分析法。本文旨在挖掘兰州太平鼓的溯源、文化的象征、与祭祀的密切关系等深层文化内涵，除了立足于调查地的实际情况外，还要通过各种文献典籍中对兰州太平鼓以及相关鼓文化方面的分析论述进行研究。当然在借鉴前人著作的同时，笔者能够注意差异，即地域的差异与习俗的差异，不盲目引用他人的观点，不一味地追求理论创新，更不仅仅为了标新立异。在立论与论证的过程中，坚持从实际出发，展现生活之本真。

田野作业方法。田野作业方法是民俗学方法论中的重要组成部分，也是不同于一般学科的特色所在。作为一篇民俗学专业的硕士论文，本文的写作必然将全面展现出运用这一方法所带来的研究成果。在进行田野作业中，笔者通过无结构式访谈和参与观察的方法，以兰州皋兰县水阜乡为调查范围，在调查时注意把握本土文化的调查尺度，能够深入地参与又不过度附加调查者个人的主观意识，依据生活文化本身的逻辑，从被调查者的角度客观分析。

②具体方法与技术

资料收集方法：访问法（个别访谈、开调查会）、参与观察法、文献法

资料分析方法：理论分析方法、具体深描方法

3. 准备工作情况及主要工作措施

（1）准备工作情况：

从 2005 年底，笔者已经陆续收集了关于兰州太平鼓的部分相关文献资料，阅读了相关的理论书籍。

2006 年正月，笔者已经到兰州皋兰水阜乡进行了兰州太平鼓

的田野调查，收集了当地兰州太平鼓的影视（约7个多小时）及照片资料（530张）、录制访谈磁带3盘（约3个多小时）并采访了水阜村太平鼓指导者——年近七旬的肖老。其后，笔者先后于2007年、2008年正月先后两次前往水阜乡进行补充调查。

2006年9—10月间，笔者先后走访了甘肃省文化厅非物质文化遗产办公室、甘肃省民间文艺家协会、甘肃省地方志办公室，获得了兰州太平鼓非物质文化遗产申报材料及相关书籍资料，丰富了笔者的文献资料搜集。在2006年10月15日和2007年12月3日，笔者先后两次采访甘肃省地方志办公室的邓明老师，他在兰州太平鼓的溯源问题上给笔者不少指导。经多方打听，笔者找到了曾在皋兰指导兰州太平鼓表演并组织了女子太平鼓队的杨玉兰女士，并于2006年12月25日、2007年9月16日和2008年3月23日先后三次对其进行了采访，获得了大量的有价值的资料。

图1　田野调查中

图2　采访肖老

（2）主要研究措施：

①全面搜集兰州太平鼓及其相关资料（包括地方志、县志、相关文史资料、书籍和论文资料）。

②进行实地调查和访谈。

③对太平鼓指导者、文化研究者进行重点访谈，获取相关资料。

（二）研究缘起、目的意义、创新之处

1. 研究缘起

对兰州太平鼓这一民俗事象进行研究，其思路源于一次上网。2005 年的一天，我在中国民俗网上看到了一条关于兰州太平鼓的报道，当时一个想法突然浮现出来，我出生在兰州，作为对本土文化的一种保护，我完全可以对其进行研究。但是，当时的想法并不成熟。后来，我搜集了大量关于兰州太平鼓的文献资料（包括报纸、杂志上的报道），我发现这样一个似乎很热门的话题却没有人对它进行系统的研究，关于兰州太平鼓的深入研究性文章几乎没有。这一发现让我十分惊喜，也有了写兰州太平鼓的意图。

一个偶然的机会，我发现我的一个大学同学魏世海家住皋兰县水阜乡，在对他的一次电话采访中，他告诉我他们村是全乡的中心村，每年全乡的太平鼓队都会在他们村进行社火表演并进行祭祀，这引起我十分浓厚的兴趣。在他的帮助下，我于2006年2月1日（正月初四）至2月12日（正月十五），对皋兰县水阜村进行了为期近半个月的田野调查，魏世海的全家在这个过程中帮助我打听消息、介绍访谈人、帮助联系村委会，给我的调查提供了很多便利，使我很快融入调查地之中，也使我更坚定了写这篇文章的信心。

2. 研究的目的及意义

（1）研究目的

改革开放以来，随着经济全球化和现代化的发展，承载中华民族精神与情感的非物质文化遗产正面临着历史上前所未有的急剧变迁。我国的非物质文化遗产赖以生存和发展的重要基础——农耕（游牧）文明的逐渐削弱乃至在部分地区的消失，民众生活方式以及世界观、人生观和价值观的嬗变，加之外来文化的影响等，给一向主要靠口传心授方式传承的非物质文化遗产以及文化传统带来了巨大的影响，大批有历史文化价值和科学价值的非物质文化遗产遭到不同程度的破坏。因此国家正在加大力度抢救非物质文化遗产。兰州太平鼓属于非物质文化遗产中的传统表演艺术，在一定程度上也受到了破坏，因此国家正在加大力度对其进行保护。2006年6月兰州太平鼓正式进入了全国非物质文化遗产名录（共518项），成为国家第一批非物质文化遗产保护工程。作为一名从小在兰州长大的民俗学专业硕士研究生，能够加入到非物质文化遗产和本土文化的保护工作当中，是我的责任也是我的义务。

兰州太平鼓作为一种传统的表演艺术在物质化的今天仍然能够拥有它自己的存在空间，是有一定原因的。现代化进程使世界变得越来越小，激烈的竞争，人情的淡薄，就业的压力，使享受着现代文明成果的人们身心俱疲，萌发出对民族文化的眷恋，出现了全球性的“怀旧”情结。人们向那种未被现代文明侵蚀的古朴而自然的世界中去寻找新的寄托和慰藉，希望找回生活中失落的朴实、真诚、豪放与热情。近年来，“民俗热”、“民间艺术热”、“寻根热”等社会思潮此起彼伏，保护、继承、发扬民间传统文化的呼声日益高涨。此外，人们在日益“格式化”、“数字化”的生活方式下，内心深处渴望自然、向往传统、渴望高情感，兰州太平鼓正是在人们的这种情感作用下得到发展的。但它也存在着很多问题，如：兰州太平鼓传统性内容的丢失；表演性的增强；一部分人针对保护兰州太平鼓问题的不正确观念；年轻人参与的兴趣越来越少，等等。本论文通过对兰州太平鼓的传承和发展，对非物质文化遗产保护的价值以及应该如何去保护它等问题做出解释。对是否应该顺应它现在的发展趋势，顺应当前民众的需求而进行保护等问题提出自己的意见。

过去对于兰州太平鼓的研究，绝大多数都是简单的描述和部分静态、零碎的研究（如：兰州太平鼓的溯源及特征功能方面），更没有进行过深入的个案研究。

①本论文对兰州太平鼓的研究是对鼓文化的新的理解，将对兰州太平鼓的农耕文化象征、与祭祀相结合、民众信仰等方面进行深入研究。

②本论文以兰州市皋兰县水阜乡为调查地。兰州太平鼓在表演技艺、文化保留、传承等方面在兰州皋兰县水阜乡都很具有代表性，笔者选取了比较熟悉的水阜乡为调查地，便于在调查的过程中更好地深入进去。

③本论文不是单纯去研究兰州太平鼓这一民俗事象，而是将民俗主体也参与进来，构成一个民俗事件来研究。以往，民俗学研究的历史基本上是民俗模式的研究史。民俗学家们习惯首先把发生的民俗转化为记录的民俗，但他们的记录遗弃了发生情景。民俗学家更应该关注民俗的各种存在形态，应该探讨民俗的各个方面以及各个方面互动而成的整体，必须恢复那些被抽象出去了的内容，也就是说，民俗学应该从民俗模式研究上升到民俗生活研究。

（2）研究意义

近年来，兰州太平鼓在国内群众文化市场声誉日隆，对兰州太平鼓发展趋势及文化的研究，对于保护甘肃地区非物质文化遗产具有举足轻重的作用。兰州太平鼓作为一种兰州地区特有的活态文化形式，对于其文化方面的深层体会可以进一步保留兰州太平鼓所透射出的深层文化底蕴，为兰州这一特有民俗的保护、传承、发展作出贡献。

①历史研究价值：中国是人类鼓的发祥地之一，研究兰州太平鼓可以追溯到它的前身“讶鼓”、新石器时代的陶鼓，等等，都有极其宝贵的价值。将兰州太平鼓扩展到大的鼓文化背景之下，对研究中国乃至世界鼓文化都具有十分深刻的意义。

②学术意义：发掘、保护甘肃兰州太平鼓舞，研究西北农耕文化在兰州太平鼓中的象征和隐喻，不仅对继承和丰富中国鼓舞有积极的意义，而且对于甘肃地区的非物质文化遗产保护方面起到了举足轻重的作用。

③现实意义：兰州太平鼓是流传在兰州市郊区农村的一种传统民间艺术。数百年来，它已经逐渐发展演变成为一种独具西部风情的民间艺术形式，被称作“天下第一鼓”。研究兰州太平鼓对丰富人民群众的文化生活，满足兰州地区广大人民群众在精神层次上的要求，提高人民大众的素质，构建社会主义和谐社会，

城乡文化沟通及社会主义新农村建设都将产生重要的促进作用。

3. 创新之处

深入的个案研究本身就是一种创新。对兰州太平鼓进行系统的调查研究是前人没有做过的，对这一民俗事象进行具体的深描十分有必要，在学术研究方面具有十分宝贵的价值。

过去，对兰州太平鼓的研究，绝大多数仅仅是对这一民俗事象的简单描述，几乎没有人从兰州太平鼓的文化方面进行深入的挖掘，这是一件十分遗憾的事情。对兰州太平鼓的文化等方面进行深入的调查和研究，对于保护和发展甘肃的本土文化，对于发展甘肃地区的非物质文化遗产的保护工作，都具有新的意义。

（三）兰州皋兰县水阜乡基本概况

1. 水阜乡自然地理环境

笔者此篇论文选取的调查地为兰州皋兰县水阜乡，是因为兰州太平鼓无论是在打法、表演技艺还是传承发展方面在皋兰地区都极具代表性。同时，在皋兰县水阜乡兰州太平鼓整体形式的表演性相对较弱，还保留了不少民众的朴素情感和民俗的传统形式，可研究性也较强。

皋兰县是兰州三县之一，位于甘肃中部，在白银、兰州两大城市之间，总面积2556平方公里，总人口17.37万人。“皋兰”是蒙语河流的意思，河边堤岸地为皋，倚河之山上生长的兰草为兰，故名皋兰。辖4乡4镇71个行政村和3个社区，辖区属陇西黄土高原，山川相间，地势西北高、东南低。皋兰县历史悠久，早在5000年以前就有先民在这里生息繁衍。春秋战国时为羌戎之地，秦统一中国后归秦。西汉时属金城郡，首置金城县。西、北魏与北周时属子城县，为金城郡治所在。隋初属兰州总管府，废府复郡后仍属金城郡。唐属五泉县，即现兰州市区所在，亦为金城郡所治。唐后期与五代时为吐蕃所据。宋、金、元、明俱属兰州。至清乾隆六年，因境内有皋兰山而更名皋兰县，一直沿用至今。清至民国，作为甘肃首县，省会重镇的皋兰，幅员辽阔，辖今兰州市、白银市大部分地区。解放初，皋兰县隶属兰州市。1951年8月由省直辖。1956年1月划归定西专区。1958年12月，国务院决定撤销皋兰县，行政区域划归白银市。1961年12月恢复皋兰县，归白银市管辖。1963年10月白银市撤销，皋兰县复归定西专区。1970年4月划归兰州市管辖至今。

水阜乡以境内水阜村而得名。1950年水阜、砂岗属保定区管辖，涝池乡、长川乡属石洞区管辖。1956年为崖川区管辖。1958年10月成立水阜公社，12月划归兰州市安宁区。1962年分为水阜、长川公社。1963年又划归皋兰县，1965年，水阜、长川公社合并为水阜公社。1983年6月改称水阜乡，乡政府驻地水阜村，距县城15公里。

水阜乡属于干旱地区，气候干燥，雨量稀少，风沙多，温差大。根据甘肃省2005年调查数据显示：全乡有农户2736户，人口16591人，其中农业人口16346人，非农业人口245人；农村劳动力6435人。辖7个行政村，分别为沙岗村、涝池村（也称石涝池村）、彬草村、水阜村、燕儿坪、长川村、老鹳村。其中沙岗村、涝池村、彬草村称为上三村，燕儿坪、长川村、老鹳村称为下三村，水阜村恰好在地形角度位于中心，是皋兰县水阜乡的中心村，也是全乡行政、文化的中心。下表是全乡管辖情况：

表1　水阜乡各村管辖概况

村名	管辖自然村情况	自然村数
水阜村	旧城子（定火城）、堡子（保定堡）、上庄子、东坪、王家坪、上场、郭家湾	7
砂岗村	砂岗、龚家窑、徐家沟、蒋家窑、马家庄子、杨家庄、安家庄、上庄	8

续表

村名	管辖自然村情况	自然村数
涝池村（也称石涝池）	涝池、魏家湾、杨家庄、上湾、沟口、仲家窑、岔门子、阴山湾、曾家井、东湾、西湾、狼家嘴子	12
彬草村	王家庄子、仲家湾、陈家坪、方家沟、上堡子、安家口、张家湾	7
燕儿坪	燕儿坪	1
长川村	长川、南庄坪、东坪、红圈、庄子	5
老鹳村	北庄、南庄	2

资料来源：2006年2月1日水阜村村民魏世海及其父口述，笔者整理。

2. 水阜村基本情况

既然水阜村是水阜乡的行政和文化中心，那么我们有必要把水阜村的基本情况交代一下。

图3　皋兰县水阜乡水阜村

水阜村是一个人口在5000人左右，共有1100多户人家的村庄，该村主要依靠农业生产和洗砂为主要生存手段。现今，在农业生产方面，主要种植西瓜和一些经济作物，由于干旱和气候条件的影响，水皋村农民基本不种植小麦和其他粮食作物。

水皋村的地形结构十分特殊，村中旧城子西侧因为大水冲刷而形成了一条几百米宽的深沟（也称砂沟），沟上建有卧桥，深沟两侧地势高起，道路崎岖不平，多为坡路。水皋村西侧是家喻户晓的如凤山，山脚下有一口曾经养育过水皋村村民的井，名为七星泉（也称七眼泉）。据当地村民魏世海介绍，这口井中的水过去曾经甘甜可口，大跃进时期和“文化大革命”时期，由于人们盲目地开采石油破坏了地下水质，造成井水苦涩，从此就再也不能够饮用。关于如凤山与七星泉，水皋村村民还给我讲了这样一个传说：

相传玉皇大帝派凤凰口衔宝珠去某地，嘱咐凤凰不得停下喝水，凤凰路过水皋村时，被甘甜的七星泉吸引，停下来喝水，便幻化成了一座山，如凤山因此而得名。

图 4　如凤山灵峰寺

如凤山顶有一座灵峰寺，始建于明天启三年（1623 年），东距定火城（俗称旧城子）约 500 米，南临砂沟，西为水皋后砂沟，北距保定堡（俗称堡子）约 800 米。灵峰寺因建在如凤山顶，民间传说其神求之灵验而得名。灵峰寺共三间，山门坐西向东，左右各建一间小阁，共三间。灵峰寺大殿坐西向东，内塑释迦牟尼佛像1尊，身高1.86米。南北建有厢房，北厢房塑有地藏王菩萨像。南厢房为百子宫，内塑三霄娘娘（即琼霄、碧霄、云霄）3尊，并有100个泥塑娃娃神态各异，栩栩如生。其中右侧的厢房修建在据大殿与左侧厢房不远的另一个山头，所以当地人分别称其为大佛寺和娘娘庙。大佛寺外有一口铁钟，高1.4米，直径70多公分，重约600余斤，响声可传十余里。山下卧桥与古寺相连，形若彩虹。《皋兰县志·古迹》称：灵峰寺“县治大河以北，以为胜景。”据当地村民介绍，灵峰寺曾经三次重建，如今的灵峰寺已经不完整了。灵峰寺是每年正月全乡太平鼓表演的重要场所。每年正月，各家接完锣鼓，太平鼓队都要上如凤山参拜神灵，击鼓以祈求五谷丰登。全乡的许多善男信女都会随着太平鼓队上山，到灵峰寺烧香拜佛，祈求平安。每个来拜佛的人，都会被询问是水阜乡哪一家的人或亲戚，这些都已经成为水阜乡乡民们的传统了。

图5　大佛殿内佛像

图 6　灵峰寺古钟

兰州市皋兰县水阜乡乡民在长期的生产生活过程中，仍然能够很好地保留和发展兰州太平鼓这一传统的活态民间艺术。在水阜乡，并没有为了表演而成立专门的太平鼓队。每到正月，乡里会鼓励全乡各村各家各户的男性青壮年踊跃报名，相应的费用都是各家各户自动捐出的，各村组织的太平鼓队要在中心村（水阜村）进行正月社火表演，多少年来，这一传统从未间断。

二、兰州太平鼓事象考察

（一）兰州太平鼓概况

兰州太平鼓是流传在兰州市郊区农村的一种传统鼓舞。数百年来，它已经逐渐发展演变成为一种独具西部风情的民间艺术形式。《辞源》中太平鼓条这样写道："太平鼓，鼓曲名，宋徽宗崇宁，大观间，京城内外街市，有鼓笛板拍演唱，称为打断，政和初年，官令禁止，民间乃改称太平鼓。”

1. 兰州太平鼓形制情况

太平鼓亦称“腊鼓”、“长鼓”、“单鼓”，也有人称其为“羊角鼓”。鼓框为杨木制成，成圆桶形，两面蒙牛皮，用银色铆钉钉实，上有扣环和把手。鼓身长 70—75 厘米，鼓面直径 45—50 厘米，鼓重 19—22 公斤，鼓身颜色以代表吉庆的红色为主色，鼓的两边画有黑色的方形花纹。鼓身绘有精美的图案：一般都为双龙戏珠图案，也有绘制凤凰或狮子滚绣球图案的，但凤凰及狮子图案在皋兰县水阜乡非常少见。兰州太平鼓的鼓面描绘有玄妙的太极八卦图，大小基本占据了整个鼓面。兰州太平鼓鼓带较长，可挎在肩上，让鼓垂于人的膝盖之下，便于击打，同时也可将鼓抛向任意一个方向。

图 7　水阜乡太平鼓

兰州太平鼓打鼓时一般左手执鞭，右手执槌，也称“双鞭”。鞭长约 65 厘米左右，用麻绳拧成。表演时，动作刚劲潇洒，收放有度，煞是好看。

2. 兰州太平鼓表演的衣着服饰

传统的兰州太平鼓鼓手服饰有四种：第一种，头戴黑罗帽，耳边插一朵大红英雄花（也称英雄胆），额头前别一个小圆镜，上身穿对襟红褂子，下身穿黑灯笼裤，足蹬白麻鞋，鞋头缀有大红缨子，腰系黑布长腰带，在腰前绾一个花结（模仿戏剧武松装扮）。第二种，鼓手头扎白毛巾，上衣分内外两件，里穿白色对襟褂子，外罩黑色背心，下穿黑灯笼裤，系红腰带打花结，足蹬白布袜、黑布鞋，戴墨镜。第三种，头戴罗锅帽，帽上一朵大红缨子，黑衣、黑裤，上衣有一排白布纽扣，系黑布腰带打一花结，足蹬白袜、黑鞋。第四种，头戴黑圆帽，一身大红装，腰系黑腰带打一花结，白袜、黑鞋、豪放洒脱，显得英气十足。

笔者在皋兰县水阜乡看到，现代兰州太平鼓鼓手服饰已经发生了变化，为了增加表演过程中的力量、幅度和观赏性，鼓手们有了统一的服装，一般全身着红色绲边的鲜黄色、白色、绿色或蓝色绸衣。帽子上别有一圆形小镜，帽子两侧均长及肩膀；衣服上缀有金属亮片，上衣前胸或后背都镶嵌有明晃晃的护心镜；裤子为与上衣同色的灯笼裤，整个服装模仿古代战士的盔甲，打鼓时宛若战场上的将士。有的还在腰间系红色绸带并打成花结，与以红色为主调的太平鼓形成鲜明的对比。①

3. 兰州太平鼓表演阵法

在震天动地的鼓声中，上百名鼓手忙而不乱，队形不断变化，鼓手们排出种种阵法，令人目不暇接。皋兰县水阜乡兰州太平鼓的表演队形一般有以下几种：

第一种阵法：此种阵法是最常见的阵法。鼓手排成整齐的方阵，指挥站在方阵的最前方，锣钹手围在方阵的四周。

---

① 关于兰州太平鼓的道具及服饰的变异将在第四章做详细的说明。

第二种阵法：数十名或数百名鼓手排成两行，中间用三米长的牙旗指挥，前后锣、钹，头锣在前，由大钹指挥鼓队，指挥杆压节奏。

第三种阵法：队伍列成三行，锣、钹放在中间一行，头锣在前，由大钹指挥鼓队，指挥杆压节奏。

第四种阵法：以主指挥为中心，鼓手两人一队（一般为八队），围绕指挥排成花瓣型队列，副指挥及锣钹手则立于最外围。鼓手在此种阵型中一般由内向外做鹞子翻身，犹如绽开的花朵。

第五种阵法：鼓手与锣钹手组成五个圆形，四周各一个，中间一个，指挥立于中间一圆圈内。

第六种阵法：中间立指挥旗，锣钹围绕指挥组成圆形，鼓手在外围形成圆形。指挥在中间，只需以圆形走势挥动牙旗即可。鼓手围着圆形轨道运动，锣钹位置则固定不变，此种阵法多见于女子太平鼓队。

兰州太平鼓表演阵法图

#：锣钹手 *：鼓手 +：指挥—：副指挥

阵法一：

```
#  #  #  #  #  #  #  #  #
#  *  *  *  *  *  *  *  #
#  *  *  *  *  *  *  *  #
#  *  *  *  *  *  *  *  #
#  *  *  *  *  *  *  *  #
#  *  *  *  *  *  *  *  #

            +
```

阵法二：

# # # # # #
** **
** **
** + **
** **
** **
** **
# # # # # #

阵法三：

*** ### ***
*** ### ***
*** ### ***
*** ### ***
*** ### ***
*** ### ***
*** ### ***
+

阵法四：

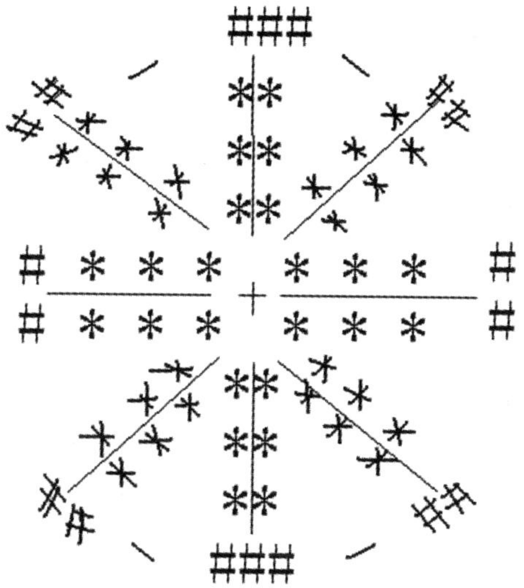

阵法五：

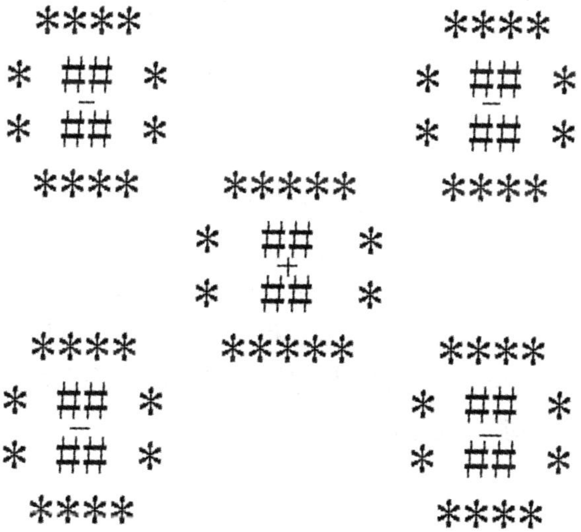

阵法六：

```
        #     #     #     #     #     #
  #        *   *   *   *   *   *        #
        *                            *
  #   *                                *   #
    *                 +                  *
  #*                                     * #
      *                                *
  #     *                            *     #
           *   *   *   *   *   *
```

4. 兰州太平鼓表演的打法动作

兰州太平鼓的击鼓动作融进了民间美术成分，幅度大，力量强，忽而擎鼓至头，忽而抡鼓落地，骑鼓腾跃，前打后击，表演难度较大。鼓队一般以牙旗（也称压鼓杆）作指挥，锣钹击节，鼓身飞舞，三者起落有序，场面十分壮观。

（1）指挥

太平鼓队的指挥，也是太平鼓表演的一道独特的风景。每支太平鼓队只有一名主指挥，根据鼓队人数的多少，太平鼓队会增加人数不等的副指挥，副指挥手中的牙旗要略微小于主指挥的。在水阜乡有一个很有趣的现象，很多太平鼓队选择四至五名八、九岁的男孩儿为清一色的副指挥。指挥的动作幅度大，他们手执牙旗，上下挥舞，是全队的核心。

图 8　兰州太平鼓指挥

（2）打法动作

兰州太平鼓舞至今已有好几百年的历史。随着岁月年轮的推移，形成了三种基本的打法：即“低鼓”、“中鼓”、“高鼓”。“低”、“中”、“高”是针对太平鼓表演动作中鼓的位置来决定的。“低鼓”，即击鼓时，鼓在膝盖以下来回翻转；“中鼓”，即在击鼓动作中，鼓运动的位置处于头部以下、腹部以上；“高鼓”，即打鼓时将鼓抡至头顶的动作。

根据兰州太平鼓的三种基本打法，太平鼓又形成了多种具有代表性的动作，当地人还给有些动作起了好听的名字，下表是对这些动作的描述：

表 2　兰州太平鼓表演动作概况

基本打法	动作名称	动作描述
低鼓	开鼓动作	太平鼓的开鼓一般都采用这一动作，鼓手一边击鼓八下，一边慢慢原地转一圈。
	战鼓对擂	鼓手左手提鼓至膝盖附近，右手提鞭。二人相互侧面击鼓对打四次，然后相互交换位置，面对面击鼓四次。
	两军对垒	鼓托至脚腕，二人原地起跳击鼓四次，再从鼓身跳过击鼓对打四次。
	鹏翅扶摇	鼓身托至膝盖，鼓手前躬后登，敲打鼓面的同时起左腿骑在鼓上，双腿夹鼓转身，抬头挺胸躬腰，双膀齐展，鼓鞭从身后击鼓面一次，双腿下鼓。
	纵叉击鼓	将鼓放在身体一侧的地面，鼓手一边击鼓，一边劈纵叉。
中鼓	万马奔腾	左手提鼓与肩平衡，右手击鼓前进，目视前方。
	雄鹰展翅	左手提鼓与肩平衡，左手提鞭，左右腿换跳，腿抬至鼓身之上，鼓鞭从腿下击鼓。
高鼓	开鼓造型	太平鼓表演一开始，鼓手将鼓高举过头顶。
	鹞子翻身	将鼓托至膝盖之处，扣上扣环，右手提鞭击鼓四次起跳翻鼓立在胸前，起右腿并击打鼓面翻身，将鼓举至头顶。鼓在空中翻滚，犹如飞鸟在空中盘旋，故此得名。精彩的太平鼓动作往往能连续做七、八个鹞子翻身，煞是好看。
	腾越鹞子翻身	做鹞子翻身的动作时，鼓手用力腾空跳起，力度极强。
	收鼓	鼓手左腿在前，右腿在后，连续击鼓。

资料来源：笔者 2006—2008 年前往水阜乡调查整理。

水阜乡兰州太平鼓表演动作照片

图 9 “两军对垒”

图 10 “纵叉击鼓”

图 11　“万马奔腾”

图 12　“雄鹰展翅”

图 13　“鹞子翻身”

图 14　“腾跃鹞子翻身”

当然兰州太平鼓的动作并不仅仅局限于上表的描述，以上的动作只是十分具有代表性的，更多的动作是没有名字的，这些动作有一些是传统流传的，而有一些则是人们为了表演的需要而改进创新的。

5. 兰州太平鼓的表演程式

我们首先来界定一下“程式”这一概念，在这里是指每一次太平鼓的击打从开始到结束都有固定的套路，我们把这个套路总结为：开鼓—预热—高潮—收鼓 这样一条公式。

事实上，不仅仅在水阜乡，根据笔者考察发现，在整个兰州地区的兰州太平鼓都遵循基本相同的程式：

（1）开鼓。鼓手做开鼓动作，即在击八下鼓的同时，鼓手原地旋转一圈。锣钹手与鼓手的节奏分别如下：

锣钹：X X X | X X X | ○○○○[1]

鼓：X X | X X | X X X X

据笔者访谈调查，“X X X | X X X”表示“今年好，今年好，明年更比今年好！”，“X X | X X”表示“逐瘟，逐瘟！”，寄托了人们的美好愿望。[2] 在表演开始之时，有的太平鼓队会在开鼓前高举太平鼓，摆出一个开鼓造型，但绝大多数太平鼓队则直接以方阵开鼓。

（2）预热阶段。鼓手开始排列各种阵势，但动作多为“两军对垒”、“战鼓对擂”、“鹏翅扶摇”等动作幅度不大的击鼓动作。锣钹与鼓的节奏仍然不变。

（3）高潮阶段。鼓手开始做大幅度的高难动作，即“鹞子翻身”、“腾越鹞子翻身”。少者做两三次“鹞子翻身”（每次不超过两个），多者会多次变换阵型反复做这一动作（每次能够连续做七、八个“鹞子翻身”）。当然，在做高难动作的同时，鼓手会在其中夹杂有简单的动作以供鼓手休息。在这一阶段，锣钹

---

① X为锣跋击打节奏，○为空。

② 此内容将在第三章中详细论述。

与鼓的节奏不变。

（4）收鼓阶段。鼓手站定，左脚在前，膝盖弯曲，右脚在后，身体略微前倾，用力击鼓。锣钹手与鼓手的节奏分别为：

锣钹：XXXXXXXXX | XXXXXXXXX[①]

鼓：XXXXXXXXX | XXXXXXXXX

以上便是兰州太平鼓的程式，几乎所有的太平鼓队都以这套程式为基础，在其中改变不同的表演阵法和动作，但是整体的感觉是不变的。

可以说，不管在着装、队形、阵法还是程式的安排上，其要求都极为完备、细致。鼓队在皋兰县水阜乡表演时，太平鼓队的指挥者在前双手执牙旗，上下挥动，指挥锣、钹、鼓三者节奏的轻重缓急。锣手、钹手、鼓手队列两行紧跟而行，边行边击。鼓队行进到十字路口或村委会大院等人多宽敞处，指挥者猛然挺身而起，高举牙旗大幅度挥动，锣钹齐鸣，鼓手一齐做“鹞子翻身”，刷地运鼓过头，右腿高踢，鼓鞭从腿下击去，正中鼓面，三个动作一气呵成，毫无拖泥带水之感。一时间鼓身整齐飞舞半空，翻腾掷击，十分热闹，把节日的气氛引上了最高点。

（二）水阜乡太平鼓表演情况

1. 水阜乡太平鼓表演时间和表演地点

（1）表演时间。在皋兰县水阜乡，兰州太平鼓的传统性保留的较好，正月过后就将鼓封存起来，村民们除了正月期间，绝对不会在封鼓期间击打太平鼓。现代社会的影响，使得兰州太平鼓的表演带有了很多商业性质，但可喜的是，我们在水阜乡能更多体会到传统的意味。水阜乡的太平鼓一般在正月后开封，各村村民自发凑钱、踊跃报名组成太平鼓队（需要强调的是，水阜

① x下设双画线，表示节奏较快。

乡有很多村民不管打的好坏，都会打两下太平鼓）。正月期间报名参加的村民进行简单排练之后，便会在正月十三至正月十五进行社火表演和祭祀活动，正月十五一结束，便会将鼓封存起来，这一年再也不会击打。

（2）表演地。水阜乡太平鼓的表演地一般设在该乡政治、文化的中心——水阜村。正月太平鼓社火路线一般为："水阜乡政府大院—水阜村戏台—如凤山灵峰寺之大佛殿—如凤山灵峰寺之娘娘庙"，这条路线每年都是固定不变的。以下我们分别来介绍这几处表演地：

①水阜乡政府大院。笔者在上一章曾经介绍过，水阜村是水阜乡的中心村，也是乡政府所在地。乡政府大院正好位于水阜村村口处，所以全乡的太平鼓队都要从这里开始。

②水阜村戏台。这是水阜村村民的重要文化场所，也是村民娱乐的中心。

③如凤山灵峰寺。该寺庙坐落在如凤山顶，虽然是一座寺庙，却分别建在两个山头，太平鼓队上山先会在大佛殿祭祀，之后到另一个山头的娘娘庙祭祀，祭祀结束后从娘娘庙后的山路下山即可。

图15　乡政府大院

图 16　水阜村戏台

图 17　如凤山灵峰寺之大佛殿

图 18　如凤山灵峰寺之娘娘庙

2. 水阜乡太平鼓表演程序

水阜乡太平鼓表演有一套固定的程序，下面我们用双窗口的方法展示笔者 2006 年 2 月 5 日—2006 年 2 月 12 日期间在水阜乡进行兰州太平鼓调查所记录的太平鼓社火表演程序。

表 3　2006 年 2 月 9 日水阜乡太平鼓社火全过程记录

观察	反映
时间：上午 8：30 地点：水阜村旧城子 水阜村的太平鼓队正在紧张的排练，再过半个小时，就是全水阜乡的太平鼓队集体亮相的时候了，虽然水阜村太平鼓队的规模不大，但是大家还是在认真排练，看到我在拍照，水阜村太平鼓队的一名鼓手使出绝活，卖力地打了起来。 太平鼓队的指挥者年近七旬的肖老，戴着厚厚的石头镜，非常严肃地指挥大家排好队。	通过排练的情况与指挥者的严肃程度足可以证明大家对太平鼓的重视程度，这种严肃性很可能与太平鼓的祭祀作用有关。

续表

观察	反映
时间：上午9：00 地点：水阜乡政府大院（水阜村村口） 听说全水阜乡的太平鼓队会来，人们都挤在村政府大院门前等待社火队的到来。水阜村是水阜乡的中心村，村长很早就到了现场指挥安排，早有村委会的人准备好了迎送锣鼓的鞭炮。	太平鼓这一民俗之所以能延续发展至今，很大程度上受到行政干预的作用。这种行政干预对太平鼓的传承、保护有积极的一面，但同时也有消极的一面。
时间：上午9：10 地点：水阜乡政府大院（水阜村村口） 第一支锣鼓队随鞭炮声进入村政府大院，是水阜乡彬草村太平鼓队，这支太平鼓队足有一百多人，穿着整齐的黄色镶红边的武生装，动作力度大，豪放有力，四周的村民们高声叫好。表演结束后，这支太平鼓队伴随着鞭炮声离开乡政府大院继续前往下一个表演地，水阜村戏台（这是全村的重要娱乐场所，是村民听秦腔的地方）。	彬草村的太平鼓表演性较强，整齐划一，从老百姓的角度来看，大家都认为极其好看。但是我个人认为，作为一种传承的民俗，表演性的加强往往会失去很多本真的东西，这些都很可能与行政干预有关。
时间：上午9：30 地点：水阜乡政府大院（水阜村村口） 石涝池村的社火队到了，该队由四五十人组成，几个男孩儿打着石涝池村的大旗，后面紧跟着太平鼓队，石涝池村的太平鼓队很有新意，摆出了种种造型。	太平鼓队的表演也受到孩子们的关注，年青一代仍然有人愿意参与这种民俗表演活动，这对兰州太平鼓的继续发展很有好处。 太平鼓随着时代的发展，在打法上出现了创新与发展。

续表

观察	反映
时间：上午9：45 地点：水阜乡政府大院（水阜村村口） 沙岗村太平鼓队表演	
时间：上午10：00 地点：水阜乡政府大院（水阜村村口） 水阜村太平鼓队表演。人数只有30几人，穿黄、白两色镶红边武生装，打法较为随意，但参加的村民很有激情。	虽然鼓队规模小，但是恰恰在水阜村太平鼓队的表演中，少了许多表演性成分，而多了许多民俗的本真。
时间：上午10：30 地点：水阜乡政府大院（水阜村村口） 燕儿坪、老鹳村、长川村太平鼓队表演。	我发现，如今水阜乡的太平鼓队在服装上都与传统的发生了变化，大多数是黄色或白色镶红边的绸衣，裤子为灯笼裤。打鼓的程序也一定是按"开鼓—预热—高潮—收鼓"进行的。
时间：上午10：15 地点：水阜村戏台 伴随着迎接锣鼓的鞭炮，在刚才的水阜乡政府大院表演过的太平鼓队，又来到戏台依次表演。	选择戏台作为一处表演地，一方面是由于这里较宽敞，有足够的空间打太平鼓，另一方面也充分说明这里是水阜村的重要活动场所。每到一处表演地都会有专人燃放鞭炮，足可以看出政府和村民对太平鼓队的重视。

续表

观察	反映
时间：上午 11：00 地点：如凤山大佛殿 在戏台表演完后，头一支太平鼓队爬上如凤山，来到山顶的大佛殿，在佛前进香并磕三个头，之后按照"开鼓—预热—高潮—收鼓"的程序再打一遍。许多百姓跟随太平鼓队一起上山，在鼓队离开后，纷纷进香许愿。全乡的太平鼓队都会依次来到大佛殿进香擂鼓。	在水阜乡，虽然有些村的太平鼓表演受到行政干预而不能免俗，但是水阜乡太平鼓却普遍保留了早期人们的信仰的遗风，而在这方面体现出了民俗本来的面貌。在不大的山头，鼓手无法做高难度的动作，除了进香的村民没有其他人观看，在此时，太平鼓完全摒弃了表演的性质，表现出了民俗的本真。人们通过擂鼓达到祈愿、祭祀的作用，而在这方面保留了太平鼓神圣的一面，这使我们再次进入对兰州太平鼓溯源问题与文化内涵的思考。
时间：上午 11：00 地点：如凤山娘娘庙 最前一支太平鼓队已经到了如凤峨山的另一座山头的娘娘庙前，重复大佛殿前的一幕。擂鼓过后，太平鼓队沿娘娘庙前的山路下山，社火表演就此结束。	娘娘庙是专供人们求子的神庙，它与大佛殿统称为灵峰寺，在这里击打太平鼓，也表达了民众对人丁兴旺的企盼。

皋兰水阜乡太平鼓祭祀全过程图片

图 19　祭祀队伍上如凤山

图 20　祭祀过程

图 21　祭祀队伍下山

从以上的表格可以看出，皋兰县水阜乡太平鼓每年在正月期间的击打有一套传统的运作方式。兰州太平鼓除了在固定的地点（乡政府大院、戏台、灵峰寺）击打外，最重要的是祈福、祭祀的成分。这些证据都充分地表明兰州太平鼓的传统性特点在皋兰县水阜乡是非常显著的。

但是，我们也应该清晰地认识到兰州太平鼓的生存环境正在面临着危机。一方面，随着社会环境的变化，人们的思想观念也在逐渐地发生变化。在一些农村地区，由于种种原因，人们对民俗认识的淡漠，使得兰州太平鼓活动的人数大量减少，习耍太平鼓的青少年人数也急剧减少；另一方面，一些行政部门没有保护非物质文化遗产的清醒认识，盲目增强行政压力和民俗的表演性，过分注重创新，损害了很多民俗的传统价值，目的是保护，实则是破坏。

令人感到欣慰的是，笔者调查发现，此次选取的调查地在兰州太平鼓的传统保留方面是很不错的：太平鼓的组织、群众的参与、祭祀祈福行为、传承等方面都极少受到行政干预的影响，传统性大于表演性。在皋兰县水阜乡，民众普遍认为在亚运会上表演过的太平鼓才是最好的、是正宗的，对本地的太平鼓及其不自信。他们并没有认识到在水阜乡这种政府干预较少、民众自发组织、与驱邪祭祀相结合、不为表演而表演的形式才是真正有价值的东西。从这方面来看，我们更应该科学地对其进行保护和发展。

三、兰州太平鼓文化探析

（一）历史渊源及传说

1. 兰州太平鼓的传说

任何一种民间文化形式的形成都蕴含着一定的人文、历史和地域特色，兰州太平鼓的形成就是兰州地区部分艺术元素的集中组合。太平鼓是人类最早发明的乐器之一，至今在兰州市博物馆还收藏着兰州市永登县乐山坪出土的新石器时代马家窑类彩陶鼓，史学界称它为鼓的“鼻祖”，它和今天的太平鼓外形极为相似，被看作是太平鼓的雏形。早期太平鼓大约出现在西汉，元狩二年汉武帝开辟西域建立丝绸之路，东西文化积聚交汇，这时的鼓，除用于战争鼓舞士气外，大多用于祭祀、舞蹈、音乐。据《玉海》记载：“羯鼓如漆桶，两头具可击。”秦汉以来，兰州逐渐成为军事重镇，故攻占守御用战鼓、屯田祀社、祈求五谷丰登也用战鼓，逐渐演变成了以娱乐为主的太平鼓。

关于兰州太平鼓，民间流传着这样一个有趣的传说：相传明朝初年，朱元璋令大将徐达西征，收复了庆阳和临洮后，一举将兰州城攻下。惟有黄河以北王保保城有元军坚守，久攻不下。时逢春节，谋士向徐达献计，命将士装扮成社火队入城将兵器藏于鼓中混进城中。随着一声炮响，城内外将士里应外合击败元军，收复城池。为了庆祝胜利不再兵刃，愿天下太平，即取此鼓名为太平鼓。据说现今兰州市郊的朝阳村、安乐村—白塔山公园东北角的山上，还有所谓的“王保保城遗址”，但是徐达发明太平鼓并没有史籍可考，而所谓的“王保保城遗址”究竟在哪里，谁都没有真正见过，传说中反映的情况只能成为人们茶余饭后的谈资而缺乏可信程度。

笔者在皋兰县水阜乡曾经做过对兰州太平鼓溯源方面的访谈，当地村民凡是知道太平鼓传说的，绝大多数表示，兰州太平鼓就是产生于徐达攻打王保保城的传说，只不过细节上存在着细微的差别。以下是笔者 2007 年 5 月 9 日再次采访水阜乡肖老时的关于太平鼓传说的访谈记录：

表4　2007年5月9日再次采访水阜乡肖老时的关于太平鼓传说的访谈记录

访谈资料		视角表达式
提问	回答	
“您年轻时打太平鼓吗”	“打，我年轻时一直打太平鼓，现在年龄大了，打不了了，就在村子里负责指导。”（老人回答这个问题时一下来了精神）	老人对打太平鼓依然有着强烈的热情，并且还在为这一民俗的传承发展做着贡献。
“太平鼓是怎么来的?”	“来源于战鼓嘛！你听过那个传说吧?”	听老人的口气，这个传说已经是众所周知了，不过从访谈的情况看，也是如此。
“您给我讲一下。”	“有个徐达大将军要攻打王保保城，打了很长时间都攻不下来，后来元宵节时，士兵们把武器藏在鼓里，攻占了那座城。”	太平鼓究竟来源于什么? 1. 也许传说并不真实，太平鼓的祭祀作用很可能是从古代社会一直发展而来的。 2. 传说虽无史可考，但是历史上有王韶为“讶鼓”的传说，说明传说还是有一定依据的。

2. 兰州太平鼓溯源问题

关于兰州太平鼓的溯源问题，目前存在三种观点，一种是民间广为流传的徐达攻城的传说；第二种是由曹燕柳提出的“讶鼓”说；第三种是民间流传的“驱邪逐瘟”说。

第一种观点我们在这里就不再冗述，我们直接来看第二种观点。曹燕柳在《文艺研究》① 中考证，真正发明太平鼓的并非徐达，而是北宋神宗熙宁初年拓边复地的名将王韶（字子醇）。他在边陲军旅，将当地“讶鼓”（或“砑鼓”）改造并重新编排而

① 曹燕：《太平鼓正源》，载《文艺研究》1995年第3期，第66—70页。

产生了今天的兰州太平鼓。

宋代彭乘的《续墨客挥犀》中有王子醇教军士为讶鼓的记载：

“王子醇初平熙河（今甘肃中部与青海东部地区），边陲宁静，讲武之暇，因教军士为讶鼓戏，数年间逐盛行于世，举动舞按之节与优人之词，皆子醇所制也。或云：子醇尝与西人对阵，兵未交，子醇命军士百余人装为讶鼓队，绕出军前，虏见皆愕眙，进兵奋击，大破之。”

吴曾的《能改斋漫录》中也有：

“崇宁大观以来，内外街市鼓笛板拍名曰打断。至致和初，有旨立赏钱百五千，若用鼓板改作蕃曲子并著蕃服之类，并禁止，友赏。其后民间不废鼓板之戏，第改名太平鼓……政和三年六月，尚书省言：今来已降新乐，其旧来淫哇之声，如打断——哨笛、砑鼓、十般舞之类，悉行禁止。”

由此得出结论：太平鼓起源于北宋神宗熙宁年间初平熙河之时，宋徽宗政和三年官令禁止，后民间没有废除鼓板之戏，将其改名为太平鼓，使其至今在兰州地区仍然广泛流传着。

第三种说法来源于兰州太平鼓的鼓点和祈福的意义。在田野调查的过程中，当笔者问及太平鼓的来源时，很多人说是为了驱邪。太平鼓在击鼓过程中的主要鼓点有着有趣的象征意义就是一个很好的说明。如：“X X”意为“逐瘟、逐瘟!”；“X X X”意为“今年好，今年好，明年更比今年好!”为什么会产生这样的鼓点，没有人能够说清楚。但是，通过太平鼓的名称及祈福祭祀等活动，笔者大胆设想：也许在许多年以前发生过瘟疫或者可怕的战争与不幸。后来，人们借助太平鼓祈求万事顺利，以驱除往昔的可怕记忆。

从太平鼓的名字来看，“太平”二字不是随随便便起的，它寄托了人们的一种愿望。不管是起源于一场战争，还是来源于过去的某一次天灾或瘟疫，总之它都是人们渴望安定祥和生活的一种鉴证。

（二）农耕文化的象征与隐喻——兰州太平鼓文化内涵解析

中国人自古以来崇尚鼓文化，鼓与农耕文化有着密不可分的关系，兰州太平鼓作为传统的鼓舞形式，正反映出陇原大地农业文明的律动。说到“文化”一词，我们不得不在此对其进行一个必要的界说。

“文化”是人文类学科研究的基本问题。“文化”一词在西方来源于拉丁文 culture，原义是指农耕及对植物的培养，自 15 世纪以后，逐渐引申使用，把对人的品德和能力的培养称之为文化①。西方人文科学对“文化”的定义很多，美国文化人类学家 A. L. 克罗伯和 K. 科拉克洪在 1952 年发表的《文化：一个概念定义的考评》中，分析考察了 100 多种文化定义，认为“文化存在于各种内隐的和外显的模式之中，借助符号的运用得以学习与传播，并构成人类群体特殊成就，这些成就包括他们制造的各种具体式样，文化的基本要素是传统思想观念和价值，其中尤以价值观最为重要”②。

在中国语言系统中，“文”的本义是指各色交错的纹理；“化”的本义为改易、生成、造化；“文”与“化”并联使用始见于《易·贲卦·象传》：

“（刚柔交错），天文也。文明以止，人文也。观乎天文，以察时变；观乎人文，以化成天下。”

“人文”指社会中人与人之间纵横交织的关系，与“化成天

① 黄平、罗红光：《社会学·人类学新辞典》，吉林人民出版社，2003 年版，第 161 页。

② 黄平、罗红光：《社会学·人类学新辞典》，吉林人民出版社，2003 年版，第 162 页。

下”紧密联系。[①] 这里的“文化”已有“以文教化”之意。西汉以后，“文”与“化”合成一个整词，或与天造地设的自然对举，或与无教化的“质朴”、“野蛮”对举。[②]

长期以来，在使用“文化”这一概念时，根据通用规则，有广义与狭义之分。仅从文化内容来看，广义“文化”以英国人类学家马林诺夫斯基提出的文化三因子和八方面来概括：三因子即物质底层、社会组织、语言；八方面即经济、教育、政治、法律与秩序、知识、巫术宗教、艺术、娱乐；其中三因子大体上代表了文化的结构，八方面代表了文化的功能[③]；狭义“文化”由英国人类学家泰勒提出，文化“乃是包括知识、信仰、艺术、道德、法律、习俗和任何人成为一名社会成员而获得的能力和习惯在内的复杂整体”[④]。

据笔者的理解，“文化”作为人类社会的现实存在，是一个内涵丰富、外延宽广的多维概念，对“文化”这一概念的具体运用，视其文化主体的特性而定。如果刻意地用广义文化和狭义文化来解析任何一种文化的内涵，前者则使论述内容过于笼统宽泛，且不易把握文化的实质特点；后者的论述难免过于微观与刻板，而且由于狭义文化排除了人类生活中关于物质创造活动及其结果的部分，只专注于精神创造及其结果，把对文化的描述与解析置于一个较为封闭的状态下，忽视了文化局部的互动与文化整体的变迁，不能准确梳理文化的发展脉络。本文是对位于中国黄

---

① 张岱年、方克立主编：《中国文化概论》，北京师范大学出版社，1994 年版，第 2 页。

② 张岱年、方克立主编：《中国文化概论》，北京师范大学出版社，1994 年版，第 2 页。

③ 黄淑娉、龚佩华：《文化人类学理论方法研究》，高等教育出版社，1998 年版，第 116 页。

④ 黄淑娉、龚佩华：《文化人类学理论方法研究》，高等教育出版社，1998 年版，第 25 页。

土高原以农耕为主地区的兰州太平鼓进行考察与研究，这一民俗活动所蕴涵的文化相应地具有国度性、地域性、民族性和基于生产方式的类型性文化特征。因此，对兰州太平鼓文化内涵的解读，本节将从两个方面来论述：从兰州太平鼓的地域特点看这一民俗活动所结合的农耕文化；从兰州太平鼓的鼓身形制特征来解析其象征意义。

1. 兰州太平鼓与农耕信仰

中国文化的基本特性主要是根植于中国特有的农耕生活。中国农耕文明的独到之处，在于它从耕、播、收、藏以及对天时地利的依存关系中抽象出了一套天人合一的本体论观念，并成为中国农民的基本生存模式。在这一模式中，祈望风调雨顺、五谷丰登、六畜兴旺，实现人与万物协调统一的理想，是中国文化下特有的农耕信仰，也是中国文化最根本的基石。

物质生产是民俗的本源之一，它是人类最基本的生产，舍此则不能顾及其他。但是，要征服自然，发展物质生产，求得生活上的温饱又谈何容易。俗语说："民以食为天"，"食"作为一种物质民俗，当其不能够满足人们的基本需要时，民众自然会利用另一种形式来表达自身的愿望，这恰恰在物质民俗与精神民俗之间架起了一道桥梁。兰州位于大西北，兰州地区的皋兰、永登等地都是典型的农业耕作地区。农作物生长需要充足的水分和阳光，并且农作物的收获具有一定的时间性和风险性，所以农民们热爱土地、祈愿丰收的心理，就形成了人们的主导心态。西北地区气候较为恶劣，一年四季干旱缺水、风沙大，夏季酷热难耐，干燥少雨，这种气候环境加上相对较为贫瘠的黄土地并不十分有利于农作物的生长，渴望丰收，祈求风调雨顺就必然形成兰州地区人与自然、人与人之间和平相处的纽带。人们常说："甘地寒气闭塞，春初非击此鼓则地气不融合，岁必不熟。"可见，兰州太平鼓正是在这种心态的驱使下，逐渐转变为正月期间祈望

“太平”的物质载体。

以农耕形式为主要生存方式的民众，对其生存所最为关注的问题，莫过于庄稼的长势和收成的好坏以及与之密切联系的气候状况。这样，兰州太平鼓作为一种心理寄托物，逐渐承担起了理想催化剂的作用。从农历春节开始，到正月十五达到最高峰并结束，皋兰县水阜乡的民众不但要打太平鼓，还要在附近的灵峰寺完成祈福的重要仪式。兰州地区冬季寒冷干燥，尤其在正月，一般都在零下十几度左右，此时正值农闲，太平鼓这种力与美相结合的舞蹈，也能够通过大幅度的动作使身体发热、抵御寒冷，达到强身健体的目的。而且太平鼓的表演舞姿又能够在大量的出汗过程中与正月的红火节日气氛有效地融为一体。在寒冷的正月，当身体与心理欢腾于一片，达到火热之时，将激越的情绪与殷切的盼望随着鼓声一起迸发出来，达到人鼓合一。

从以上可以看到，太平鼓的组织形式及活动时间都是与农业生产的季节性相适应的，其舞蹈形式的激越及有节奏的律动，正反映出农民对来年收成的期冀，也是民众心灵的律动。

2. 太平鼓形制特征中的文化内涵

中国的文化是多元的文化。有学者认为，“中国文化其源是巫文化，其流是傩文化”①。无论是巫亦或是傩，都存在着崇拜和信仰，这些崇拜和信仰，都要到人类漫长的历史过程中身体力行的去实践。在这些实践的过程中，具体可感的图腾象征物和与之相配的数字、符号成为人类精神文化的重要遗产，并一代一代地流传下来。

（1）二龙戏珠图案——龙图腾信仰的再现

笔者在调查的过程中看到，皋兰县水阜乡的太平鼓几乎无一例外地绘有双龙戏珠图案，我们从这里也能够窥探到农耕文化的

① 林河：《中国巫傩史》，花城出版社，2001年版，第33页。

端倪。

图 22　双龙戏珠图案太平鼓

龙是华夏族的图腾，是农耕民族所崇拜的神物。中华民族从蒙昧走向文明的进程中，龙图腾始终是最鲜亮的旗帜。远在上古伏羲时代，伴随部落的不断强大和迁徙，逐渐兼并和融合了黄河中下游及西南地区的许多部族。同时，在自己的大貌（原始龙）图腾中融入了其他部族的马、牛、狗、鹿、鱼、鸟等图腾，因而形成多图腾组合的综合图腾——龙。历代帝王都以龙身自居，他们的旗章、宫室、器用等一切都刻着龙文。从物质世界到精神天地，龙的气质与精神无所不在，龙的子孙遍及神州大地，龙是中国文化最伟大的标志。

自古以来，人们就有通过缘物寄情、托物取喻的方式来寄寓美好向往的倾向。人们认为龙能够行云步雨、掌控天气。在众多文学作品中，龙一直是掌握人们生存大权的天神，敬龙则风调雨顺、免除干旱、消灾驱邪；逆龙则食不果腹、忍饥挨饿、生不如死。人们在兰州太平鼓上绘制龙的图案，正是借龙传达对适合农作物生长的和顺气候的向往。尤其在兰州地区，干旱少雨在全国都是出了名的，这种气候对农作物生长可以说是极为不利。数百年来，农民们都过着面朝黄土、背朝天，顶着日头的艰苦生活。恶劣的环境往往使一年的收成不能与艰苦的劳动成正比，农民们对于雨水的祈盼更不必言说。太平鼓将雷与雨巧妙地融为一体，真实地道出了位于黄土高原兰州地区这一独特民间艺术的心灵内涵，寄托了人们多少希望与理想，反映了人们在生存本能的驱使下，不甘于命运摆布的精神层次。

图 23　太平鼓上的太极图

（2）太极图——万物和顺的象征

兰州太平鼓的鼓面绘有太极图也具有其象征意义。《周易·系辞上》曰："是故，易有太极，是生二仪，二仪生四象，四象生八卦。”《淮南子·精神篇》说：“古未有天地之时，维象无形，窈窈冥冥，有二神混生，经天营地，于是乃别为阴阳，离为八极。”单看“太极”二字：“太”有至的意思；极有极限之义，就是至于极限，无有相匹之意。既包括了至极之理，也包括了至大至小的时空极限，放之则弥六合，卷之退藏于心。太极图这个圆圈，就是代表着“一”，代表着宇宙，代表着无极。太极是有限之天，无极是无限之天。图像的黑白二色，代表阴阳两方，天地两部；黑白两方的界限就是划分天地阴阳界的人部。

在整个自然界当中，阴阳寒暑，万物的生长规律，无不包含阴阳五行。阴阳交合，则化生万物，万物按此规律生生不已，故变化无穷。太平鼓本身所具有的企盼万事和顺的意义自然蕴含其中。

（三）兰州太平鼓祭祀中的巫术观念

在皋兰县水阜乡笔者看到了当地太平鼓的祭祀祈福场面，感触极深。鼓与祭祀、祈求农事的关系从我国古代典籍之中就能找到极好的例证，《周易·系辞上传》中就有“鼓之舞之以尽神”的句子。《诗经·小雅·甫田》中写道：“我田既臧，农夫之庆，琴瑟击鼓。以御田祖，以祈甘雨。以介我稷黍，以谷我士女”，通过击鼓祈福以谢田祖，祈求降甘露以滋润苗黍，养育儿女。《诗经·周颂·执竟》中“钟鼓喤喤，磬元将将。降福穰穰，降福简简。威仪反反，既醉既饱，福禄来及”，可见鼓已经是祈求福禄的祭典中不可缺少的一部分了。《诗经·鲁颂·有瞽》：“应田县鼓，鞉磬柷圉。既备乃奏，箫管备举。喤喤厥声，肃雝和鸣，先祖是听”，反映了庞大的祭祀场面。《诗经·鲁颂·有駜》中“鼓咽咽，醉言舞”、“鼓咽咽，醉言归”，反映对丰衣足食、年年昌隆的期盼。《诗经·商颂·那》中“猗与那与，置我鞉鼓。奏鼓简简，衎我烈祖。汤孙奏假，绥我思成。鞉鼓渊渊，嘒嘈管声”，反映繁复盛大的祭典仪式中，击鼓以娱神明，祈求神明降福的宏大场景。此类的例子举不胜举。

每逢年节，兰州人民用太平鼓祈求天下太平、风调雨顺、五谷丰登、国泰民安，世世代代绵延不断。在兰州市皋兰县水阜乡，每年春节期间都有闹社火的习俗。从阴历正月初三起社火，太平鼓队就打起锣鼓，在村里各家各户转一遍，名曰：“扫街”，以此来扫除各家各户的晦气。有些地方会在鼓队的带领下，到附近的庙宇祭祀神灵。水阜村如凤山上，有一座香火灵验的灵峰寺，共有三间，当地人也分别称之为大佛殿和娘娘庙，每年正月社火队扫街之后都会前往灵峰寺祭拜、击鼓，借神灵来保佑水阜乡人丁兴旺、年年有余。而此时，一些善男信女就会跟随太平鼓队前往烧香拜佛，这个程序早已成为传统。太平鼓声惊天动地，目的是为了驱邪和祈求来年风调雨顺，瓜瓞绵绵。无论黄河岸边的田园村舍，还是山谷深处的崖畔坡下，每当威武雄壮的兰州太平鼓轰然响起，这块黄土地顿时就沸腾起来。太平鼓响到哪里，便把希望带到哪里，送上关切，送上温暖，送上美好的祝愿。

在太平鼓的祭祀活动中我们能够找到许多交感巫术的端倪，对于我们更深刻地理解这一民俗创造了条件。

1. 兰州太平鼓与巫术仪式

兰州太平鼓鼓舞是模仿人类交媾行为达到祈求农作物丰产目的的一种巫术仪式活动。是民众借助对人类交媾的模仿来唤醒天地交媾的欲望，并催促种子发芽、禽兽繁殖以获得大地丰收。兰州地区气候干旱、土地贫瘠，生活资料的匮乏不言而喻。太平鼓每年正月期间开始击打，其中包括许多祭祀的成分在其中，人们通过击鼓，企盼风调雨顺、五谷丰登。这种超自然的行为目的是希望人为的性意念能够感染稻田中的种子。

和原始先民一样，兰州地区民众也认为降雨就是天与地的交媾行为，交媾结果就是土地上的农作物丰收。击打兰州太平鼓首要的目的是使农作物丰产，而其丰产的主要途径则是雨水的降临。这又再次证明了性本能观念在太平鼓这一民俗事象中的反映。

从人类学巫术理论的角度来看，兰州太平鼓作为一种巫术文化，同时又是一种鼓文化，从其产生初期，不可避免地打上了巫术的烙印，反映出了原始人的性的本能。巫术赖以建立的思想原则可归结为两个方面：第一是同类相生或果必同因，我们也称之为相似律；第二是物体一经相互接触，在中断实体接触后，还会继续远距离的相互作用，我们称之为接触律或感染律。兰州太平鼓所反映出的原始思维本质上符合第一种原则（交感巫术中的一种，即顺势巫术或模仿巫术）。“巫师根据相似律引申出，他能够仅通过模仿就实现任何他想做的事”①。此种巫术认为，事物一旦相互接触过，它们之间将一直保留着某种联系，即使它们已互相远离。在这样一种交感关系中，无论针对其中一方做什么事，都必须会对另一方产生同样的后果。

我们说兰州太平鼓的击鼓过程正是反映出了原始时期流传下来的对人类交媾行为的模仿。从本质上来讲，食物是民众与大自然之间的根本系结，为了食物，人类感戴自然之恩惠、崇拜自然，对自然充满畏惧。面对生活资料的匮乏，俯仰天地时便自然产生了控制自然的强烈欲望和寄托求助的无奈情绪，积久便形成了人类对大自然的畏惧与感恩。出于天性，食物紧缺时民众凭借朴素的生存经验寻找到人类可以作用的方法：原始法术和交感巫术。民众深信交媾能催促动、植物的繁殖，为了满足控制自然万物生育的渴望，民众创造性地发明了模拟交媾的原始法术（即生殖丰收的法术）。实质上，鼓的衍生从某种程度上是对人类生

① 弗雷泽，金枝：《巫术与宗教之研究》（上、下），桂冠图书股份有限公司，1991 年版，第 15 页。

殖的模仿，是一种祭神祈谷的原始巫术发展而来的，这与弗洛伊德在精神分析学说中所提出的无意识性本能理论是一致的。谷物决定着人类生存和发展，由于人在自然力面前的软弱无力，对自然规律的无知，认识自然的困难，使得原始先民本能地认为，植物的生长就如同人类自身的繁衍，二者是息息相关的。

从弗洛伊德精神分析的角度来看，无意识理论在其早期理论中占有核心地位，人的意识活动只是人的整个精神活动的表层。在表层之后，有着更深厚、更强大的力量——无意识活动。兰州太平鼓的击打是一件意识活动，但是意识的过程是由无意识衍生的。人们对自然的蒙昧认识和对生活资料（主要指食物）无意识的强烈本能需求，导致了意识行为的产生。同时，人们想要借助原始法术的心理又使无意识的一种本能（主要是性本能）发挥了作用，而将这种心理灌输于实际的行为（即打兰州太平鼓）之中。

2. 兰州太平鼓——袭击天庭的法术

从巫术角度来看，"中国人擅长袭击天庭的法术"①，为了雨水的降临，为了植物的生长和生命的延续，民众用鼓声模仿雷声，以达到袭击天庭的目的。类似的例子很多，《金枝》中写道："例如在俄罗斯德尔普特（即今塔尔图）附近的一个村子里，当人们渴望雨水时……拿着榔头敲水桶或水壶以模仿雷鸣"②。

古人把鼓声与雷声相比，认为鼓声可引来雨水，因此鼓声有利于春耕和农作物的生长，《周易·系辞上传》就有"鼓之以雷霆，润之以风雨"的句子。古人认为雷动意味着亨通，人们通

---

① 弗雷泽，金枝：《巫术与宗教之研究》（上、下），桂冠图书股份有限公司，1991年版，第75页。

② 弗雷泽，金枝：《巫术与宗教之研究》（上、下），桂冠图书股份有限公司，1991年版，第65页。

过雷动的声音可以达到震慑万物的作用，恐惧谨慎必能带来福泽，这在《周易》中得到了证明：

“震，亨。震来虩虩，笑言哑哑，不丧匕鬯。

象曰：震，亨。震来虩虩，恐致福也；笑言哑哑，后有则也。震惊百里，惊远而惧迩也；出，可以守宗庙社稷，以为祭主也。”

兰州太平鼓所发出的声音惊动天地，如春雷贯耳，“雷以动之”①（雷用来振奋鼓动万物），使万物惧怕。人们通过擂动太平鼓以求得万事顺利、太平祥和。通过雷动的鼓声传达“是生两仪，两仪生四象，四象生八卦，八卦定吉凶，吉凶生大业”② 的信念，以达到“极天下之己者存乎卦；鼓天下之动者存乎辞；化而裁之存乎变；推而行之存乎通；神而明之存乎其人”③ 的效果。

（四）兰州太平鼓的功能解析

马林诺夫斯基认为，一个社会的基本生物需要，是文化所有滋养、发展以绵续的条件，人类用文化的手段满足他们的基本生物需要；然后又产生对法律组织的需要；再次，社会要靠传统风俗为工具，使文化得到它的绵续性。所以，“文化历程以及文化要素间的关系，是遵守着功能关系的定律的”④。在马林诺夫斯基看来，人类社会的任何活动都为满足某种现实的需要而存在。因此，从实用的角度讲，分析兰州太平鼓所负载的功能，可以了解它存在的必要性（合理性）以及可以引导和进一步加强的可能性。

---

① 张善文译著：《周易·说卦传》，花城出版社，2001 年版，第 102 页。
② 张善文译著：《周易·说卦传》，花城出版社，2001 年版，第 89 页。
③ 张善文译著：《周易·说卦传》，花城出版社，2001 年版，第 89 页。
④ 黄淑娉、龚佩华：《文化人类学理论方法研究》，广东教育出版社，1998 年版，第 116 页。

相较于对“文化”的界定，对于“功能”的界定要单一和简约。从字面理解，“功能”即是指功效、作用。以马林诺夫斯基的功能主义的角度看，功能即是对人类社会“需要”的满足方式，他研究功能的观点是：“功能方法坚持社会事实的复杂性；各种在表面上常常矛盾的因素，实系纠结于一种信仰或坚信中；这样的坚信在社会制度内有力地运行着；并且用传统的标准化的行为来表达社会的态度与信仰。”① 马林诺夫斯基所持的功能观是一种偏重于静态的观点，而且排除了作为文化主体——人所发挥的作用。基于本文的论述对象，笔者主要通过分析民众在民俗活动中的行为，来透析民众如何借助民俗活动来实现自己的需求。本节将从三个方面来阐述兰州太平鼓所负载的教化整合、精神慰藉、休闲娱乐功能。

1. 教化整合功能

自先秦起，民俗在一定程度上被当政者吸收并用以给动荡的社会制定规范，例如为人伦秩序、信仰制度与日常生活命名等。孔子更是强调“民教俗朴”，贯彻以人学为核心的伦理政治纲常模式，这种将伦理纲常内化于民俗活动“化成天下”的指导思想赋予了民俗显著的教化功能，对中国人的生活方式、思想方式与信仰方式产生深远影响。太平鼓作为民俗活动的载体，其中心内容——祭祀祈福实际上是一种有效的娱神活动，而这一活动对于一个地区或集团具有显著的教化功能。

在皋兰县水阜乡，兰州太平鼓的击打要遵守严格的规程，太平鼓队的通过地、祭祀过程中的礼仪形式都严格依从传统，对自然界和神的崇拜、对人丁兴旺和谷物丰产的祈求、祭祀过程的“礼制”等等正是通过这种形式融入百姓的“俗”中进而植根入

① 黄淑娉、龚佩华：《文化人类学理论方法研究》，广东教育出版社，1998 年版，第 107 页。

百姓的精神生活，自然而然地成为民众的一种无意识行为。

兰州太平鼓的教化作用有助于俗民群体内部的整合。一方面，据笔者调查，水阜乡各村在成立太平鼓队的同时，加强了村民集体协作的精神，促进了村甚至乡之间的联系；另一方面，汉族群众组织兰州太平鼓这样一种吉庆与祭祀相结合的活动，不仅向汉族以外的其他族群显示自己的团结与实力，而且也是借助活动与更大的社区范围和族群范围相认同。在兰州地区，每逢春节都会打起太平鼓，各民族都融入了这种庆祝活动的氛围里，本民族的价值观念、行为方式和风俗习惯通过兰州太平鼓这样一种载体进行交融，民族间的文化得到彼此认同，从而增进了民族间的团结与融合，达到地区的稳定发展。

2. 精神慰藉功能

在皋兰县水阜乡兰州太平鼓的一个最基本功能就是满足当地民众的信仰需求，实现对民众的精神和心理的慰藉作用。当地如凤山灵峰寺是宗教信仰活动场所，体现了浓厚的迷信崇拜色彩，通过兰州太平鼓这一载体，成为民众企盼风调雨顺、万事和顺的重要场所。太平鼓击打的当天，除了当地村民，还会有大批的香客、祈祷者、信众尾随太平鼓队登上如凤山，已经成为多年不变的传统。

兰州太平鼓体现了一种民间信仰。所谓民间信仰，是指普通百姓所具有的神灵信仰，这种信仰是围绕各种仪式活动来体现的。民间信仰往往没有严明的组织系统，没有成文的教义和特定的戒律。它往往是一种积淀的集体心理活动和无意识的外在行为表现，也是人们日常生活的一个组成部分。兰州太平鼓之所以能够深入人心并且对当地民众发挥精神慰藉的功能还在于以下两个原因：

（1）兰州太平鼓在民间流传着明朝大将军徐达利用太平鼓攻城的传说，徐达是民间享有极高声誉的英雄人物，是明朝的开国功臣之一，战功卓绝而深受军民崇仰。这个传说本身就带有了浓厚的英雄崇拜色彩。

（2）反映在禳灾、祈福、求子等方面，具有普遍性的精神慰藉功能。兰州地区气候较为恶劣，农业生产所受制约性较大，几乎是靠天吃饭。虽然人们并不会把丰收的希望全部放在神灵的庇护上，但他们还是会把是否风调雨顺、是否丰粮满仓与神联系起来，如在皋兰县水阜乡，兰州太平鼓击打过程中必须在灵峰寺进行祭祀仪礼，通常鼓队全体成员要集体烧香叩头，并在神灵面前击打兰州太平鼓，以求得好年景。一些妇女会在灵峰寺的娘娘庙拜祭，其特殊意义就在于保佑生育、瓜瓞绵绵。

3. 休闲娱乐功能

虽然兰州太平鼓最初是敬神的表现和手段，但是随着时代的发展，它已经逐渐演变为一般性的群众娱乐活动。其所以如此，一是为了酬神祈灵，作为崇拜信仰的一部分；二是为了满足百姓放松身心、调剂生活的娱乐性要求。

击打兰州太平鼓一般只在正月期间，正是当地的农闲时节，百姓可以借此放松身心尽情娱乐。每年阴历正月恰巧是中国的传统佳节——春节。此时正是民众娱乐休闲的重要时期，各家张灯结彩、喜气洋洋。太平鼓队在这时击打，不仅预示着崭新一年的开始，更蕴含着喜庆、祥和的气氛。身着盛装的民众簇拥着太平鼓队在大街小巷穿梭，欢乐的场面自不必说。兰州太平鼓在娱神的过程中达到了娱人的目的和效果。

兰州太平鼓的休闲娱乐功能主要表现在两个方面：

（1）正月期间，各个乡的太平鼓队都会聚集起来，各方群众都来观看，场面极为壮观。在水阜乡，全乡八个村（分别为沙岗村、涝池村、彬草村、水阜村、燕儿坪、长川村、老鹳村）都会派出各自的太平鼓队聚集在水阜村进行统一的表演、庆祝及祭祀活动。村民们很早得到消息，在水阜村村口迎接太平鼓队，场面十分热烈。随着时代的发展，现在水阜村为了活跃节日气氛兼维持现场秩序，村委会常常在村口专门安排迎接太平鼓队的“小丑”，他们满脸涂黑，举止、穿着滑稽，经常引逗在场群众，令人忍俊不禁。

图 24　迎接太平鼓队的小丑

（2）随着时代的发展，兰州太平鼓也成为青年女子展示才艺的工具。在打太平鼓的队伍当中，常常会出现由大姑娘和小媳妇组成的女子太平鼓队，十分吸引人。在平日，青年男女为避瓜田李下之嫌，较少有接触机会，有时甚至两家隔着一堵墙，还不知道邻家有女初长成。而在此时，人们完全沉浸在欢愉的气氛之中了。

综上所述，兰州太平鼓作为一种民俗活动具有不同的功能，从而为这一民俗活动的传承和发展打下了良好的基础。民众在精神慰藉和集体教化的同时，既做到了娱神又能够娱人，具有多方面的意义。

四、兰州太平鼓的文化变异及现代性

（一）兰州太平鼓的传承及创新发展

1. 兰州太平鼓的传承

历经数百年的沧桑巨变，兰州太平鼓已经在传统底蕴的基础上，代代传承，并且经过人们一代代的改进与创新，成为一种不分年龄、不分性别的全民性的民间艺术了。如今的兰州太平鼓，已经具有强烈的时代性和艺术观赏性，它留给人们更多的是充足的艺术想象和创作空间。

在皋兰县水阜乡，兰州太平鼓一般是通过一种广义上的师徒传承来完成的，每年正月在水阜乡各个村，各家各户自发报名参加太平鼓队，每个村都会有1—2位早年打过太平鼓的德高望重的老人来负责指导太平鼓队的训练。据了解，在水阜村，每到春节，人们都自发的在户外组织太平鼓的训练，有不少年事很高的老人，仍然在太平鼓队中起到核心的作用。当然，太平鼓队也有不少中、青年人参加，甚至还有十几岁的小孩子。在零下十几度的户外，还能感觉到他们对太平鼓的热爱。

太平鼓队的训练当然要有资金上的支持，在水阜乡，老百姓们自己筹措资金，大概每家每户为各村太平鼓队捐5—10元的经费，保证在过年期间能够正常训练。当然，在太平鼓的传承方面政府的支持也是一个很重要的因素。

正是因为有了以上诸多方面的因素，才使得兰州太平鼓直到今天仍然广泛流传在兰州地区，它并不像其他民俗面临消失的危险，这是一个可喜的现象。但是我们也应该看到，由于政府干预和不正确保护等等因素的影响，兰州太平鼓的传统的东西也有不同程度的丢失，表演性逐渐增强。最令人担心的是，由于缺乏对民俗的认识和保护意识，人们并没有对保护传统提起足够的重视。在采访过程中，绝大多数村民认为参加过亚运会的太平鼓（比如皋兰县西岔乡）才是正宗。而据笔者采访了解，1990 年参加第十一届亚运会的兰州太平鼓是由杨玉兰女士编排改编的，传统性大量丢失。而水阜乡，太平鼓不但是自发组织而且还具有祭祀的成分，是难得的太平鼓传统性保留较好的地区。这方面如果我们能提高认识，那么对兰州太平鼓传统方面的保护还为时不晚。

2. 创新与发展

任何一种民俗都不是稳定不变的，兰州太平鼓这一民间艺术也不例外。经过兰州人民及艺术工作者的深入挖掘、整理和创新，在兰州太平鼓原有基础上进行有机的融合和加工，改进了传统打法中常用的套路，使兰州太平鼓的动作更趋多样化。

图 25　采访杨玉兰老师

在笔者写此篇论文期间，有幸采访到了参与兰州太平鼓创新的甘肃兰州市群艺馆高级馆员、二级编导、甘肃省民间文艺家协会理事、甘肃省民俗学会理事、甘肃省戏剧家协会会员、兰州太平鼓研究会常务理事兼副秘书长杨玉兰老师①，她多年来致力于兰州太平鼓这一民俗的发展并开创性地建立了女子太平鼓队。据她介绍，兰州太平鼓的创新开始于1989年甘肃省一次音乐舞蹈调研，在以后的数年中，逐渐在传统基础上对兰州太平鼓的道具、服装、动作、阵法有所创新。首先，在道具方面为了减轻鼓手体力上的负担适当减轻了鼓重；为了更方便击鼓将传统的两尺五的鼓鞭改为两尺；增加了压鼓条。其次在服装上，更加注重视觉效果。最后是在动作和阵法方面更趋复杂，更加专业化、规范化。

（1）道具制式及服饰创新②

兰州太平鼓在道具制式及服饰方面的创新表现在：旗、鼓鞭及锣跋上的装饰、服饰方面主要是在视觉上更加美观；而对于鼓本身，为了便于做较高难度的动作，减少体力耗费，适当地减少了鼓的重量，缩短了鼓鞭的长度。

①道具

---

① 杨玉兰，1941年生，女，笔名杨洁，山西襄汾人。1990年参加第11届亚运会艺术节，编导的“中国兰州太平鼓队”获奖牌；1991年参加山西国际锣鼓节暨中国第二届民间艺术节，编导的“中国兰州太平鼓队”获编导金奖、表演金奖。1992年参加天津国际友好城市艺术节暨“南开杯”艺术邀请赛，编导的“中国兰州女子太平鼓队”获优秀编导奖、优秀奖榜首、优秀组织奖；参加首届中国丝绸之路节，编导的“中国兰州女子太平鼓队”获优秀编导奖、优胜表演奖，编导的“中国兰州太平鼓队”获优胜奖、“中国兰州西固太平鼓队”获优秀表演奖。1989年参加中国舞蓉城之秋编导的“甘肃兰州太平鼓队”获三个最佳奖。1993年编导的“兰州太平鼓”获甘肃省敦煌文艺奖等。1994年在兰州举办的第四届中国艺术节，编导的“甘肃兰州青白石太平鼓队”参加黄河文化展示会，被选入大型艺术片《百花争艳》。传略收入《甘肃省艺术家名录》。

② 这里提到的道具及服饰均为男子太平鼓，在第二节中将涉及女子太平鼓的道具制式及服装。

队旗：长 1.8 米，宽 1.3 米，大红丝绒旗身，金黄色的边子，金黄色的字样和金穗，以表示吉祥如意。有的鼓队在队旗上顶设计“二龙戏珠”图案，以表示本队的风格与特征。

指挥旗：长 1.6 米，宽 1.2 米，三角式样，边缘为金黄色的火齿轮形状，大红底子，以表示勇往直前。

太平鼓制作要求：鼓身长 70 厘米，鼓面 40 厘米，鼓重十二公斤。

鼓槌：长 2 尺，上栓大红和金黄色的方块绸子，以表示吉祥如意。

压鼓条：长 2 尺，上拴五彩花朵，以表示五谷丰登，风调雨顺。

锣（大号锣）：上拴红黄方块绸子，锣槌同样拴上红黄方块绸子，表示吉祥如意，太平盛世。

钹（大号钹）：上拴红黄绸子。

②头饰及服装

第一种头饰及服装：

头饰：金黄色罗帽，额上缀一个大红绒球和小圆镜。

服装：金黄色的套装，黄色腰带绣有金线图案，大红靠袖、靠腿上绣金线。

第二种头饰及服装：

头饰：绒球勒子一顶，额头之上有一小圆镜，镜子上面缀一颗大红绒球（仍为英雄胆），头巾为白色加红边。

服装：白色缎子套装，大红色镶边，大红色靠袖、靠腿，上绣金色图案。大红靴子上缀大红绒球一个，腰系大红色绣金线图案的腰带。

第三种头饰及服装：

头饰：天蓝色头颈，加红或黄边，上加绒球帽子一顶，顶上有一面小圆镜，镜上缀一颗绒球。

服装：天蓝色的服装，金黄色或红色的腰带及边子。

③动作创新

水阜乡农民们在打太平鼓过程中受到部分艺术工作者的影响，创造出骑士射雕、万马奔腾、雄鹰展翅、黄河勇士、丹凤朝阳、飒爽英姿、巾帼英雄、潜心取捷、双鞭担肩等二十多组动作①。同时，在动作与动作之间的转换上，进行了大胆的改进，加快了转换节奏，使其更具有合理性、科学性。这相应地加大了动作的难度，但动作上更为流畅，使太平鼓打法的变化趋于丰富，也使沉闷的节奏得到改变。

④阵法创新

在兰州太平鼓的阵法上，又在原有基础上创新出龙舟飞行、大漠驼铃、英雄习武、八面埋伏、四方抖风、太平盛世、鼓舞腾飞、大轿迎宾、女中豪杰、黄河女儿等等形式，以下便是杨玉兰老师手绘的兰州太平鼓创新阵法图②中的三张：

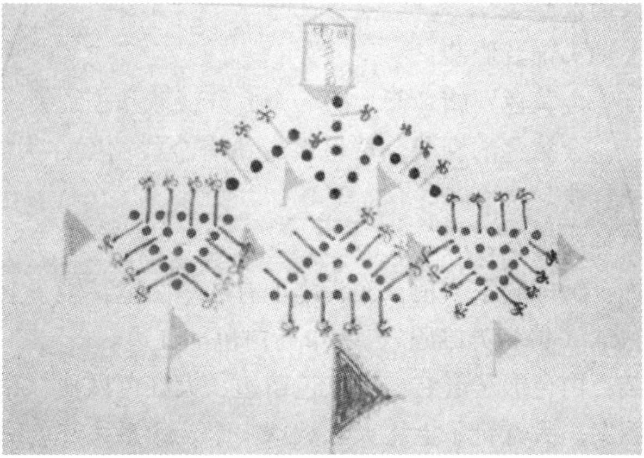

图 26　大漠驼铃

① 以上动作参见杨玉兰：《天下第一鼓兰州太平鼓》。

② 该组阵法图是笔者 2007 年 9 月 16 日拍摄于杨玉兰老师家中。

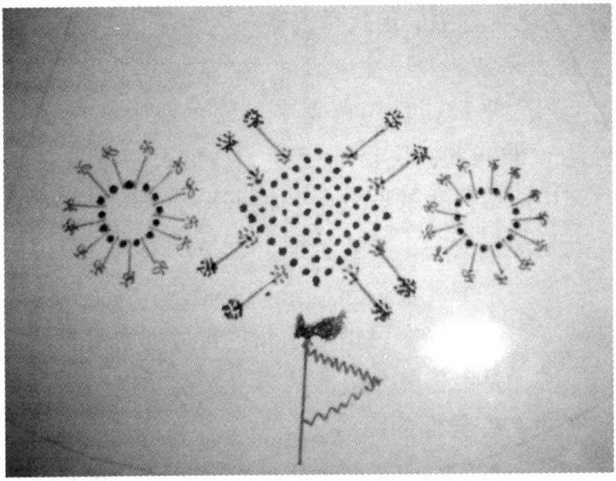

图 27　女中豪杰

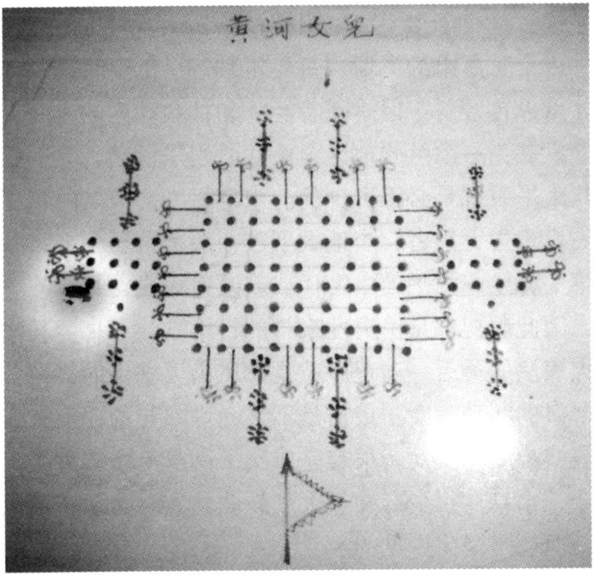

图 28　黄河女儿

（二）文化变异中的现代性表现——女子太平鼓

1. 兰州太平鼓的变异性

说到兰州太平鼓，我们首先来谈谈民俗中文化变异（即民俗的变异性）的问题：民俗的变异，是指民俗事象在其传播和延续的过程中或多或少都要发生一些不同于原有民俗事象的变化现象，它既是民俗的一个重要特征，也是民俗自身发展的一种运动规律。钟敬文主编《民俗学概论》中指出："变异性是民俗文化的显著特征，它是指在民俗传承和扩布过程中引起的自发和渐进的变化。变异是民俗文化机能的自身调试，也是民俗文化生命力所在。""没有变异性的民俗文化是不存在的。"①

兰州太平鼓本来用于祭祀祈年，而且由于兰州太平鼓本身的形制和最早以战鼓为主要形式的特征，数百年来一直都只有男性才可以触摸。又由于太平鼓屯田祀社的功用，打太平鼓在过去被认为是一件十分严肃的事情，每年正月过后都要将鼓封存，到来年正月才可以再开封。但是随着经济和社会观念的改变，太平鼓已经逐渐发展为一项兰州地区全民性的娱乐活动，只要有庆祝活动，兰州太平鼓都是必不可少的。水阜村太平鼓队的指导者，年近七旬的肖老告诉笔者，当地太平鼓一般都由男子来打，有三个原因：第一，兰州太平鼓由古代战鼓改造而成，具有战争的意味在其中，因此起初都是由男性来打的；第二，在皋兰县水阜乡太平鼓社火表演的最后一项程序就是如凤山灵峰寺的祭祀，这是一项十分严肃的活动，女子最初是不被允许参与的；第三，太平鼓的动作表演难度大，女子很难完成鹞子翻身等费体力的高难度动作。如今，水阜村很少有女子太平鼓队，有时为了新颖也会有相关表演，但还是极为少见的。

---

① 钟敬文：《民俗学概论》，上海文艺出版社，2003 年版，第 18 页。

女子太平鼓队最早由杨玉兰老师于1992年在兰州皋兰县创立，杨玉兰老师为了能够减少女子打兰州太平鼓的难度，大胆地对女子太平鼓的道具做出创新，并创新出了巾帼英雄、丹凤朝阳等动作，可以说女子太平鼓的出现是一个新的创举，不但在形式上打破了传统的观念同时也是对传统思想的一个新的突破。杨玉兰老师创立的女子太平鼓队在首届中国丝绸之路节上获得了特别奖，为兰州太平鼓的创新和发展做出了很大贡献。

2. 女子太平鼓队道具及服饰

女子太平鼓在道具和服饰方面以传统为基础发生了变化。根据女性身体条件的需要，将队旗、指挥旗长度适当缩短，减轻了鼓重，减小了锣、钹的型号，使女性更容易击打，使其更具女性美感。

⑴道具

队旗：长1.8米，宽1.3米，大红丝绒的旗身，金黄色的边子，金黄色的字样，旗顶设计“丹凤朝阳”以表示女队的风格与特征

指挥旗：长1.6米，宽1.2米，金黄色的火齿轮边表示勇往直前。

女子太平鼓的制作要求：鼓身长60厘米，鼓面直径35厘米，鼓重6公斤，鼓身为大红底子上绘“丹凤朝阳”彩图，鼓面为“太极八卦”图，表现对新生活的美好祝愿。

打鼓槌：长60厘米，上拴红黄方块绸子。

压鼓条：长60厘米，上拴五色花朵，由大而小。

锣（2号锣）：上拴红黄方块绸子，锣槌上拴红黄方块绸子。

钹（2号钹）：上拴红黄方块绸子。

花杆子：长1.6米，杆上扎有四彩绣球，以表示四喜临门、风调雨顺、气象更新。

⑵头饰与服装

头饰：银白色的武士头盔，上面设计了凤凰式样的图案和绒球。

服装：身穿银白色缎子套装，胸前有五彩花图案，大红腰带上绣有金线图案，大红靠袖上绣有金线图案，大红长筒靴子，上绣金线图案。

图 29　兰州女子太平鼓队

3. 文化变异与女性观念

在人类历史上，随着社会的发展和人们需要的变化，传统的行为和观念在不断地改变。一般来说，“现代的许多变迁都起源于物质文化，物质文化变迁又引起文化其他部分的变迁。”① 随着商品经济的发展，各种新思想、新观念逐渐形成，有力地冲击着依附着自然经济而存在的传统价值观。在新的历史时期，传统文化中隐含的落后性、排他性、封闭性和褊狭性都成为其自身发

① ［美］W·F·奥格本：《社会变迁——关于文化和先天的本质》，浙江人民出版社，1989 年版，第 144 页。

展的羁绊，不符合时代潮流，也阻碍了优秀的传统文化的保存和发扬。传统的兰州太平鼓由于其浓重的祭祀意味，使其本身带有了某种严肃性——女性不可以参与击打太平鼓的一切活动。但是随着时代的变化，人们的观念发生了变化，对于太平鼓这一民俗的认识也发生了很大的变化。

在水阜乡，当笔者问及女子太平鼓时当地村民都表示，过去女子是不能打太平鼓的，并不仅仅由于兰州太平鼓的形制特征的影响，更多的是他们都无法说清楚的观念上的原因。但是现在，每年正月，全乡的太平鼓都来水阜村表演，人们为了追求新颖，会有女子鼓队，煞是吸引人。村民们还表示，现在太平鼓已经成为一种全民性的民俗了，不光妇女，老人孩子都能够参与进来。

以上这些都充分说明，女子太平鼓的出现，不仅仅是一个民俗事象的创新发展，更重要的是人们思想观念的解放，它的出现标志着女性地位的提高。用杨玉兰老师的话说，女子太平鼓是一个划时代的突破，是一个壮举。

五、结语与思考

（一）研究总结

民间文化是其俗民在长期的自然条件、生态环境和人文背景下的适应手段和存在方式，民族性、地域性强，且蕴含着群体文化的精华。优秀民俗文化的传承从本质上说，是民族文化的延续。兰州太平鼓是兰州地区文化因素的结晶，也是传统文化演示的载体和工具。对兰州太平鼓的研究对于保护非物质文化遗产和发展中国民俗文化都具有重要意义。

笔者对兰州太平鼓的系统研究可以说是对以往零散研究和简单描述的一个突破和深入。根据对兰州皋兰县水阜乡太平鼓的考察，笔者得出以下结论：

1. 笔者以兰州市皋兰县水阜乡为调查地，对该地区兰州太平鼓的形制情况、表演衣着服饰、表演阵法、表演动作、表演程式、当地表演情况等进行了详尽的调查，在以往研究的基础上将兰州太平鼓的研究科学化、规范化。

2. 根据流传广泛的兰州太平鼓的传说，追踪兰州太平鼓的溯源问题。详尽分析了兰州太平鼓溯源的三种说法（徐达攻城说、“讶鼓说”和“驱邪逐瘟”说）。

3. 兰州太平鼓与农耕文化密不可分。由于兰州地区气候和自然条件的影响，使得民众对农业收成和风调雨顺充满希望，于是产生了敬神、酬神的愿望，并且借助兰州太平鼓来完成，这个过程可通过以下图示表示出来：

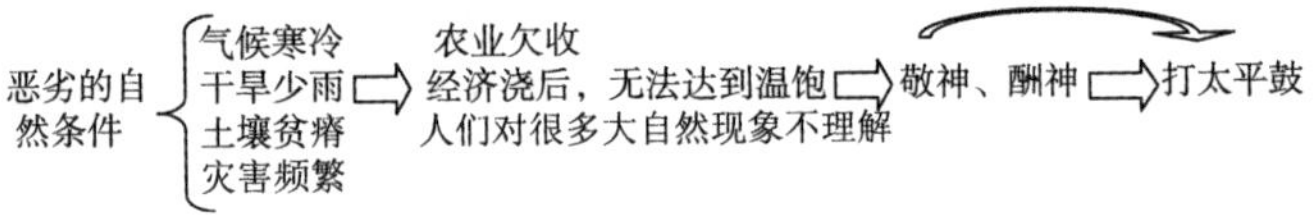

4. 兰州太平鼓的祭祀成分与原始巫术有着密切的联系。兰州太平鼓所反映出的原始思维来源于交感巫术中的顺势巫术或模仿巫术，表现在两个方面：①通过模仿雷鸣以达到震慑万物的作用；②通过模仿人类交媾行为以达到催促种子发芽、万物繁殖的作用。

5. 兰州太平鼓的文化变异。任何一种民俗都会随着时代的发展而产生变异，变异性是民俗的重要特性。兰州太平鼓在水阜乡传承的过程中，道具、表演服装、表演动作、表演阵法甚至参与者等等在传统的基础上产生了许多创新和发展。尤其是女子太平鼓，可以说是打破传统思想的全方位创新的表现，是现代化影响下的文化变异的一种表现。

（二）兰州太平鼓表演艺术发展的思考

近几年来，兰州太平鼓一直为人们所关注。2006 年 6 月兰州太平鼓成为国家第一批非物质文化遗产保护工程。越来越多的人参与到这一民俗活动之中。经过多年的发展，兰州太平鼓在道具、服装、动作、阵法等方面也产生了许多创新。根据对其的研究，笔者得出以下几点思考：

1. 民俗的传承是具体地联系着一方民众生活而经历着不断调整的过程，根据时事与自然环境的变化可能呈现出不同的面貌。同时，民俗具有一种自我代谢的能力，无论其代谢程度的高低，它都根据不同的时代与地缘背景，尽量对自身内部进行局部的调整乃至改变，从而改善民俗的活动形式，强化其传承条件。因此，兰州太平鼓在传承过程中的变异是其自身发展所决定的。民俗是人们世世代代传承下来的一种文化信息，传承的过程就是重新理解和再度创造的过程，人类文明之所以能够进步发展，是因为它能够依据外部环境的新情况不断调节和改进，从而达到新的适应，或对现实生活做出新的改造，衍生出新的功能。

2. 目前，针对一些民俗活动，官方渐渐采取推波助澜的态度，目的是利用民俗活动构建“文化搭台，经济唱戏”的平台以期改善投资环境使本地区得以发展。毋庸置疑，极富地方性特色的民俗活动的确是吸引外界注目的一个焦点，极有可能成为本地区经济发展的一个“增长点”。于是，挖掘本地区的民俗活动乃至对其的造势，似乎成为一个地区发展的必要选择，民俗活动正日益被演绎成一场自上而下、规模空前的经济性运动。当这种地区“发展”观念切合国家目标的意识形态时，民俗活动中一些传统的东西正在有意无意地被忽略、被遮蔽。比如，兰州太平鼓的祭祀部分由于官方的盲目保护，使一些具有研究价值的民俗部分遭到破坏，现在在兰州地区仅有个别村庄存在兰州太平鼓的祭祀活动。

民俗是潜藏于基层群众中的深厚的情感与行为记忆，一旦环境条件允许，这种积淀于群众内心的“集体无意识”行为就被催发，具有旺盛的生命力与活力。兰州太平鼓传统活动的存在，绝非仅是旧的事物不肯退出历史舞台，或是对过去事象的简单再现，它有其深刻的社会原因和功能背景。在社会变革时期，各种存在的社会力量空前活跃，通过各种活动方式来表达自己的思想与情感。因此，民俗是以各种各样具体的活动来展现其所蕴涵的强大的社会能量，官方对待这种能量的态度是否得当将直接影响本地区的可持续发展。

我们之所以要强调祭祀对兰州太平鼓这一民俗的完整性是有原因的，任何民俗事项都可以从两个层面上来表述和勾画：一是表层的行为方式和生活模式；二是深层的思想意识与内在信念。这两个方面有都根植于特定俗民群体在一定生活区域沿袭下来的历史文化。民俗是文化的根基，一种民俗事项能否在不断变化的生活现实中继续存活，取决于它能否忠实而深刻地表达一个民族的生活方式与思维模式、历史与当代、光荣与梦想，乃至于苦难与哀愁。也就是说，俗民的物质生活和精神生活是血肉相连的。从表层来看，兰州太平鼓不过是一种普通的鼓舞形式，但是这种流传数百年的鼓舞形式的产生必定存在着信仰与精神方面的深层内涵。所以我们在研究这种民俗的同时，一定不能忽略它的完整性。

3. 兰州太平鼓这一民俗与其他濒危的非物质文化遗产不同，并未面临快要消失的危险，他多少年来在兰州地区一直广泛传承着，但是它存在着如何保护的问题。从政府扶持方面来看，兰州太平鼓确实受到鼓励和提倡，并得以传承发展；但是从民俗保护的角度来看，由于过分强调创新与表演性，或多或少地破坏了兰州太平鼓的传统性成分。如今在兰州地区，只有政府干预较少的村落存在着传统性较为浓厚的太平鼓，民众更是缺乏如何保护太平鼓的正确认识。因此，政府部门和民众对民俗保护的正确意识亟待形成。我们并不是不提倡创新，但是违背民俗发展规律的过度求新反而会事与愿违，作为一个民俗工作者，我们肩上的担子还很重。

在经济飞速发展的今天，人们单纯地为了追求物质利益、物质享受而忽略了精神这一层面，要知道精神文化中包含着民族特有的思维方式、想象力和文化意识，承载着一个国家或一个族群生命的密码，这是外来者无法侵入和占领的一块“领地”，是我们维持民族独立性的依据。因此，在发展经济的同时，我们还要继承和发展我们的传统文化。我们切不能因为生活条件的改善而丢失了这一传统文化。

民俗文化是“水”，生活其中的俗民是“鱼”，我们在爱护自然生态环境的同时，也要保护好文化生态环境。因为民俗事项是保持文化稳定性、传承性的工具。传统民俗文化是族群文化的根，民俗文化衰退或消失了，族群文化将成为无源之水，一个没有或失去自己独特文化传统的族群，也就从根本上丧失了文化意义上的族群个性。因此，保护、抢救包括民俗文化在内的传统文化的意义是深远的、任务是艰巨的。

参考文献：

1. 弗洛伊德：《图腾与禁忌》，中国民间文艺出版社，1986 年版。

2. ［英］詹·乔·弗雷泽：《金枝（上、下）》，中国民间文艺出版社，1987 年版。

3. ［奥］西·弗洛伊德：《精神分析引论新讲》，安徽文艺出版社，1987 年版。

4. J. G. 弗雷泽：《魔鬼的律师》，东方出版社，1988 年版。

5. 弗雷泽：《金枝，巫术与宗教之研究（上、下）》，桂冠图书股份有限公司，1991 年版。

6. ［英］马凌诺夫斯基：《文化论》，华夏出版社，2001 年版。

7. 高宣扬：《鲁曼社会系统理论与现代性》，中国人民大学出版社，2005 年版。

8. 费孝通：《费孝通论文化与文化自觉》，群言出版社，2005 年版。

9. ［奥］弗洛伊德：《弗洛伊德后期著作选超越唯乐原则》，上海译文出版社，2005 年版。

10. 马天彩：《中国民俗旅游丛书（甘肃卷）陇原丝路的民俗与旅游》，旅游教育出版社，1996 年版。

11. 杨玉兰：《天下第一鼓兰州太平鼓》，甘肃美术出版社，1997 年版。

12. ［苏］海通著，何星亮译：《图腾崇拜》，广西师范大学出版社，2004 年版。

13. 曹燕柳：《太平鼓正源》，载《文艺研究》1995 年第 3 期。

14. 马兴胜：《兰州太平鼓的特征与功能》，载《兰州铁道学院学报》2002 年第 2 期。

15. 路玲：《太平鼓的传承与发展》，载《丝绸之路》2004 年第 1 期。

甘肃苦水高高跷及其二月二龙抬头社火的调查研究

汤顺霞

一、绪　论

（一）选题背景、目的、意义及创新之处

1. 选题背景

随着全球网络化的发展，承载中华民族精神与巨大情感的非物质文化遗产正面临着前所未有的消亡与衰退。作为几千年农耕社会文明的产物，非物质文化深深植根于民族民间，是中华民族身份的象征，是培育中华民族认同感的宝贵资源，也是促进民族团结、保持国家统一的坚实基础。近几年，我国对非物质文化遗产进行了一系列科学而有效的保护措施，取得了重要成果，总结了许多行之有效的经验，对于科学地进行非物质文化遗产保护工作，起到了积极作用。但我们还应清醒地看到，现代工业的迅速发展、现代交通的拓展和延伸，计算机网络的密集化、全球经济一体化的趋向、农业人口不断向城市迁徙和结集、旅游业发展的持续高涨等，使我国的非物质文化遗产保护出现了更多的困难，保护工作十分严峻。人们在创造新文化的同时，也在消解着珍贵的传统文化遗产。

在这样的时代背景下，我们更进一步地看到，传统文化在整个社会的浮躁情绪中，失去了原生态的系统平衡，维系民族情感的礼俗淡化，随之而来的是传统人文素质的衰退和失落，造成了现代人对传统民间艺术审美观念及其审美意识的麻木和缺失。传统习俗的改变与消亡，使民间传统文化生态受到严重冲击，传统民间艺术失去了生存的土壤。为了进一步增强全社会保护非物质文化遗产的自觉性，全面而深入认识和探讨非物质文化遗产的形成、在社会发展进程中的独特性、活态性、传承性、流变性、地域性的特点，有利于人们准确把握非物质文化遗产自身的发展规律，从根本上促进非物质文化遗产的保护、传承、发展。

苦水“二月二龙抬头”社火是一项盛大的民俗活动，历史悠久，远近闻名。苦水街村位于庄浪河流域，是古丝绸之路兰州段的一个重要村镇，在历史上就形成了南街、北街两社，现有人口 4000 人，每年参与社火表演的村民达 3000 多人，占全村人口的 90% 以上。高跷的表演因技术难度大，属于高危表演项目，在兰州市的其他地区呈衰败迹象，唯独永登苦水街村的高跷，不论过去还是现在坚持演出，而且呼之为高高跷，雄视一方，成为当地“二月二龙抬头”社火中最抢眼也最受欢迎的表演项目之一。苦水“二月二龙抬头”内容丰富、多姿多彩，永登苦水村的南、北两社，分别有自己的社火会，社火会组织严密，内部分工协作，在长期的社火活动中形成了极强的组织观念与相互竞争机制，在某种意义上形成了大家自觉遵守的具有传统意义和民间特色的村规民约。

苦水高高跷作为兰州地区最有特色的一项民俗活动，2006 年被国务院公布为第一批国家级非物质文化遗产保护项目，至今还没有人对此进行认真而系统的研究，只有零星的介绍文字散见于报端。

2. 目的及意义

一是以苦水高高跷为代表的“二月二龙抬头”社火是一项规模盛大的民俗事象，在目前民间传统文化衰微的背景下，“二月二龙抬头”的规模不但没有缩小，反而表现出了旺盛的生命力，具有一定的代表性和典型性，掌握和探讨其发生发展的内在机制及其规律，对于促进我国的非物质文化遗产的传承发展具有借鉴和指导意义。

二是以苦水高高跷为代表的“二月二龙抬头”社火历代相传，从未间断，它是这一地区人民群众创造力、想象力、智慧和劳动的结晶，从历史的角度和非物质文化遗产存在的形态来看，苦水高高跷及其“二月二龙抬头”社火，包含和保存了更多随时代变迁并没有轻易湮灭的文化记忆，全面而科学地考查这一民俗活动的图腾崇拜、巫术仪式、舞蹈、戏剧等仪式，有助于了解一个地区独特的民俗信仰及其价值取向。

非物质文化遗产的存在离不开传承主体（社群民众）的实际参与，体现为特定时空和文化空间下一种立体复合的能动活动。发展地看，苦水高高跷及其“二月二龙抬头”社火的传承主体无不与其生产生活方式及其社会环境密切相关，考查传承主体的生存状态及其文化品格，有助于了解非物质文化遗产传承、变异、及其创新的活态性特征。

总之，苦水高高跷及其“二月二龙抬头”社火是一个文化内容极其丰富的民俗事项，本文在立足于全面而系统的田野调查的基础上，就上述的相关问题做了简单的介绍研究，其目的在于探讨以苦水高高跷为代表的“二月二龙抬头”社火的组织观念和竞争机制的历史生成及其发展变化，探讨苦水高高跷以及“二月二龙抬头”社火的文化内涵和社会价值，苦水高高跷以及“二月二龙抬头”社火在凝聚民族情感和构建和谐社会方面发挥的重要作用等等。

在全球化背景下，重构传统文化的价值体系，更好地传承和发展民族文化，维护人类文化生态的多样性。

3. 学术研究的创新价值

本课题学术研究的创新价值体现在如下几个方面：

一是开拓性价值。首先本文为第一篇全面调查、研究苦水高高跷及其“二月二龙抬头”社火的学术论文，在选题上填补了在本课题学术研究领域的一项空白。

二是系统性价值。本课题不仅仅是苦水高高跷单个项目的考察研究，而是立足于整体文化环境和文化空间，进行与高高跷相关的自然地理、人文背景及相关民俗内容的全方位的考察和研究。

二是实践性价值。本课题的研究有利于促进农村社火的积极健康发展，进一步丰富广大农民的精神文化生活，可以促进当地旅游业的发展，对于促进非物质文化遗产的保护具有借鉴意义和参考价值。

（二）研究思路与研究方法

1. 研究思路

其一，本文以具有极强的地域性特征的永登县苦水村高高跷作为研究对象为点，利用田野考察的科学方法进行实地调查研究，广泛采访项目传承人和相关组织的主要人员。

其二，在掌握了丰富的第一手资料的基础上，以苦水高高跷为点，以“二月二龙抬头”这一特定的民俗节日为面，采取点面结合的方法，将两者有机地结合起来，全面梳理和全面介绍苦水高高跷及其相关内容。

其三，运用民俗学和文化人类学的相关理论，从苦水高高跷的历史渊源入手，以永登地区和苦水村的自然环境和人文环境为背景，探讨苦水高高跷与“二月二龙抬头”社火的关系、作用及其所蕴含的文化内涵和精神价值，达到掌握这一具有综合性文化类型的基本特点和发展规律的目的。

2. 研究方法

本文将结合具体的研究对象，运用民俗学的相关理论如民俗传承论、文化变异论、人类学的结构—功能主义理论、符号象征主义理论、精神分析理论等。

一是文献分析法。本文立足于实地的调查外，还通过各种文献典籍对苦水高高跷以及相关高跷文化进行研究。特别是对地方文献、地方志的研究。在永登县文化馆搜集到有关高高跷的文字资料和二月二龙抬头社火的光盘资料，通过图书馆和网络搜集，了解到苦水高高跷在近期的表演活动。在尊重前人观点论述的基础上，一切从实际出发，进行深入的调查研究和分析。

二是田野调查法。田野调查法是民俗学方法论中最有效的方法，可以说一切的观点都来自于田野，在田野作业的过程中笔者通过多次的实地考察，通过无结构式访谈、参与观察法等，2008年4月、2009年4月在农历的二月初二闹社火期间在永登县苦水村进行田野调查。搜集了大量的第一手较为翔实的资料。笔者的田野调查主要从以下几个方面进行：

重点采访了当地的高跷传承人薛树华、苗宝山、巨崇照老人和当地的高跷能手以及部分村民。通过对他们的访谈，笔者了解到高高跷在新中国成立前和成立后的变化，了解了高高跷传承变化的基本脉络。在田野中笔者注重口述史资料的收集，内容包括民间传说、笑话、故事等，对当地的人文状况进行整体性了解。笔者跟随社火表演队伍实地采访，实景拍摄高高跷的演出全部过程，关注他们对高高跷的参演观演的心理。将地方志与访谈结合起来理解身处其中的民众对当地文化的理解。同时注意当地政府有关苦水高高跷所采取的一系列保护措施和相关政策，这些均为本文的写作提供了重要的价值。本文的写作得益于扎实的田野调查。

（三）学术界关于苦水高高跷的研究现状

苦水高高跷是永登县苦水街村“二月二龙抬头”社火中最具代表性的表演项目之一。目前，关于苦水高高跷的研究性的学术论文是个空白，相关文字主要以新闻报道、项目介绍为主，散见于报端和网络，这些文章大都是对高高跷的直观描写，局限于高跷制作、表演，侧重于它的外在形式的惊险奇特，对于隐藏在高跷背后的深厚的文化内涵几乎没有涉及。

苦水高高跷被列入第一批国家级非物质文化遗产保护项目以后，我们更应该对它加紧研究与保护。

经过查询，有关全国其他地方高跷的主要研究文章也不多见，对撰写本文提供了参考作用。主要文章如下：

沈卫珍的《从文化人类学视角探讨高跷的起源与文化传播》① 采用实地参与观察法、全面考察法、文献资料法等研究方法对高跷活动的开展情况进行了调查，从文化人类学视角对高跷的文化渊源和高跷运动的发展进行了研究。该书对高跷文化的从宏观的角度进行探讨和研究，并未涉及高跷和具体一个地域文化的关系。

霍茳的《东北高跷（秧歌）浅探》② 一文研究了东北高跷（秧歌）的孕育及其沿革、东北秧歌与东北高跷（秧歌）的关系、并尝试说明了一些东北高跷（秧歌）的改革与创新。

邹政的《高跷运动的起源、发展与创新》③ 一文讲述了高跷的发展与民间舞蹈、民间戏剧、杂技、灯展等的关系，以及随着

① 沈卫珍：《从文化人类学视角探讨高跷的起源与文化传播》，载《浙江体育科学》2008 年第 9 期。

② 霍茳：《东北高跷（秧歌）浅探》，载《艺术评论》2008 年第 3 期。

③ 邹政：《高跷运动的起源、发展与创新》，载《池州师专学报》2006 年第 8 期。

人们对这项运动的不断创新，它又表现出的一些新的特征。就我了解到的资料来看，学术界对高跷的研究成果很少。

二、高高跷的传播和分布范围

（一）永登苦水村自然地理环境

兰州市永登县苦水镇苦水街村，位于庄浪河下游南部，新中国成立前叫李佛镇，因渗金佛祖李佛出生在该村南街，后改名为苦水街村。苦水街村占地面积5平方公里，人口4000多人，国道312线和兰新铁路从村庄两旁通过，交通十分便利。永登位于甘肃省中部，身居内陆，境内山峦重叠，丘陵起伏，河水纵贯。西部与青海为邻，东部与皋兰县和景泰县相连，西靠青海、天祝藏族自治县，南部与红古区和西固区相接，北与天祝藏族自治县比邻。东西长101公里，南北宽107公里，总面积6090平方公里。从南北东西的距离可以看出，永登地区的整体感觉是个正方形，永登处在东经102°36′~1北纬36°12′~37°07′。境内石质山地与黄土丘陵交错分布。地势位于青藏高原东北部与黄土高原西部过渡地带，也是祁连山支脉东延与陇西沉降盆地间交错的过渡地区。青藏高原海拔在4000米以上，西风带的暖湿气流很不容易到达这里。因而形成了半干旱温带大陆性季风气候，因而成雨机会不多，雨量稀少，蒸发量大，气候干燥，素有三年两头旱之称。冬春漫长寒冷，夏秋短暂凉爽。因地形复杂，县内气候地区差异较大。

贯通永登全境的主要有两条重要的河流，大通河和庄浪河，这两条河流，是黄河的重要支流，他们将永登县城均衡的分成了两块，纵贯全境，形成“两河夹三山”的地形特征，大通河与庄浪河与这片土地相濡以沫，孕育出了独特的地域文化。大通河是湟水的一级支流，发源于青海门源县果林那穆吉木岭。从铁城沟口北部流入县境，流经连城、窑街、享堂峡汇入湟水，境内流程 65 千米，水资源异常丰富。大通河流域是出陶鼓的地方，这里是河湟文化的发祥地之一。大通河谷地多峡谷，仅在连城以下形成河谷盆地——八宝川。庄浪河是县境内流域面积最大的一条河流，庄浪河谷宽 3000—4000 米之间，到了秋季，景色迷人，河如玉带，水清如镜。庄浪河从天祝县界牌村入永登，由北向南纵贯永登中部，在河口注入黄河。途经武胜驿、中堡、城关、柳树、大同、龙泉寺、红城、苦水 8 个乡镇，于苦水镇周家庄出县境。境内流程 96 千米，年终流量 1. 98 亿立方米，是永登县农业的精华所在地。

（二）苦水村基本情况

苦水街村位于庄浪河的下游，是出兰州进入永登境内的第一个重要的村镇。苦水街村分北街、南街，现有人口共 4000 多人，880 户。

史载明朝洪武十三年在这里筑堡，始叫苦水堡，在清代建苦水驿，成为供信使、邮卒和政府官员往来住宿和换马的处所。民国以来至今叫苦水街。由于地处庄浪河的下游，便于灌溉，苦水得天独厚，成为永登川最富庶的地方。经历此地的历代名人的著书中对永登川的丰饶而秀丽的风光更是赞叹有加。清道光二十二年（公元 1842 年）8 月 8 日，因鸦片战争获罪充军伊犁的林则徐自兰州启程，宿于苦水驿（今苦水街村），“沿途皆极荒陋，将至驿，则山色皆绿，始有生趣。”十分神奇的是周边地区地下水又咸又苦，只有苦水镇的水不太咸苦，人畜饮用，十分珍贵。对此，祁韵士的《万里行程记》也有描述：“春树云生，参差掩映，间有渠流引灌，满目清苍……地名苦水，而水味实甘……原田万顷，灌溉沃饶。”

历史上的苦水堡庙宇很多，有玉皇阁、鼓楼、祖师庙、三官殿、城隍庙、大佛楼、牛王庙、娘娘庙、文昌宫、财神庙、左宗棠牌楼、母子宫、关爷楼，堡内、外共有九姓人祠堂，现大多毁弃不存。现在堡内南北一条街，原先是古丝绸之路的正道，宽约二丈。堡中心是十字道路，可通东、西巷，巷子有下东巷、东南巷，西有西巷、西南巷，各巷宽约一丈二尺，有一街八巷之说。这里的社火就要在南北主街道进行。

自古以来，苦水村是庄浪河流域最为富庶的地方之一，这里渠网密布，自然灌溉十分便利，除了一般的农作物，瓜果蔬菜、棉花、软儿梨什么都能种。造化十分眷顾生活在这里的苍生百姓，将荒凉的童山秃岭奋力推向两边，形成了两头尖、中间大的一片绿洲，这种独特的地理形势酷似一只眼睛，苦水街村恰好位于这个眼睛的正中间，像瞳仁一样，世代居住在这里的苦水人认为如果瞳仁被损坏了，眼睛就瞎了。他们就像保护和珍爱自己的眼睛一样，爱护他们的家园。

三、高高跷形成的历史人文背景及其源流演变

（一）苦水高高跷形成的历史人文背景

任何艺术形式的产生它都不是孤立存在的，丹纳在其《艺术哲学》中，从文化生态的角度揭示了自然对人文精神的影响：“自然界有它的气候，气候的变化决定这种那种植物的出现；精神方面也有它的气候，它的变化决定这种那种艺术的出现。”“精神文明的产物和动植物界的产物一样，只能用各自的环境来解释”① 自然环境是艺术形式产生的自然土壤，在任何一种艺术

① ［法］丹纳著，傅雷译：《艺术哲学》，天津社会科学出版社，2007 年版。

产生前自然界与人的社会活动总是在不停地碰撞融合，自然环境的不同会造就不同的文化艺术形式。我们从永登历史的演变发展可以看到这一点。

二十世纪60年代，人们在永登中堡邢家湾一带山峦中发掘出大批骨脊椎动物的古骼和牙齿化石，由此可以证明在远古时代，永登地区曾是个气候温暖，森林茂密，动植物繁盛的地方。在新石器时代，永登就有人类聚居，永登境内的大通河、庄浪河谷地土质肥沃、地势平坦、气候温暖湿润，半牧半农，适合人类生存。在大通河庄浪河发现的马家窑文化遗址，清晰地反映了永登大地上远古居民的生活生产及其灿烂的文化。永登的大沙沟、杜家坪、团庄等地出土了大量的与农业有关的工具、谷物以及彩陶，陶鼓、陶牛角，可以想象我们的先民拿着这些农具，在刀耕火种的岁月从事农业生产时的情景。

秦以前永登是羌民族的集聚地，后被匈奴占领，秦末汉初，盘踞、游牧在这里的匈奴向南渡过黄河，不断侵扰西北边郡，西汉政权分别于汉武帝元朔二年（公元前127年）和汉武帝元狩二年（公元前121年），针对匈奴发动了对兰州乃至整个西北地区影响深远的河南之役和河西之役，这就是《后汉书西羌传》中记载的“北却匈奴，西逐诸羌，乃度河湟，筑令居塞。”永登才正式纳入中央王朝的版图。在西汉政权建立的河西四郡中，令居归属张掖郡管辖。汉昭帝始元六年（公元前81年），因“边塞阔远”，从张掖郡中取在今天永登县境内的令居和浩门二县，归金城郡管辖。汉王朝在确立了金城郡经营西部边疆的战略地位后，历史上的令居所在的永登川就成了金城郡的前哨阵地和节制西域的战略要道，自此，庄浪河流域揭开了它发展史上崭新的篇章。西汉年间，汉王朝迁徙内地汉族约五六万人在朔方（今内蒙古境内）至令居（今永登）一带充田官塞卒。汉宣帝年间，爱国大将赵充国率吏卒万人在令居间，垦植故田，王莽时曾将千万余罪犯迁徙干青，东汉时迁居者更多，这些塞卒、“罪犯”大都是中原汉族人，他们就是今永登汉族的祖先，他们筚路蓝缕，为永登的开发建设做出了自己的贡献。永登境内发现的大量汉墓群在某种程度上见证了这一历史。

中国历史跨入了魏晋南北朝这一里程后，刚刚形成的秦汉帝国大一统的局面画上了句号，寻求“一统”的努力，化作一幕幕历史悲剧。但这一时期发生的一个历史事件是值得注意的。晋孝武帝太元八年（公元383年），前秦苻坚已基本统一北方，士马强盛，为了实现经略西域，确保前秦后方秦陇河西安全的战略意图，派遣大将吕光领兵7万西征。在两年后，用骆驼二万余头负载所获珍宝及“奇技异戏”东归，在苻坚南下攻晋失败后，吕光在凉州（今武威）建立后凉政权。河西鲜卑族首领秃发无孤被吕光封为广武县侯（广武今苦水一带），说明永登属于后凉的势力范围之内。在魏晋南北朝时期，两汉中原杂技吸收了北方游牧民族和南方特色节目一些高空节目产生。晋李会进乐延庆碑上的杂技表演中就有高跷，北魏石刻的高跷已与现在的高跷无二。凉州地处中原与西域的必经咽喉之地，外来技艺在这里表演，因此凉州出现了一些杂技高手。当时永登为后凉属地，后凉的“奇技异戏”是否在此时传入永登，其中是否有高跷表演，史无记载，我们只能根据历史提供的蛛丝马迹去揣测一番了。

自汉代张骞“凿空”以来，永登至迟在唐代以后成为丝绸之路最重要的中路通衢。丝绸之路经甘肃有三条道路，中路是指古代丝绸之路自西安出发，途经甘肃的临洮，北上兰州，在金城关附近过黄河，经永登，前往新疆，这条通道路程最短沿途人口也最为稠密，被誉为丝绸之路的黄金之道，同时也是到达青海的必经之路。唐初唐僧到印度取经，中唐著名诗人岑参安西任职，晚唐刘元鼎与吐蕃会盟，走的就是这条路。清代的林则徐在鸦片战争失败后发配新疆，左宗棠镇压陕甘回民起义后进入新疆，沿途“新栽杨柳三千里”，也都走的这条路。民国年间，这条路被开辟成甘新公路的重要组成部分。

在这条通途上，永登作为丝绸之路的重镇，永不停歇的商队来往于此，成为有名的茶马户市贸易区。据有关历史档案记载：明代曾设茶马厅管理藏民以马易茶等事宜。顺治四年（公元1647年）庄浪司易马546匹，约占五个茶马司（指洮岷、河州、西宁、庄浪）总数的46%，可见清初永登茶马贸易之盛。在清代，永登的城乡集市贸易十分发达，其中，窑街、河桥、连城、大通堡、武胜驿、红城、苦水等地的集市，规模较大。红城商人集中，并建有陕山会馆，受外地商业文化影响，每年元宵节花灯缤纷、人海如涌，成为著名的平番八景之一的“红市花灯”。据永登文史资料第三辑《永登县金融业历史概况》记载：“解放前夕，永登县共有各种商号店铺一百八十余家”，祁韵士的《万里行程记》有“西郭外，商民错处”的记载，描述了永登店铺林立、市集颇盛之景况。

永登由于地理位置特殊，“北接五凉，东连银夏，西达湟水，南逼金城。”（杨应琚《据鞍录》）永登从历史上讲就是一个多民族活动的聚集地区。永登的汉族人口来源广泛、复杂，政府组织迁移是主要的方面，随着朝代的交替，为躲避战乱者、随官吏而来者、从军为官或谪放者、经商贸易者等诸多原因定居永登。回族是永登少数民族中人口最多的一个民族，回族人民历经战乱的坎坷，迁徙到此，强烈的民族意识宗教信仰是他们生存和发展的重要原因。在古代，羌族就属于游牧民族在永登地区，东晋羌族建立后秦，鲜卑族建立南凉，唐代的吐蕃，宋代党项族的西夏，均占领永登县，他们都是藏族的祖先，可以说藏族是本地最老的居民，大多散居在永登县的连城、坪城等地，他们信奉藏传佛教，自明以来至今，仍是永登地区最盛行的宗教。元太祖二十一年，蒙古占领了甘肃中部，随着元朝的统一，蒙古族就居住在永登。蒙古族在永登少数民族中是藏化汉化最快的民族。《五凉考治六德集全志》认为，永登的藏族就是蒙古族。永登的土族大多是清代至民国间为避战乱从青海境内逃到永登的。本县的满族是清代乾隆三年（公元1738年）派驻在“满城”的八旗兵及其家眷，一部分满人在清亡后与汉族通婚逐渐汉化。

在历史的长河中，永登作为一个多民族聚集的地区，人口来源的复杂性是多方面的，既有历史、政治、经济、军事的原因，又有地域、生活环境、宗教信仰等多方的原因。春节社火尽管是以汉族为主的节日习俗，但竟然为这里不同文化背景的族群所接受和认同，反映在精神文化生活上必然体现出多民族的融合的丰富色彩。

从苦水街几个大姓人家的家谱看，他们的祖先来苦水的时间大都集在明代中前期，王姓在明洪武初年；苗姓在明洪武二年；甘姓在洪武年间；薛姓在明建文二年；巨姓在明弘治年间；施姓在明嘉靖二年；周姓在明万历年间；邓姓在明嘉靖年间；缪姓、杨姓在明朝中叶；赵、魏、马、曹、董等姓在明朝后期。他们大多是从中原随军或经商来永登落户于此，这些姓氏迁人苦水街村时也同时带来了各自家乡的社火文化。社火节目“腰鼓”就是二十世纪四十年代由山西来苦水做买卖的商人传来的，新中国成立后，随着各地文化交流频繁开展，腰鼓这种文艺形式在永登各地更加广泛的流行起来。

苦水的“二月二龙抬头”社火在流传过程中包容和整合了许多民俗文化内容，其规模之大和精彩程度远近闻名。由南街、北街的群众以集资的形式自筹资金近十万元，置办各种服装道具，由各自村社推举的社头来负责实施和管理。社火表演在每年的二月初一开始，二月二达到高潮，二月初三结束，一般由村委会出面组织协调，南北两街联手表演，参与人数达到三千余人，几乎是全民参与，达到了全村人口的80%至90%，完全是群众自发的娱乐活动。社火节目内容丰富多彩，其中，太平鼓、高高跷已成为名闻全国的优势项目。

（二）苦水高高跷的源流演变

苦水高高跷具体起源于何时，已不可考，但它流传久远。苦水村作为丝绸之路上一个著名驿站，在中原文化和西域文明长期的交流融合中，赋予这里的民俗文化强烈而鲜明的移民特色。苦水高高跷的发展与“二月二龙抬头”社火的兴盛密切相关，关于“二月二龙抬头”社火有一则传说，可以从一个侧面说明苦水高高跷的起源。这则传说在苦水老百姓口头广为流传：说在苦水街东，有一道岭叫长山岭，形象酷似一条巨龙。在明代以前，这里和大通河流域一样，山清水秀，绿树成荫，相传元末时期，朱元璋的军师刘伯温途经苦水时，发现长山岭是一道长龙，这里有龙脉气象，当即斩断了龙身，赶走了龙魂，至今长山岭还有"斩龙岘"的地名纪念此事。刘伯温斩断龙脉后，长山岭和整个庄浪河流域的绿色植被就枯萎了，成为荒山秃岭。苦水街的人们为了记住这一历史悲剧，盼望龙魂回归，龙体合身，让长山岭和庄浪河流域重披绿装，从元末明初开始兴起了二月二闹社火的习俗。目的是让龙回到这里，恩泽这里的黎明百姓，而苦水高高跷也就是从那时起逐渐形成的。

新中国成立后，随着各地文化交流频繁开展，高跷这种艺术表演形式在永登各地更加广泛的流行起来。尽管当地的村民来自不同的省份，但同在一地同处一村经商或务农，使不同经济、文化背景结成的利益共同体或以血缘为纽带的家族联盟逐渐演变成南、北街的社会组织群落，他们不论在经济还是文化等方面久而久之形成了互不服输、不甘居人后的竞争态势，最终从闹社火上凸显出来。在声势浩大的“二月二龙抬头”社火中，南、北街社火会在竞争中你的高跷高一尺，他的就高两尺；你的高两尺，他的就高三尺。在相互的好强争胜中节节攀升，高跷愈来愈高，就成为名副其实的高高跷了。据巨崇昭校长讲，甘肃省著名的民俗学家王光普先生来到永登，说到永登的高跷怎样和别的地方的高跷区别开，不如叫它高高跷吧！巨崇昭校长非常满意这个叫法。关于竞争，在苦水街村一带由来已久，苦水街文化积累十分深厚，属于人文昌盛之地。在长期的发展演变过程中，尤其在南、北街社火的竞争中其特点更加突出鲜明，特别是高高跷腿子高度逐年拔高，现在的高高跷腿子的高度已达4米，加上表演者自己的身高达4.7米至5米，足有一层楼那么高，被誉为全国之冠。作为“二月二龙抬头”社火中的一个富有特色的节目内容，在祭祀龙神活动中一直扮演着重要的角色，据考证，高跷从表演的风格上分文高跷和武高跷。文高跷多穿戏剧服装，装扮成各种人物，如天神天将，八仙人物，戏剧人物多为《白蛇传》、《三国》、《水浒》、《红楼梦》、《西游记》、《封神演义》等；武高跷跷腿较矮，踩跷者表演高难度动作，如下腰、劈叉、鲤鱼翻滚、叠罗汉、跳高跷舞等动作。苦水的高跷显然属于文高跷，高跷在苦水乃至永登地区的流传要早于“二月二龙抬头”社火。苦水街村历史上形成的两个社火队本身就具有相互启发、相互激发的能量，社火同一天出场，自然就有比较，有比较人们就要说长道短，正如巨崇昭老人所讲的那样：“一家闹就鼓不上劲，没有竞争性”，社火节目的争奇斗艳自然在情理之中了，这也是苦水街“二月二龙抬头”之所以红火兴盛的原因所在。

建国初期，由于受文革的影响，高跷这一民间艺术并没有得到发展，由于历史的原因，高跷沉寂了很多年，经济条件和政策的限制，高跷的娱乐性并未得到开展。随着改革开放，高跷这一民间艺术重又焕发了活力，在发展过程中逐渐吸收了戏曲、音乐、民间舞蹈等多种形式，赋予了它新的内涵。苦水“二月二龙抬头”社火的节日内容，在南、北两街社火会的精心组织下，社火好家们认真准备、集思广益，均想在正式表演中胜过对方，博得头彩，不想屈居人后。在这样一个相互竞争的传统中，我们看到许多传统社火的精髓被继承和保留了下来，如高跷、铁芯子、太平鼓等，同时赋予了新的时代色彩，越来越精彩，也更符合现代人的审美眼光和欣赏心理；苦水的高高跷在表演时采用秦腔的脸谱、服饰进行装扮，想必与秦腔在苦水有着深厚的群众基础有关。在苦水“二月二龙抬头”社火中以苦水高高跷为标识，在群众高涨的参与热情中，高高跷装一台完整的剧目，角色多至二三十人，可谓阵容强大，服装鲜亮，妆容清雅淡丽。不同的人物角色均高视阔步、各尽其妙，成为整个社火队伍中出类拔萃的一道靓丽的风景，令人叹为观止。

四、苦水高高跷的基本内容

（一）高跷人物装扮表演

高跷在表演前一定要按照装扮的内容、情节进行化妆、搭配道具，要求穿衣戴帽使用的武器符合人物的身份性格，如关公必须武将盔帽、戴黑色五绺胡须、穿绿色战袍，手执青龙偃月刀；又如老将黄忠出场，必须身穿战靠，头挂白色长须；皇帝与玉皇大帝必须身穿金黄色龙袍，口戴黑色胡须，头戴九龙冠帽等等。

二月初一，南、北两街正式出社火时，特别是高跷的表演安全祥和是关键，每个踩高高跷的演员，都是化妆脸子，都要穿上自己的表演服装，拿上自己表演的武器。过去，有些特殊的角色出场要戴面具，戴面具增加了踩高跷的难度，面具一定轻便紧贴脸型，面具的眼眶更要恰到好处，不能堵住表演者的眼睛。这类面具有唐僧、孙悟空、牛魔王、猪八戒等，是傩社火的孑遗，近几十年来，将面具换成了脸谱纹饰，这样就能够更加自如地表演，对于人物的面部表情观众也一目了然。

跷子表演，要点是挺胸拔腰，收腹，两眼平视前方，脚步要移动，提前两三步把前面的路看好，摔倒的话归罪于坐月子的女人看或戴孝的人看了。表演为简单的戏剧动作，如《出五关》，拿的关公刀，交战，然后站在原位；《黄河镇》打一鞭，踉跄一下，归复原位。用三年的时间学会，上跷时按摩腿肚子，放松，调整状态。狮子要完了，关公背大刀，上去耍，或玩翎子，晃纱帽翅，等等。

对于高跷的表演要领，苦水人在长期的训练和表演实践中总结了这么几句话：

松紧合适绑跷腿，
沉稳踏实不慌张，
胆大心细迈步稳，
用劲挺腰目远望。

熟练掌握了上述表演的基本技巧后，表演者动作协调自如，才能无所顾忌地进行人物形象的塑造和性格的刻画，此时，表演者的动作与脸部表情融为一体，使观众和表演者达到身临其境，更能起到感化与教育的作用。

苦水街村民由于祖辈相传，踩高高跷技艺到新中国成立前后，又出现了一批能在一丈高的高高跷上表演“绝活”。他们也成为后来学踩高高跷的榜样。如新中国成立前高高跷老把式苗元春（生于1921年，病故，约90余岁），他肩扛铡子，在一丈五六高的高跷上表演《铡美案》戏剧情节。后来还有现年70余岁的杨春和，扮演《包公案》中王朝马汉，他也扛着铡子，边走边表演铡罪臣、铡恶人的动作。这种为民除害大快人心之剧情表演，深深刻在世人心中，深得人们崇敬，深得表演踩高高跷手效仿。又如踩高高跷手苗如林，在装扮《乾坤带》戏中秦英人物时，他就把重量上百斤的石锁子，套在脖颈处，边走边表演，把一位力大无穷、天不怕地不收暴哮如雷的秦英刻画得非常逼真。还有现年70多岁的苗秉成，项戴十斤重的木枷。尤其妇女戴鱼儿枷锁民俗，引人深思；又如该村甘培祥一手举黑色酒碗，一手扯着数斤重的龙麻鞭，装扮成战国武将孙武，他计谋超人，可以用龙麻鞭赶动山川河流，用龙麻鞭驱走妖魔。这些“绝活”表演，为苦水街村高高跷争得了“神力无穷”的称誉。

（二）高高跷表演的剧目内容

高跷的内容十分丰富，在中国四大名著中主要以“三国戏”为主，比如《回荆州》也叫《龙凤呈祥》，反映刘备招亲最为常见。高高跷受秦腔的影响深，扮演的戏突不出秦腔的范围，值得注意的是高高跷不扮演诸如《窦娥冤》、《铡美案》等悲情戏和凶杀戏，这些戏不喜庆，反过来说高高跷主要以扮演秦腔中的历史正剧为主，就像《西厢记》这样反映男女私情的戏也不扮演；经常扮演的神戏主要有《黄河镇》、《朱仙桥》，最常扮的是《升官图》。高高跷受秦腔的影响深还表现在一个戏班子能满足高跷的需要，是甘肃老秦腔的脸谱，缎子衣服，一般是四蟒四靠，两个箭衣，女蟒，四个官衣；最常见和常用的帽饰为纱帽、王帽、紫荆冠、翎子……踩高跷者过去都戴面具，后来演变成将人物的脸谱纹饰勾画在脸上，高跷表演者可根据表演的情节做些简单的动作。在苦水“二月二龙抬头社火”中的高跷表演方队，除了扮演传统戏曲的人物角色，还有当地神话传说故事和古典小说内容。主要角色有天帝、天官、天神、包公、财神、天将、神帅、王朝、马汉、张龙、赵虎、岳飞、二郎神等。

神话传说故事有“三星赐福”的高跷表演，由三人分别代表“福、禄、寿”三星，人称天上三吉星；有给龙神祝寿的众天神，天兵神将众仙，衣服多为金色黄衣八卦袍；有“伏魔大帝关公降妖”，指关公带领众神仙到了人间为民降妖除害，民间将关公尊为忠、孝、节、义集于一身的楷模；还有“赵匡胤访贤”，表现赵匡胤下河东收服了呼延赞等将；再如“康熙王私访”、华容道刘备招亲、绿林好汉、凯旋荣归、诸天神夜巡苦水城一、二……近几年，用高高跷装的传统戏从头盔服装到道具完全与舞台演出一样，近几十年装的戏，主要图吉利，前面曾提到装主题结局好的戏，不装败戏，装过的本戏有《升官图》、《回荆州》、《大登殿》、《彩楼配》、《西游记》、《水浒传》、《黄河阵》、《杨家将》、《财神图》、《春秋笔》、《串龙珠》、《太湖城》、《乾坤带》、《九华山》、《牧羊圈》、《大香山》、《火焰驹》、《破宁国》、《状元媒》、《五福堂》等三十余本；折子戏有《打柴劝弟》、《卖华山》、《打銮架》、《花亭相会》、《杀狗劝妻》、《五福图》、《百寿图》、《宝莲灯》、《三盗芭蕉扇》等三四十折子戏。特别是本戏《锦绣图》、《升官图》很受当地老百姓的欢迎。苦水街村的高高跷表演内容丰富，年年更新。

总之，高跷队表演什么，完全由社火会决定。解放初期，高跷上装《徐州革命》、《得胜图》、《锦绣图》等。特别对故事队要求很严格，不准装色情、形象丑陋、语言脏一类的节目，装歌颂党、毛主席、解放军的节目，还有歌颂人民当家作主、民族大团结等节目，表现新颖，观众赞扬装得好。

（三）高跷制作工序

（1）材料：高跷的制作技术含量并不高，材料一般用上好的松木、柳木做成腿子，长短不限，长度在一二尺左右的，为短跷；不短不长的一米五左右，为中跷；三米以上为高跷。口径在七八公分左右，重达二、三十斤重。腿子要求端直，不能有结疤、裂缝。木料为自然长成的原木，选料时不能有结疤、裂缝。

更不能拼接，只需刨光便可，否则容易腐朽断裂，留下安全隐患。

（2）踏脚木块两件，木砂纸，油漆。工具：锯、木工凿、弯刨。

制作方法：在长木料一端20厘米（顶端以不超过膝盖为宜）处，用木工凿子凿切宽2.5厘米、长5厘米、深5厘米的明榫眼。踏脚木块一端锯截榫头，为结合牢固，榫头宽度应比榫眼的长度大些。把已加工好的榫头与榫眼结合，俗称脚窝子。砂纸打磨，上油漆，使之美观又防水。

（3）绑腿捆绑跷腿的材料过去一般采用一丈左右的布料带，现在则是行李带或用麻编成的扁形长绳捆绑。切忌不能用尼龙绳之类等有弹性的绳索用作绑腿。跷手在表演前，将脚踩在踏脚木板上，再用绳索缚于小腿部位。

（4）装饰高高跷的腿子以包装与否来区分。在苦水街，跷杆原来用红土涂染，后用红漆，现在北街的高高跷不包装，人称光腿高高跷；南街高高跷都要用大红布做成长长的筒裤腿，裤子颜色是大红的，也有桃红花布的，还有纯白色的，所以人称彩腿子高高跷。说明人类社会的发展给它以时代的气息，反映了非物质文化的流变性。

（5）撑杆与高跷一般高的长杆或竹竿。在高高跷手进行表演时，为了保证演出安全，护持在跷手身边手拿撑杆的人责任心很强，要随时观察跷手的动向，一旦发现跷手行走不稳或出现危险，就要及时地将撑杆架到跷手的肘弯下面，防止出现意外。

五、作为文化空间的二月二龙抬头社火的内容与苦水高高跷的关系

（一）苦水二月二龙抬头社火的由来及其演变过程

苦水二月二闹社火始于何时，史无记载。究其原因有二：

其一，中国传统节日中的春龙节，就是民谚中说的“二月二，龙抬头”“大仓满，小仓流。”“二月二，龙抬头，蝎子蜈蚣都露头。”的日子。因为二月之初，正是二十四节气惊蛰的前后，有时甚至二月二就是惊蛰。“惊蛰”的“惊”是惊醒；“惊蛰”的“蛰”是“蛰伏”，是动物的冬眠。惊蛰的意思是说，春天已经暖和起来了，冬眠的动物也该醒来了，假如你还没有醒来的话，隆隆的雷声就会把你唤醒。民间传说中的龙，睡了一冬以后，也在惊蛰的这一天醒来了。为了使龙真正“醒”过来，每年“二月二龙抬头”日，苦水的北街社火扎上黄龙，南街社火扎上青龙。瞧，苦水社火中的龙，不是正在抬头吗？你听，那太平鼓的声音，似滚滚的春雷，就是龙醒来时摇动尾巴的声音。龙在当地民俗信仰中掌管雨水，这一天祭龙预示着风调雨顺，五谷丰登。

其二，民间传说苦水堡是由风水先生选址建堡。堡东黄土山是一条黄龙，堡西的青土山是一条青龙，中间的苦水堡是颗珠子，三者联系起来说这叫二龙戏珠的地方，是处风水宝地。筑堡后，年年风调雨顺，五谷丰登。过去的帝王常常以“真龙天子”自居，当然他们就不希望再有别的龙的出现。明代朱元璋称帝，担心被像他一样别有用心的人取而代之，便派刘伯温四处赶龙，刘伯温来到苦水后认定这里有龙脉气象，先赶到苦水东面将黄龙斩断，又回过身来赶到苦水西面将青龙斩断。据说这两条龙被斩

后连续几年苦水的庄稼歉收，人们才意识到斩龙的事情，于是，村民请来法术高深的僧人诵经、打醮，疗补龙脉，盼望龙魂回归，龙体合身。但人们总是放不下心，商议每年二月二龙的生日，北街人扎制黄龙，南街扎制青龙，在苦水街举行三天三夜的舞龙祭龙仪式。从此，苦水堡人又过上了以前美好幸福的日子，长山岭和庄浪河流域重披绿装，年年风调雨顺，庄稼丰产，百业兴旺起来，苦水堡再次成为兰州地区的富庶之地。兰州地区的社火均为春节社火，唯有苦水“二月二龙抬头”社火是个例外，它的起源何时？无从稽考，但任何一种民俗活动的形成，有其必然的原因。刘伯温斩青龙黄龙的传说给我们提供了可供参考的重要价值，据此有些专家认为苦水街村的社火大约兴起于元末明初，但它历久不衰的原因，并不在它的内容有多么新奇，而是在更大程度上延续了南、北街自古就形成的拥有各自社火队的历史传统，而且大有愈来愈兴旺之势，这是值得探究一番的。

苦水镇苦水街保留的古老而独具特色的高高跷傩社火艺术，这种傩社火共举行4天。第一天正月三十迎接高高跷天神；第二天傩社火表演队练踩高高跷，分配角色，有天将、神帅、王朝、马汉等；第三天高高跷傩社火出街游行，场面十分热闹；第四天是苦水街闹高高跷傩社火收场之日，此日下午要举行倒幡杆与倒踩表杆仪式。在整个的闹社火中我们来看看南北两街是怎样一个过程。

苦水街北街、南街闹社火的分界线是原来的鼓楼，现在是街道中心的什字。每年春上闹社火，无一定的规定，想闹就闹，如一家先决定闹，另一家不想闹也得逼着闹。一般在鼠、龙、虎、马年闹的次数多。不同的是北街社火发牌时在北关供起土主爷，两侧插旗，贴对联，挂上虎头牌，牌上写要闹社火的决定及会长们的姓名。北街社火会长是轮流当任。而南街会长是闹社火的好家。正月十五一过，大家酝酿，如出来几个好家，而且在地方威信较高，然后广泛征求一下群众意见，多数人闹，这就决定闹。从每年的正月十六这一天，刚刚过完大年的苦水街村民就早早地行动起来，分别聚集在南北街大院内，自由提名选举出有威望的长者，为他们当年闹社火的头目数人，负责具体操办该年社火的筹备事宜，这种选举社火头的活动，是拉开当年闹社火踩高高跷活动的序幕。苦水街村分北街和南街，长近一公里。要社火，北街的向南舞，南街的向北舞，互相夸耀，各显精彩。“二月二”，这天是闹社火的高潮，也是踩高高跷高手们最露脸的日子。

南街、北街选举出的社火头也是各自闹社火的总指挥，又称“春官”，“春官”在表演社火时，多走在社火队的最前面，在社火表演时，“春官”坐在主席位，“春官”多穿黑色袍褂礼服，戴墨镜，头顶上方有黄罗大伞，身后有持上方宝剑和官印的武士。“春官”手中的鹅毛大扇，是下令传达闹社火旨意的“令箭”，令箭指向何方，社火就表演到哪里。“春官”是社火最高的司令官。

在新中国成立后，春官仅仅成为社火表演中的一个角色，原来由地方绅士牵头组织、春官负责实施的社火活动，自然而然让集体化时的村社组织——村委会代替了。在村委会的支持和参与下，苦水街村的南、北街各自成立了自己的社火会，社火会的成员一般由南、北街在群众中素有威望、办事利索、有责任心的人充任，其人员构成是各有一名会长，几名副会长。他们在一起商量决定社火经费摊派的标准，策划社火表演的各种事项，做好后勤服务保障工作，同时邀请多才多艺的能人和身怀绝技的村民在一起编排各种内容的社火节目，想方设法拿出自己的绝活和拿手好戏，力争超越对方，让人耳目一新。会长全面统筹，副会长分工协作、各负其责。俗话说，车马未动，粮草先行，筹集资金是办社火的头等大事。为了确保资金来源，村中每户人家均需摊派钱款。大户富家还要另行提供赞助，赞助款项最高者，即为当年社火会的名誉会长。各种事项议决后，各领班司事接令，按照分工去做准备工作。

这一切工作是在秘而不宣的状态下进行的，特别是节目的编排在公开表演前是绝对保密的，不得透露半点。为了掌握对方的节目内容和新动向，有时两个社火会互派“间谍”，刺探虚实情况，以便达到出奇制胜的目的。

巨崇昭老人在其编著的《苦水街轶事》中介绍了因为这种竞争所形成的苦水街社火的独特之处：

苦水街的社火与其他地方不同的几点是：

1. 一个村，一个城堡分为南、北两个社火会，演出开始后北街下、南街上，这叫过街社火。社火碰头这是最激烈的时刻，两方锣鼓不停地打，观众看谁家打得好，不乱套，双方约定：主队要让出三分之二地面请客队走过，可有的故意原地打，硬是不往前走，双方锣鼓队员拥挤，观众拥挤，稍不注意就发生矛盾，引起打架，有时正好碰到十字路口互不让路，造成上的不上，下的不下，回头各闹各。有时经过激烈地争论、吵架，在双方的会长劝解，观众劝解下也就前进了。结果观众看的热闹，双方锣、钹、鼓打破的多。“文化大革命”后双方约定社火迎头放炮停鼓。

2. 苦水街的社火最早就将竞争、比赛引入。闹社火的三天评论激烈，看谁家的好，谁家的赢了。本会的人评论，外乡人看了也评论，这样的评论要持续十余天。社火发牌开始酝酿装什么，只是个别人知道，绝对保密，怕对方知道。闹社火那几天，南、北街的人互相串门少了，怕对方说：探事来了。大家忙碌地准备社火，要装什么谁也不知道，等闹社火时一出场才知道了。

3. 一般地方社火都在正月十五闹，而苦水街却在“二月二”闹。要闹就得两家闹，一家闹就鼓不上劲，没有竞争性。闹不闹，事前两家互不通气，一家想闹发了牌，另一家不想闹也得逼上闹。

4. 一个村两个社火会各有不同：南街在正月卅下午要栽杆，装法师跳神，到初三下午要倒杆。北街在正月卅日前在街道旁设土主神位，初三必装阴阳踩表。送瘟方式也不同：社火闹罢后，要择吉日送瘟，时间各不相同，北街送瘟要装上法官、神将，手执麻鞭边跑边打，打上火把跑遍本会各地方，称之为武送。南街只打上几桶鼓、锣，转完本会各地方，到选择的地方（方向）烧纸，放炮，会长或会说的人说些喜话：各位方神，现在还了愿，你要保佑全会大、小人等，全家安康，大的无难小的无灾，风调雨顺，国泰民安，五谷丰登，六畜平安，生意兴隆，财源茂盛……大吉大利等一类的话，回来时锣鼓不能响，悄悄回家。

5. 一般社火队的锣钹打法只是一般性的打法，没有什么花样，而苦水街的锣钹打法与众不同，锣一般性的打法外还要跳着打，有时还要举过头顶打。钹的打法，除一般性打法外，最精彩的要算跳起空中打，钹要翻花，响声好听，看得要好。

6. 一般社火队的高跷高约三尺以下，而苦水街的高跷高在8尺—9尺余，这叫大高跷。三尺以下的小孩们也踩，叫小高跷。[①] 值得关注的是“二月二龙抬头”社火祭祀的不仅仅是龙，因为从社火本原的目的性上讲，苦水的“二月二龙抬头”社火与其他地方的春节社火没有什么本质的区别，主要以祭社神为目的，社神在苦水当地俗称土主，也是方神、土地神的代名词，耍社火就是祈求社神（土主）护佑自己的属民风调雨顺、五谷丰登。龙是中华民族图腾的象征和崇拜的对象，它耕云播雨，无所不能。苦水堡人巧妙地将祭龙与祭社结合起来，使它们相辅相成，在原本十分丰富的社火内容中，彰显出龙文化的华章异彩，这是

① 巨崇昭编著：《苦水街轶事》，永登县地方志办公室，2001年版，第17—18页。

苦水堡社火不同于兰州春节社火和其他地区的春节社火的独特之处。

在声势浩大的“二月二龙抬头”社火中，南、北街社火会在竞争中你的高跷高一尺，他的就高两尺；你的高两尺，他的就高三尺。在相互的好强争胜中节节攀升，高跷愈来愈高，就成为名副其实的高高跷了。关于竞争，在苦水街村一带由来已久，苦水街文化积累十分深厚，在当地流行一句俗语“上西宁不要唱花儿，到苦水不要吼乱弹（秦腔）”，苦水街村历史上形成的两个社火队本身就具有相互启发、相互激发的能量，社火同一天出场，自然就有比较，有比较人们就要说长道短，正如巨崇昭老人所讲的那样：“一家闹就鼓不上劲，没有竞争性”，乡亲们喜欢评头论足，哪个街的行头好，哪个街道的锣鼓响；哪个小伙英俊，身子活，扭得好，身板直。因此，各社火队都憋足了劲，尽力将自己最拿手、最叫好的一面展示出来。于是，一旦两家社火在哪相遇，常常比拼一番。社火会便成了展示本街风貌的竞技场。社火节目的争奇斗艳自然在情理之中了，这也是苦水街“二月二龙抬头”之所以红火兴盛的原因所在。

（二）社火会的组织程序及其环境营造

苦水社火的主要内容与永登其他地方的社火内容大体一致，只不过声势更加浩大，仪式更加隆重。决定闹社火的第一件事就是由闹社火的总指挥发令牌。闹社火的总指挥，又称春官。苦水街村南、北街社火队都各自有自己春官，到寺庙上香后，在全村的主要街道巡游发令牌。令牌上方绘虎头纹样，下方写着闹社火的内容和当年务农注意事项，好似发布的各种“布告”一样。令牌为七言句式，内容多为十四句，每句一个意思，我们下面以北街社火会2004年发的社火牌为例：

两街年代数千年
五谷丰登除虫害
金猴去迎金鸡到
二十四节记心中
大闹社火保平安
春夏秋冬福满门
浓妆素抹演真情
风调雨顺务庄稼
锣鼓震天闹太平
年年丰产粮囤满
高跷彩亭火滚灯
男女老少齐动员
黄龙腾舞天地动
人寿年丰福降临

发布张贴令牌的时间一般定于农历正月二十三日早晨，打上太平鼓，装扮上春官，春官的着装打扮酷似戏剧中的七品芝麻官，坐无顶轿子，过去有人抬，现在用车拉，春官轿前一人骑马背印，一人骑马掌着万民伞，扮成戏装，马前十余个小孩抬着木牌，上写“正直无私”、“勤政廉洁”、“国泰民安”、“风调雨顺”等字样。在经过街道时，沿途店铺居民放炮欢迎，给春官敬酒，春官会根据敬酒者的身份即兴说些喜庆吉利的祝词。如见当官的就说：“祝你官运亨通，年年高升。”见商人就说：“生意兴隆通四海，财源茂盛达三江。”对农民就说：“去年庄稼好，今年吃得好，我们闹社火你们都好，我们闹社火为的是风调雨顺，国泰民安。一籽落地，万石归仓……”没有固定模式，要的是春官随机应变能力和口才。春官在村上的土主庙上香后，沿途将写好的牌粘在芨芨棍上插到墙缝或散发给群众，告知人们要正式闹社火了。北街的发牌仪式比较简单，在北关供起土主爷，两侧插旗，挂上虎头牌，牌上写上闹社火的决定及负责社火的会长们的姓名。

从这时正式开始，苦水街村民就紧锣密鼓地进行精心的准备，迎接“二月二龙抬头”社火活动的到来，届时苦水街人将通过社火的形式举行祝贺寿辰的盛大仪式，比过春节更热闹，更轰轰烈烈。全村一边过年，一边行动起来迎盛会，提前做好环境布置、气氛营造、节目排练等一切准备工作。正月三十清早，整个苦水街群众倾家出动清扫屋舍、院落、街道，各家门口挂彩灯，准备迎接高高跷天神。

搭建彩门。主要在位于南北街的路口地段搭建彩门。彩门一般高 2 丈，宽 1 丈二尺。彩门两侧张贴大红底色金黄色字的对联，彩门上方有横条幅，多为彩门名称。彩门最上方的纹饰有民俗讲究，每个彩门都不能缺少“二龙戏珠”主体纹饰，如《五谷丰登》、《金鸡报晓》、《国泰民安》、《天下太平》、《人杰地灵》等彩门上都有这种主体纹饰。彩门上还点缀着各色彩旗、花瓶、大红灯笼。尤其是顶端的“二龙戏珠”把“二月二龙抬头”的主题表现渲染得异常突出，表达了苦水街人们深深热爱青龙、黄龙的虔诚崇拜情意。

栽摇钱树。在当地财神庙院栽摇钱树不知延续多少年了，挂在树枝上的钱串子和摇钱树叉上的金色金线穗子，多么像汉代的摇钱树造型，这不能不引起我们的深思与寻根。人们争先恐后地在神桌前燃表焚香，大人领着小孩，站在摇钱树下，祈求龙神、财神赐予自己财富。这种摇钱树和汉代甘肃武威出土的摇钱树如出一辙。

悬挂彩灯。苦水街村民为龙祝寿之际，在庙宇、自家门楣、彩门上、街道两边的树枝上以及招神的幡上，悬挂大红灯笼和各式花灯。这些花灯造型不一，精巧美观，充分显示了苦水人热爱幸福生活、期盼美好光景早日降临的喜悦心情。

贴吉祥笺。在为龙祝寿的日子里，苦水街村民最喜欢在自家院内的房子的门楣上和庙宇祠堂的门楣中心张贴五色吊笺，吊笺为镂空的吉祥图案，充分表达了粮食丰产、财源茂盛、六畜兴旺的美好生活前景。到了社火正式表演的时候，满街张灯结彩，到处人声鼎沸，气氛极为热烈浓重。

到了正月三十日，南、北街的社火节目也准备就绪，苦水街村开始了一年一度最为彻底的大清扫，整天的清扫事宜结束后，苦水街村的巷道和院舍焕然一新，用当地民众的话说："将一切的妖魔鬼怪、邪气余孽都清除到苦水街村外，让河水冲走，这才能真正迎接龙神进村。"

最后的一项重要活动就是栽幡。一般在正月的最后一天下午，苦水村的南街社火队搭建一间神殿大堂，神殿中间悬挂着土地爷的水陆画像，殿堂门口最醒目的要算两幅朱红色的对联，对联左边是："土产宝种玉土德厚"，右联是："地生财生金地恩深"，额联是"有求必应"四个大字。这幅对联道破了苦水街村人们举行祭祀龙神和社神活动的目的和共同心声，是中华民族农耕文化的真实写照。在神殿大堂正中央后面栽立幡杆，杆高十五米，最上面是一个八卦形的八角宝盖幡，意味着"天地和顺"、"阴阳合一"。幡下挂一个篮子，盛满各种糖果食物等供品，中间还要挂一条长约二十米、宽二十公分的金黄色条幅，上书大字："奉请渗金佛祖、本方土主、龙王、山神、牛王、马祖、吧咋、城隍、花果、水草众神降临，佑我会大的无难，小的无灾，国泰民安，风调雨顺，一籽落地，万石归仓，五谷丰登，六畜兴旺，大吉大利。"从幡顶自上而下挂着九颗大红灯笼，当地民众称之为"九颗不落的太阳"，又称"九莲灯"，同时在幡杆的左面挂着特大号的大红圆灯笼，当地人称"红太阳灯笼"。整个南街庄严肃穆的神殿与高耸入云的幡杆，显得气势宏伟高大，在残垣远山、枯枝杂草的映衬下，使人有一种远古先民遗址显现眼前之景色，不由人浮想联翩。

北街的幡条挂在大树上，迎风飘扬。诸神大殿只有一间堂屋，内供的神位与南街相同，只是堂屋门口对联写的是左边为“玉盏长明万载”，右边是“金炉不断千年”，额联为“万物茂盛”。北街不立高幡，只请四位不同年龄的“阴阳”，各路神汉为龙神社神诵经，群众将这种祭神方法叫踩表。踩表结束后，另有一名头戴红毡帽，外裹字样的“佛光普照”，身穿皮袄，头面鼻梁干上架着一副墨镜，面容为涂白抹黑纹饰，好似“济公”，又好似一个丑角，边走边说，祝福吉语满口，什么“风调雨顺”、“招财进宝”、“国泰民安”、“四季发财”、“福禄齐全”……全然无拘无束，嬉笑连天，逗得前来观光烧香的人，捧腹大笑，当地群众称这位叫薛生和的“神汉”是“喜神”下凡。虽然，南街祭青龙，北街祭黄龙，内容各异，泾渭分明，但他们共同祭祀诸农神，祈求太平盛世、五谷丰登、人寿增福的心愿是一样的，都表现了“天、地、人”融合为一的喜乐情景。

请神时间一到，鞭炮齐作，鼓声雷鸣，十多人扮成法师，头扎红布条，身穿各种颜色的长夹夹子，手持扇面鼓，一人在前领跳指挥，在唱颂神灵的过程中，不时与其他法师一问一答，边跳边唱，队列穿插变化，十分精彩。这是一个安神娱神的节目。

苦水街中段，南北街交汇处，也设临时祭祀神桌，神桌的正上方，悬挂着各种动物剪纸，用动物剪纸代替神祇。这些都说明在一个街村内，虽然南、北两街村民的门户相连，但他们的民俗信仰却有所不同，这同样是一个值得关注的民俗现象。

到了晚上，南北街社火队均要打上太平鼓在南、北街闹社火的路线转一圈，名曰“扫街”，意味着社火就要正式开始了。

（三）二月二龙抬头社火的主要表演内容

二月初一是苦水街社火正式表演的日子，各个社火节目准备就绪后，一般在下午二时左右出社火，由搭建好的彩门正式进入主街道进行表演，社火队前面开道的是仪仗队，一般由小孩撑着各色彩旗走在前面，并有乐队吹着长号和短号，依次为太平鼓队、高跷队、小唱队、故事队、铁芯子、车亭，另外还妆有耍狮子、耍狗熊、耍老虎和耍猴子的。初一、二、三白天，除仪仗队、太平鼓不变样外，其他内容不能重复，天天要换花样。夜里的社火，高跷不出场，仪仗队、太平鼓、故事队同白天一样要照常演出外，晚上的主打节目是各式灯的表演，有纱灯、方灯，花篮灯，滚灯，竹马灯，龙灯。

在永登苦水堡，说起现年 78 岁的巨崇昭老人妇孺皆知，他一生从事教育工作，退休前为苦水中学副校长、党支部书记。1991 退休后，他将所有的精力用在地方文化的挖掘、整理和研究上，对地方文史掌故了如指掌，同时热心参与地方民间文化事业的发展，是本地受人尊敬的一位长者，不论外地来的专家学者、新闻记者，只要向他咨询和了解苦水的民间文化，他都热情接待，有问必答。在他编写的《苦水街轶事》中，对于苦水街的社火内容，他作为一个亲历者十分熟悉，但他同时请教了比他年长的老人，搜罗钩沉，不遗余力，做了较为详尽而忠实的记录和介绍，现摘录如下：

太平鼓队：鼓锣一般十余对，鼓队站在右边，锣队站在左边，中间留出一条空间，是五、六付钹跳打的地方。锣鼓打的点子叫三七点子，打鼓的架式叫红拳架式。鼓的位置属于低鼓，即放在脚面上。服装基本统一，白布上衣，套上黑（兰）夹子，下身穿黑布裤，穿青线麻鞋，头戴黑英雄帽，前额上扎上三个表花，右手拿打鼓鞭，约三尺长，用粗麻绳辫成的，绳子缝中间夹上各色细布条子，一是好看，二是不易打破鼓。左手拿压鼓条，上面扎上各色方块花布，形成几朵花。打鼓时鼓条、鼓鞭都兴起绕过头，甚是好看。打钹最精彩的动作是人跳起来空中打响，响声洪亮，姿势又好看。最好的是南街薛老汉的钹，在空中响后花子翻的好，独一无二，经常观众鼓掌，其他的人跟着学几年也学不下薛老汉的跳法、打法。苦水街的鼓比其他地方打得紧，跳得有劲，气势雄伟。这几年北街太平鼓队增加到十余对鼓，一半男子打，一半青年女子打。

高跷队：苦水高高跷高约八尺到九尺余。装扮的是古典本戏。只要站起来开始走，一般的不用人扶，但扶持人得抬着杆子随着走，以防万一。装戏的服装、道具等完全与舞台戏一样，该拿什么就拿什么。如北街高跷队一次装《铡美案》就是一个体魄健壮、力气大的小伙子。肩扛真铡子（取了铡刀），很自然地走在街上，观众无不惊奇叫绝。一般装 12—14 个人，排成竖一字形，大步走路，约三、四尺一步，不走时左右摇摆，慢慢移动，有的背手拿武器洋洋自得，远看空中人物甚是壮观。文革以后的高跷中出现了姑娘装女角，真生真旦，观众格外惊奇。苦水高高跷扮演的主要内容在中国四大名著中主要以“三国戏”为主，比如《回荆州》也叫龙凤呈祥反映刘备招亲最为常见。高高跷受秦腔的影响深，扮演的戏突不出秦腔的范围，值得注意的就他自己的考察和了解的情况，高高跷不扮演诸如《窦娥冤》、《铡美案》等悲戏和凶杀戏，这些戏不喜庆，反过来说高高跷主要以扮演秦腔中具有喜庆内容的正剧为主，就像《西厢记》这样反映男女私情的戏也不扮演；经常扮演的神戏主要有《黄河镇》、《朱仙桥》，来自《封神演义》；最常扮的是《升官图》，扮赵飞，可以随意穿老百姓的衣服。高高跷受秦腔的影响深还表现在一个戏班子能满足高跷的需要，是甘肃老秦腔的脸谱，缎子衣服，一般是四蟒四靠，两个箭衣，女蟒，四个官衣；最常见和常用的帽饰为纱帽、王帽、紫荆冠、翎子；跷干原来用红土涂染，后用红漆，现在的社火表演中穿红裤，说明人类社会的发展给它以时代的气息，反映了非物质文化的流变性。

小唱队：小唱队原来全是男的，装女的也是男的。到新中国成立前几年，开始了女的装女的，共八、九人。以装女的为主，还装丑角老人，装一、二个王妈，拿上棒锤，团团转，一方面维持秩序，一方面说些喜话，说成顺口溜，四六句惹观众可笑。一边扭一边唱，唱的曲子主要是民间流行的一些小调，如绣荷苞、眉户曲调等。

故事队：似街道话报剧，一般白天三、四个组。“二月二”这一天装得更多些。一个组一个内容，人数不等。装的内容多是抑恶扬善、借古讽今，揭露社会上各种丑事。尤其在苦水川如发生丑事，故事队就装上，观众一听一看就知道装的是谁家的事。旧社会官僚、富户的家若发生什么丑事，最怕苦水等社火会上装出来。如苦水有一富户，有妻、有子、有女，结果又娶了个年青的小老婆，把这一件事社火故事队装上了，演出的内容是老婆子骂老汉，老汉护小老婆，儿女们怨老爹娶小老婆。骂的，笑的，哭的热闹非凡，不由得观众们也参加到故事队，笑呀，骂呀，闹呀。这些故事引来不少观众围观，大家一齐起哄，逗得满街道的观众哈哈大笑。这就叫故事装的好，热闹，观众们就评论这一家的社火赢了。

铁芯子：原来有单芯、双芯。单芯装两个小孩，一上一下。双芯是上面两个小孩，下面一个，女角小姑娘装，真生真旦，装古典折子戏。主要看下面小孩人物拿的东西等要制做得精巧，上面姑娘的三寸金莲站上去要配合得巧妙，显得惊险而好看。如《游西湖》中《赠梅》一折，下站小生，手执自制的一枝梅花，制做的梅花像真梅花，一手执扇。上面两个姑娘的三寸金莲站在小梅花上，一个站在纸扇的边缘上，显得玄妙。因铁芯子是四个人抬上走，高度超过人群，装扮的姑娘站在高处，神态自然，向观众微笑，天真活泼，真是一幅美丽的画面。

车亭：一般四、五辆大车，车厢内平放一个车轮，中间栽上四、五尺高的木杆，木杆上站一、两个小孩，装的仍是古装折子戏，道具都是比较大型的，如扎上一座山，山上站上人物或制一座小庙，和尚站在庙屋顶上。没有铁芯子玄妙。

另外还装要狮子、要狗熊、要老虎的，主要看武术的表演。要猴子的是一伙小男孩，不穿一针一线，遍身贴上鸡毛，这些“猴子”模仿猴子的各种动作，玩要、上杆、打架。这是小孩子们最爱看的内容①……

（夜里的社火主要以灯为主）

纱灯、方灯：夜里主要是显示灯。街道上最早是牌灯。牌灯是长方体，是自制的木条框架，分三层，内装三个灯，外糊纸，纸上或写或画或贴剪纸，一组灯三个，两侧各挂一个，上面横挂一个。基本上每户门前有一组。观众从城门进来街道就是一条灯火洞。后来改为挂方纱灯，是买的，这是成套连续内容，如《三国演义》、《封神演义》等，这一套就是几十对灯，观众从头到尾，边看边讲，不懂的人只是跟上看、听。这叫转灯。快解放那几年这些都破烂了，就改挂自制的木条方灯，外面糊上各色纸或写或画。近几年除自制灯外还到兰州、西固借租各种彩灯，格外美观，通电后装上的电灯泡，灯越好看，街道更亮了。

未通电前，尽管有牌灯，但亮度差。每个组还有灯，如正方体灯、扇形灯、圆形灯、蔬菜灯、果子灯、转灯、动物灯。如羊抵仗灯，直杆顶有一横杆，横杆两头，吊两支羊灯，用绳子提住头，撑灯人用手一拉绳子，两只羊就抵仗。还有用一根高杆子上吊上一只猴子灯，撑竿上用绳子拉，猴子顺杆上、下跳动。这些

---

① 巨崇昭编著：《苦水街轶事》，永登县地方志办公室，2001 年版，第 57 页。

灯都是一人撑一个灯，一方面为社火照亮，一方面看谁家的灯好。

花蓬灯：也叫花篮灯。直径约三十公分，高约二十公分的花篮，扎上各种花，贴或扎在花篮上，中间插上蜡，是十岁左右的姑娘们右手掌上长把，小姑娘们扎上长长的辫子，打扮得活泼可爱。这支队伍约 20 人左右，队伍前后各装一个王妈，手掌一个筛子，中间插上蜡，一手拿一个棒锤，口中喊：我的娃娃们，好好地扭，并夹杂上些喜话，逗观众可笑。

滚灯：双层空心，里层不转外层转，圆球形，直径约 30 公分，外层糊纸或写或画或贴剪纸，用架子掌起，一人抬一个，滚灯内点蜡，只要一触地就滚动，约 6—8 个人组成。在地面上滚动，走“8”字形，这是开路灯，走在太平鼓队前，是十四、五岁的男孩滚。

竹马灯：一个竹马是两节，前节挂在小孩的胸前，后半节挂在小孩的后身，竹马用各色纸糊上，前后各点一支蜡。竹马主要扎好、扎像，其次要糊好。是十二、三岁的男孩骑，骑马者头戴将巾帽，腰系跨夹，左手抖马，右手拿马鞭，身背吵子，作马奔动作，最前者吹号，竹马数约 8—12 匹，队伍前后各有大人装一武士，是领队者，马跑时走“8”字形，竖一字形等。

龙灯：在“二月二”夜间出场，意思是“二月二龙抬头”，北街是黄龙，南街是青龙。有唢呐、鼓乐伴奏。领龙者二人，一个执绣球，一人打烟火。四人耍龙，耍的花样有腾空穿云、四门抖地、龙穿自身、地上打滚等十余种，龙一出门放炮，打烟火，烟火随着舞龙的动作不停地打，火光闪闪，浓烟滚滚，恰似龙腾空中，吞云喷雾，甚是壮观，观众不停地鼓掌。讲迷信者，从放龙的院内柱香跪到街道上，龙一起身，龙尾就从跪者头上扫过，一到街道上观众就过龙，从身上穿来穿去，有时连龙都无办法耍，为的是图个吉利。社火回到本会地界后开始有人接龙，大门口一放炮，表示这家要接龙，龙和乐队进到院内，打烟火的向主房一把火，龙点头，然后绕柱转一圈，院子大点的还要耍一下龙，主人用香烟、酒、食品招待一下，同时给龙头上挂一匹红，有的还要给些香钱。如这一家不接龙，那只朝门打一把烟火，龙头向大门点一下头。一般人视为龙神，所以就有迎龙、接龙、拜龙、过龙，为的是除邪赐福，图个吉利。至此，二月二龙抬头社火就算正式结束了。

（四）苦水高高跷与二月二龙抬头社火的关系

苦水高高跷以奇险的动作引起人们注目，以独有的高度著称，居全国之冠，故称高高跷。该项目因技术难度大，属于高危表演项目。在永登及其庄浪河流域的春节社火中，历史上曾有高跷表演，后来个别村镇因限于条件只好忍痛割爱。唯独苦水高高跷在传承演变中一枝独秀、雄视一方。

苦水“二月二龙抬头”社火是从二月初一开始，二月二达到高潮，二月初三结束，为期三天。全国其他地方包括永登县各村镇的社火都是在春节期间举办的。开展社火活动的时令不同，是苦水“二月二龙抬头”社火最大特点。另外从内容上讲，苦水的“二月二龙抬头”社火与永登其他村镇的春节社火相比，不论从社火内容的丰富性、表演手段的创新性和组织方式的严密性等诸方面，其规模之盛大是一流的，在全国也是罕见的。社火活动一结束，当地农民即投入田间劳动。

再说苦水高高跷与“二月二龙抬头”社火的关系。首先苦水高高跷并不是一个孤立的存在，而是苦水“二月二龙抬头”中的最具代表性的表现项目。这一隶属关系决定了苦水高高跷与“二月二龙抬头”社火的关系不是相互的，而是“我中有你”的关系。所以，本文对苦水高高跷的考查研究是立足对“二月二龙抬头”社火这一文化空间的全面考察研究的基础上展开的，因此内容更为丰富和广泛。在某种意义上，苦水高高跷是“二月二龙抬头”社火的代名词，是体现苦水社火的象征与符号。脱离了“二月二龙抬头”社火，关于苦水高高跷的研究就是无源之水，无本之木。

本文将“苦水高高跷”和“二月二龙抬头”社火作为不可分割的整体结合在一起，不但系统考查了苦水高高跷的形成、演变、内容、表演特色及其价值，而是通过全面考察“二月二龙抬头”社火的整体内容，揭示了隐藏在这个项目背后的更为丰富的民俗文化内涵及其鲜明的地域性特色，在整个“二月二龙抬头”社火的考查研究中，苦水高高跷起到了画龙点睛的作用，这是必须要交代清楚的一点。

六、苦水高高跷的文化内涵

（一）苦水高高跷与戏剧、体育竞技

单纯的高跷表演缺乏灵魂，娱乐性和观赏性都会过于单调，这也是为什么高跷表演总是和重大的民俗节日结合，和音乐、舞蹈、戏曲融合在一起进行表演，可以说民间的许多艺术形式都被高跷吸收并发扬光大了。为高跷的表演增添了活力。高跷是一种传统的文艺体育活动。在原始社会，人们为了采集树上的野果，在腿上绑两根木棍增加身高，这可以说是高跷的最初形式。据《列子记符》记载，春秋时宋国有个叫兰子的人，喜跷技；战国时，喜欢玩跷技的人游走各国。宋代的高跷技艺又有发展，《武林旧事》记载，两宋时期的踏跷（即高跷）技艺高超，动作惊险，扣人心弦。后来，高跷发展成为一种民间舞蹈，称高跷秧歌，在紧密锣鼓声中配演小戏，即高跷戏，成了庙会佳节中群众喜闻乐见的一种活动。高跷作为汉族民间舞蹈形式之 ，流行于

中国很多地区，表演者扮成各种人物，手持道具，双脚踩着木高跷，按照一定的规矩，一定的套路，或行或走，或演或唱，给人一种动的艺术享受。

苦水的高高跷就是这样一种表现形式，在每年的二月二龙抬头这一天，在闹社火的队伍行进中表演的，踩跷演员身穿戏服，按剧本来装扮人物和化妆，尽管踩高高跷是他们的硬功夫，但如果没有人物的戏曲装扮，没有锣鼓喧天太平鼓的开道，在高空凌风飞舞的高高跷也就不会有那么吸引人。民间的戏曲音乐赋予了高高跷更多的审美感和愉悦感。高跷本身就是综合了杂技的舞蹈艺术。

（二）苦水高高跷表演中隐含的文化内容和象征意义

1. 高高跷与群众民俗生活的融合

在长期的地方发展中高高跷形成了自身的民俗传统，它包括与群众民俗生活的融合。高高跷的传承体制、语言禁忌和信仰这些习俗从心理层面、生存需要方面维护了高跷的组织模式。这些点点滴滴渗入民众生活的习俗，为高高跷的生存延续起到了重要的作用。

高高跷与当地乡民民俗生活的融合主要体现在容纳了地方的民俗风情，民众的生活和情感离不了这种寄托他们情感宣泄和愉悦的表演艺术。在整个的闹社火高高跷表演中，全村的村民既是观众也是演员，是苦水村的狂欢节，闹社火踩高高跷不是村里的事情，每个人的心里包含着共同的心理。不参加就会把晦气留在家，因此在闹社火踩高高跷的日子里，人们放下家里最忙的事也要成为节日活动的一员。这种共同的心理也促成了永登苦水高高跷在表演中人们参与社火的积极性，高高跷艺术能够流传至今，深受当地乡民的喜爱不仅有它独特的艺术魅力，还得与益于当地良好的文化生态空间，在演出活动上民俗心理与民俗生活紧密的结合，英国功能主义人类学家马林诺夫斯基在他的著作中："文化是包括一套工具及一套风俗——人体或心灵的习惯，他们都是直接或间接的满足人类的需要。"①

2. 高跷起源于巫术与劳动说

巫术源于原始的鬼神观念。"巫术是由于原始人类联想的误用，而幻想有一种不变的或同一的事物，依附于各种有潜势力的物品和动作，通过某种仪式冀能达到施术者的目的的一种伪科学的行为或技艺"。据说踩高跷这种形式，原来是古代人为了采集树上的野果为食，给自己的腿上绑两根长棍而发展起来的一种跷技活动；还有一种说法略差相似，只是换了一个场景，说它源出于我国南方水乡，古时，劳动人民下水田插秧，为避免水蛇伤害，别出心裁地在腿上缚一截木棍，使腿部高出水面。后来，农家人为庆祝丰收，把木棍加高，表演起边走边跳的舞蹈戏文，世代沿袭下来。这仅仅是一种说法，与带有巫术色彩的社火高跷不是一回事。

关于高跷的起源，学者们多认为与原始氏族的图腾崇拜、沿海渔民的捕鱼生活有关。尧舜时代以鹤为图腾的丹朱氏族，他们在祭礼中要踩着高跷拟鹤跳舞。已故历史学家孙作云（公元1912～1978）在他的《说丹朱——中国古代鹤氏族之研究——说高跷戏出于图腾跳舞》一文中，首次提出高跷源于鹤图腾崇拜的论点，并以《山海经》古文献为据："长股之国在雄常北，被发，一曰长脚"。从"长脚人常负长臂人入海中捕鱼也"② 我们不难想象出脚上绑扎着长木跷，手持长木制成的原始捕鱼工具在浅海中捕鱼的形象。而更令人感兴趣的是，今日居住在广西防

① ［英］马林诺夫斯基著，费孝通译：《文化论》，华夏出版社，2002 年版，第 15 页。

② 刘峻骧：《中国杂技史》，文化艺术出版社，1998 年版，第 59 页。

城沿海的京族渔民，仍有踩着长木跷在浅海撒网捕鱼的风习。晋人郭璞注释为："或曰有乔国，今伎家乔人盖象此身"，清人吴任臣注释为："乔人，双木续足之戏，今曰 xi（同屣）跷"。两种注释都认为长股国人即用木跷扎在脚上的长脚人。《说丹朱》中认为：高跷源于原始图腾信仰、用于宗教祭祀仪式，又从杂技表演演变为扮演戏曲人物的舞蹈形式。尧舜时的丹朱是以鹤为图腾的氏族，高跷戏直接出于古代的鹤图腾氏族的跳舞。近有学者认为，甲骨文中有一字可以解释为"像一个人双脚蹈矩棍而舞"，如果得以成立，至迟商代后期，民间独特的这种踩高跷舞蹈形式就已经问世。这又是源于图腾崇拜的补充。不仅如此，非洲扎伊尔巧克威（tchokwe）部落宗教仪式中，也有踩跷的表演，一名巫师的腿上绑扎着长木跷，徐徐走动，两手缓缓起舞。这当是"图腾崇拜说""宗教仪式说"的又一佐证。

由于原始社会生产水平的低下，人类依赖大自然，由此产生了图腾崇拜、万物有灵观、许多传统的游艺活动就在自然崇拜的基础上产生。在原始巫术时代，人们踩高跷时，与天很近，认为天上的神灵能与地上的凡人相通，将神的魔法施与凡人，此时的踩高跷者被认为是佛法无边的天兵天将神力施与这片土地，社火这种与图腾崇拜带有巫术性的舞蹈，巫师为了显示自己神秘的力量，创造或练习出许多魔术杂技技能。其主要的目的是在显示技能，逐疫驱鬼，娱乐的目的尚在其后。随着换朝改代，这种驱傩由宫廷传入民间逐渐演变为重大的民俗礼仪活动，成为乡村庙会祭神、娱神、迎神的赛会。说明高跷最初由杂技演变而来，其后加进了戏曲表演，进一步丰富了社火的内容。我国最早介绍高跷的是《列子说符》篇："宋有兰子者，以技干宋元。宋元召而使见其技。以双枝长倍其身，属其胫，并趋并驰，弄七剑迭而跃之，五剑常在空中，元君大惊，立赐金帛。”① 从文中可知，早在公元前五百多年，高跷就已流行，是我国古代百戏之一种。晋时称为“长脚”、“乔人”、“双脚续足之戏”；在北魏称为“长跷伎”；宋代叫做“踏跷”。据《中国杂技史》载：“在魏晋南北朝时期，两汉中原杂技吸收了北方游牧民族和南方特色节目一些高空节目产生。晋李会进乐延庆碑上的杂技表演中就有高跷，北魏石刻的高跷已与现在的高跷无二。《晋书·吕光传》载，公元384年，吕光将龟兹‘奇技异戏’运回凉州。凉州地处中原与西域的必经咽喉之地，外来技艺在这里表演，因此凉州出现了一些杂技高手。”唐宋以后，民间杂技社团的兴起，杂技成了一种谋生的手段。为了适应民众需要，杂技节目往往带有鬼神角色，高跷在社火中总是带有祭祀的成分，但它与巫师表演的性质已经不同，发展为社火中娱乐性较强的项目，以它固有的惊险、刺激的特征激起了人们挑战极限的心理和欲望。尽管如此，从魔术杂技中，我们从一个特定的角度可以看出巫术思维渗透影响的广泛。

自从人类实现了农业种植和畜牧业以后，游牧生活逐渐安定下来，这为民间表演艺术创造了必要的条件。虽然杂技的技巧大多来源于生活，但从生活中走向表演艺术还需一个漫长的过程。高跷从杂技中产生出来，并结合民间的音乐与舞蹈形成。成为融合了杂技的民间舞蹈艺术。春秋战国时期，民间的游乐活动增多，大批的杂技表演人才向艺术表演的方向发展，魏晋南北朝时期，由于地域阻隔和环境的不同，逐渐形成了南北不同的表演风格，魏碑石刻上已有高跷图案。在唐代具有历史传统的杂技艺术有了前所未有的发展。杂技节目不断翻新，宋代是杂技艺术发生很大变化的朝代，杂技的演出从宫廷走向了民间。尤其是社火组

① 刘峻骧：《中国杂技史》，文化艺术出版社，1998年版，第152页。

织的兴起，使杂技得到进一步的发展。促进了杂技节目的提高和技艺的创新。为以后的高空杂技的发展起了重要作用。自古至今，杂技就以新、奇、险为要素。从字面我们看出杂技是挑战自身内在潜力的极限，记录汉代杂技表演的绘画作品《车马出行图》就有杆上演员行走或蹲在杆头的杂技表演。

（三）苦水高高跷的审美特征

1. 艺术美的体现

高跷是综合了杂技的民间舞蹈艺术。因而有着独特的审美功能，带给人们美的享受。高跷的艺术美不仅体现在它高达4米多的高跷技巧上所表现的“高难度”、“惊险奇特”，还表现在高高跷技巧中内在的精神层面的壮美和优美。高难度是高跷艺人对自我的不断挑战和超越。壮美和优美是人们极为熟悉和喜爱的两大审美形态。高高跷这门表演艺术极为巧妙地通过高跷演员技巧的表演，以及在表演过程中一个个“天兵天将”的威猛神勇、刚健有力和一个个清新雅丽装扮中凌空飞舞的丽人所透露出来的灵巧轻柔的精神气质。将这两种美表现得淋漓尽致。苦水街高高跷主要以传统秦腔本戏为主要表演内容，表演时表演者穿上传统的戏剧服装，画上秦腔居中人物的脸谱，拿上道具，排上长队，凌空飞舞，充满刺激。

2. 苦水高高跷的宗教及娱乐价值

一是社会价值。苦水街村为时三天三夜“二月二龙抬头”社火，就是苦水街人和周边地区人们参与其中的盛大的民俗活动，是当地民众的狂欢节，也是现代人进行文化寻根、体悟和享受历代劳动人们文化创造成果的宝藏。历史的血脉绵绵不断地流淌在我们的身心之中，作为珍贵的非物质文化遗产，“二月二龙抬头”社火既是我们生活在自然与人文环境中的精神财富，也是引起我们故园之思民族之情的根脉所在。苦水民俗活动中的社祭礼仪其本身就是表达我们家国之情的具体行为。

二是宗教价值。在苦水的“二月二龙抬头”社火中，祭龙与祭社相辅相成，合二为一，它们指向一个共同的目的，祭社再加上祭龙的神灵感应，就会使人相信，某种普遍和特殊的内心期望一旦形成合力时就会形成超自然的非凡力量，虽然这种风调雨顺的“期望”不一定能够实现，但民俗活动的宗教价值就在于，它反过来将这种“期望”所具有的非凡力量作用于人的意志进而规范和施加于人的行为，从而积极主动地为神灵显示其威力、帮助人实现内心的“期望”提供一种强大的心理支撑。所以，从某种意义上讲，“风调雨顺”与其说是神迹的显示，毋宁说是人与合乎自然规律的人的意志行为构成了一种内在的因果关系。在过去，在人们力图改变自己生存现状的民俗活动中，虔诚的宗教价值远远大于娱乐价值的，只是到了当代，随着人类认识自然规律的科学水平大大提高后，民俗活动的娱乐价值才上升到一个主导的地位，宗教价值虽然被削弱，但仍然发挥着重要的作用。从二月二龙抬头社火中祭龙的过程和细节中就可以看出这一点。究其本质来源于“人们的‘高山情结’，即通过升高的方式，最大限度的接近神圣的上天，以求在这种努力中达到天人合一和人格自身完善的境界，踩高跷在一定程度上满足了人的这种心理愿望。”① 但是，将跷腿穿上裤子变成真正的人腿时，人就找到了一种“巨人”感觉，这种心理暗示会发挥巨大的作用，让人一瞬间变得高人一等，有傲视天下的感觉，这种自信和快乐不单纯是腿跷的有多么高，而是从自身生发出来的一种自信和高大，这是与“高山情结”并不完全一样的。跷腿穿裤子的装饰富有时代性，与人追求个性解放、自我完善的伦理观念相一致。

三是娱乐价值。苦水“二月二龙抬头”社火内容丰富，形

① 方川、王怀义著：《民俗思维》，黑龙江人民出版社，2004 年版，第 338 页。

式多样，娱乐性极强。在三天的社火活动中，苦水街人什么都不做，家家户户出人出力参与到社火的筹备和演出活动中去。“二月二龙抬头”社火的价值是多方面的，作为传统文化的沉淀和累积，与人民群众生产生活方式有着密切而广泛的联系，它们从不同的角度，无不深刻地反映了一个地区民族心理的深层结构，具有极大的研究价值。高跷是一项古老的民俗表演活动，但它又是特殊的自然、人文环境孕育的一朵奇葩，它的“壮伟神勇”、被誉为全国之冠的高度以及它倾向于装扮秦腔戏中的历史正剧的旨趣，无不与以苦水街村为代表的西北人乐观向上、桀骜不驯、不屈服于命运的人文素质密切有关。他们在天地之间，建构起了一个巨大而无形的舞台，一个个历史人物从天而降、粉墨登场，《回荆州》、《大登殿》、《西游记》、《黄河阵》、《杨家将》、《春秋笔》等，只需看看脸谱神态，大写的历史表情和憎恶就映在了真正的天幕上，远远望去一目了然，那是何等的气魄，令人为之震撼！

苦水的高跷具有深厚的文化价值外，由于它短跷简单易学，因此具有普遍推广的实用价值，在有些地区的学校，高跷已成为受学生欢迎的体育竞技项目，它既可以锻炼学生的身体平衡能力，而且可以间接地体验和感受民俗活动的文化内涵和魅力，增强学生对优秀传统文化的认知度。

3. 苦水高高跷表演中的习俗

任何民俗行为中都会有禁忌的语言和行为，语言禁忌在民众的生活中随处可见。英国人类学家弗雷泽在泰勒学说的基础上，在他著名的作品《金枝》中所阐述的巫术理论认为禁忌产生于对事物因果关系的错误理解。禁忌被认为是一种消极的巫术，追溯巫术的流传，起源于我们的先民无法解释自然界中的许多现象。总是以一种拟人化的原始思维方式来解释，充满了神秘性。自然界的任何事物都是有生命的，在原始思维中话语就能使客观现实发生相应的变化。

语言禁忌在原始观念中具有神秘的魔力。特定的语言不能说或用其他的字眼来代替所要说的事物。因此语言的忌讳就成了咒语，这是巫术思维中普遍存在的思维模式。特别是在特殊的场合中民众更是小心翼翼，说话非常注意，语言谨慎使用。唯恐出现意外就会联想到自己是否说了不该说的话冲撞了神灵。在高高跷表演期间人们不说脏话，不说不吉利的话，尽量回避不吉利有谐音的字眼，以免带来不好的事情。

燎火仪式。高高跷表演开始前，要举行燎火仪式。踩高高跷的众人，因为他们都扮演的是民间诸神、历史上的英雄豪杰和忠臣良将，当地民众崇拜和信仰他们，所以，由巫神和社火头用黄表青纸燃成火堆，祷告诸神保护踩高高跷演出平安顺利。

开路神鼓队。古时踩高高跷队列前，有一队上身着白装，头扎五方黄青角，胸前挎着太平鼓，头戴黑色英雄帽，下身穿着武士黑色裤，一手拿着压鼓条，一手扬起击鼓槌，边走边打，人们称之为神鼓队。还说他们在前面开路，众妖魔鬼怪必躲之。

保护娃娃成长。旧时社火队列前，总有一位身穿大红蟒龙袍，左手抱着一位金黄色的布娃娃，另一手拄着长拐杖，头戴黑色相帽，口上方挂着长长的白胡须。群众称此人是忠臣良相保皇子的徐彦昭，传统黑色为正直，戴上黑色相帽表示忠臣良相之意，使他能够保佑娃娃健康成长。

兽皮大鼓和羊皮扇鼓。传统踩高高跷中用的兽皮大鼓，是发起进攻鼓舞士气的鼓，这里用来稳定和愉悦众神。当地人说，这种鼓是皇帝战蚩尤时留下的，演出时九通大鼓，并还说擂鼓的大槌是雷兽骨做成，这鼓擂起来，能震得天摇地动，吓得妖魔鬼怪魂飞魄散。现在人们在鼓上写上“长寿”二字，鼓面绘上太极八卦图，其意是纳瑞迎祥。扇面鼓多为民间巫师用物，是祈求上天赐福的礼器。

手举“锦绣图”和“升官图”的高高跷。苦水街村传统高高跷“锦绣图”寓意前程似锦，“升官图”的寓意是加官进爵，步步高升。

前后心绘有虎纹的擂鼓手。过去苦水街擂大鼓的人，前胸后背和双臂双腿都绘有虎纹。这种纹身习俗考证来自古人纹身文化遗俗。还有一说，它有可能是古代楚人对虎崇拜的遗存。

“众天神降福”和“天神会聚图”。高高跷节目中，每位天神头扎五方表角，身穿各种道、佛、儒衣裳，走在人群中，坐在高墙上，意为诸路天神降落人间，给人间带来福运吉祥。

“八卦神”与“太阳神”高高跷。传说“八卦神”与“太阳神”是人文始祖伏羲和炎帝，另有一说是人类对天地八卦和太阳神崇拜的表露。

第四天是苦水街闹高高跷傩社火收场之日，此日下午要举行倒幡杆与倒踩表杆仪式。表演者要在倒杆前脱掉闹傩社火服装，将散落在地上的“幡条”、“表条”与闹傩社火的废弃之物集中焚掉，灰尘撒到山间或河水中求来年好运。

永登苦水街村的“二月二龙抬头”祭祀的主神土地神，龙王、山神、马祖、牛王、风火、花果、城隍，无疑是中华民族远古祭祀社稷诸神的化身。有学者认为“龙王、山神、马祖、牛王、风火、花果”都是人类初期动植物与自然现象的物的化身，特别是苦水街村民剪的动物神祇剪纸，更充分地证实了远古动物崇拜的观念。

民间艺术作为广大劳动人民生产生活劳动和智慧创造的成果，不同历史时期劳动人民的创造性思维和宗教信仰都会通过民间艺术这一形式载体直接或间接地表现出来，高跷自然也不例外。高高跷不管起源于“劳动说”还是“巫术说”，它都是古人基于改善生存环境的需要出发而产生的，在民俗信仰中人们装扮成天兵天将也是为了借助神力改变自己的生存处境。在远古巫术时代，这一显示神力的技术自然被自认为具有通神能力的巫师所掌握，成为他向人们炫耀通神本领的手段，从而奠定了高跷“奇特”、“惊险”的基本特征。后来，高跷这一技艺成为劳动人民所掌握的以娱乐性为主的杂技项目，在民间广泛流传，因此，在不同的地区和不同的历史阶段根据当地民俗习惯和人们的兴趣爱好，呈现出不同的风格样式和流变性的特点。北方的高跷秧歌扮演的人物有渔翁、媒婆、傻公子、小二哥、道姑、和尚等。表演者扮相滑稽，能唤起观众的极大兴趣。南方的高跷，扮演的多是戏曲中的角色，关公、张飞、吕洞宾、何仙姑、张生、红娘、济公、神仙、小丑皆有。他们边演边唱，生动活泼，逗笑取乐，如履平地。

文化具有不同的属性，有一些文化虽然失传，但具有研究的价值；有一些文化用唯物史观的辩证思维去分析，具有迷信的色彩，但它在民俗活动中具有娱乐性、凝聚人心和满足人们精神寄托的需要，所以要进行综合分析，不能轻易下结论。总的来说，优秀的传统民间艺术之所以生生不已，那是因为它能不断地适应不同历史时期人们的审美水平和欣赏心理。在“二月二龙抬头”社火中，高跷作为当地群众喜闻乐见的表演项目，除了民俗信仰和祭祀仪式的需要外，人们给跷腿穿上红色喜庆的裤子，人与跷腿浑然一体的装扮，这一具有时代性的审美特征，显示了苦水人敢于挑战极限“高度”的乐观自信的人生态度。

神秘性特征。在苦水“二月二龙抬头”社火中，高跷是一种传承久远的最显眼也最富有地域特色的表演项目，它在民俗祭祀礼仪中，具有沟通天地、人神的神秘性，也是天兵天将的化身和象征，具有镇妖驱邪的能力。它在上街表演时采取的祈求吉祥和神力的“燎火”仪式，以及它的惊险奇特、壮伟神勇在常人眼中都是神力的显示，自然也是构成神秘性的主要因素之一。尤其在高跷表演中有男扮女装戴鱼儿枷锁的民俗，古文物中记载，由唐代开始有些枷锁造型采用鱼形做枷锁。因为鱼这种动物在一生中都不睡眠，总是瞪着眼睛看东西，寓意“鱼儿虽然落网，也有一线逃生的希望。”关于高跷中包含的民俗文化内涵，有待于进一步的考察和研究。

七、苦水高高跷的现状与传承

（一）苦水高高跷的生存现状

据苦水街村支书甘培升介绍，目前，苦水街能够表演高高跷的人多达上百人，且以二三十岁的年轻人居多，真正挑大梁的则是一些初高中学生。每个高高跷好手都是从小小年纪练起，先踩小高跷，熟练后，再练踩 4 尺至 5 尺的中高跷，到了十六七岁练踩八尺到丈二的高高跷。这个过程是不断淘汰，金字塔式的发展过程。苦水街的高高跷毕竟是一项充满刺激的高难度、危险性较大的民间非物质文化遗产项目，尽管不愁后继乏人，但面临的问题很多，比如，高高跷艺术资料的挖掘整理、表演者的人身保险、表演道具服饰以及场地等，这都需要民间、政府等各方面的大力支持。

（二）苦水高高跷的传承的社会条件和保护措施

二月二龙抬头的社火其规模和精彩在全国都是独有的，达到三千多人，完全是群众自发的娱乐活动。村委会已经成立了苦水街村非物质文化遗产保护发展协会。社火主要由南街、北街的群众集资置办各种道具，由各自村社推举的社头来组织，在二月二演出时由村委会牵头，南北两街联手表演，参与人数达到三千余人。对于进一步的保护，人力资源较为充足，但缺经费，需要陈列制作五六十付幅高跷，还有服饰，每一本戏根据角色都有严格要求。具有地方特色的木偶戏班子有20多人，是家族传承；下二调近30人，是由老校长巨崇昭积极组织起来的，成立协会有利于加强人员管理。而现在，苦水街的青春女子也加入踩高跷的行列，给苦水高高跷增添了新的色彩。

苦水街村是文化大镇，不仅高高跷，太平鼓闻名全国，还有苦水的下二调，木偶戏都属于市级非遗项目。目前，在苦水，玫瑰作为苦水重要的经济作物远销海外，苦水已成为全国闻名的玫瑰种植生产、加工基地，增加农民的收入，让村民真正得到实惠，人均年收入达四五千元，是苦水村高高跷不断开展下去的最主要动力。苦水镇政府主办的每年一度的苦水玫瑰艺术节成为集文化、商贸为一体的盛会。苦水街村的非物质文化遗产项目成为玫瑰艺术节上的主打节目。同时，苦水街村的农家乐也成为了周边城市的居民消闲度假的好去处，这些都是苦水非物质文化遗产的有效传播途径。由于永登有良好的文化生态环境，人们的积极性主动性都很高。

2009年，兰州市和永登县两级政府在苦水街村投资40余万元，建成国家级项目苦水高高跷保护基地，占地面积1500平方米，集中建筑面积237平方米，建成演练厅、展示厅、仓库、传习所等功能齐全的高高跷传承、发展基地。在兰州市举办的每年一届的五泉春节文化庙会上，高高跷成为每年参加调演的主要社火活动项目之一，兰州市给予四五千元的演出补贴，甘肃省文化厅从2009年开始，给予高高跷传承人每年1000元的补贴。2009年，苦水高高跷参加在成都举办的国际非物质文化遗产节，荣获最高表演奖“太阳神鸟金奖”。这些保护措施及调演活动，为高高跷的传承和发展起到了很好的宣传作用，极大地激励了传承人的积极性，使他们更加专心地将技艺传承给下一代，保证优秀的民间艺术完整地保存。

参考文献：

一、古籍与地方志：

1. 杨兴普：《永登史话》，甘肃文化出版社，2004年版。

2. 苏裕民：《永登历史与文化》，甘肃民族出版社，2000年版。

3. 张津梁：《兰州历史与文化》，甘肃人民出版社，2007年版。

4. 冯绳武：《甘肃地理概论》，兰州大学出版社，2008年版。

5. 巨崇昭：《永登轶事永登县》，永登县地方志办公室主编，2001年版。

6. 甘肃省地方史志编撰委员会等：《甘肃省志》，甘肃人民出版社，1994年版。

7. 兰州市政协、文史办：《兰州市文史资料》。

8. 永登县政协、文史办：《永登县文史资料》。

二、专著：

1. 董晓萍、欧达伟：《乡村戏曲表演与中国现代民众》，北京师范大学出版社，2000年版。

2. 陈勤建：《文艺民俗学导论》，上海文艺出版社，1991年版。

3. 田兆元：《文化人类学教程》，华东师范大学出版社，2006年版。

4. 容世诚：《戏曲人类学初探：仪式、剧场与社群》，广西师范大学出版社，2003年版。

5. 傅起凤傅腾龙：《中国杂技史》，上海人民出版社，2003年版。

6. 王铭铭：《人类学是什么》，北京大学出版社，2002年版。

7. 董晓萍：《田野民俗志》，北京师范大学出版社，2003年版。

8. 王毅：《中国民间艺术论》，山西教育出版社，2000年版。

9. 刘峻镶：《中国杂技史记》，文化艺术出版社，1998年版。

10. 乌丙安：《民俗学原理》，辽宁教育出版社，2001年版。

11. 程兆生：《金城漫话》，甘肃人民出版社，1987年版。

12. 阿兰·邓迪斯：《民俗解析》，广西师范大学出版社，2005年版。

13. 周星：《民俗学的历史理论与方法》，商务印书馆，2006年版。

14. 钟敬文：《民俗学概论》，上海文艺出版社，1998年版。

15. 格尔茨：《文化的解释》，译林出版社，1999年版。

16. 李惠芳：《中国民间文学》，武汉大学出版社，2001 年版。

17. 董晓萍：《说话的文化》，中华书局，2004 年版。

18. 甘肃省地方杂志编纂委员会：《甘肃省志》，甘肃人民出版，1987 年版。

19. 高丙中：《民俗文化与民俗生活》，中国社会科学出版社，2000 年版。

20. 董晓萍：《田野民俗志》，北京师范大学出版社，1998 年版。

21. 唐家路：《民间艺术的文化生态论》，清华大学出版社 2006 年版。

22. 方川：《王怀义民俗思维》，黑龙江人民出版社，2004 年版。

三、论文：

1. 刘晓真：《从乡俗仪礼到民间艺术——当代山东商河鼓子秧歌文化功能的变迁与传承》，全国优秀硕士学位论文，中国艺术研究院，2003 年。

2. 张士闪：《乡土社会与民间的艺术表演——以山东昌邑地区小章村竹马表演为个案》，全国优秀博士学位论文，北京师范大学，2005 年。

3. 王杰文：《陕北、晋西的“伞头秧歌”：民众的诙谐与乡土社会的秩序》，全国优秀博士学位论文，北京师范大学，2004。

4. 孟楠：《东北秧歌的审美文化透视》，全国优秀硕士学位论文，暨南大学，2005。

5. 王跃：《海城高跷秧歌的传统与现在》，全国优秀硕士学位论文，中央民族大学，2007。

6. 郑屹：《苦水镇的高高跷》，载《丝绸之路》2008 年第 5 期。

7. 夏天：《高跷史记》，载《寻根》1997 年第 1 期。

8. 郝正新：《高跷“奇人”刷新吉尼斯记录》，载《丝绸之路》2007 年第 6 期。

9. 佟振国：《高跷戏》，载《新美术》1988 年第 4 期。

10. 邹政：《高跷运动的起源、发展与创新》，载《池州师专学报》2006 年第 4 期。

11. 兴泉、张靖、立红：《德州高跷的发展演变及其艺术表演》，载《山东档案》2000 年第 2 期。

12. 宋清：《关中民间社火的原生性》，载《西北艺术》2000 年第 1 期。

13. 付晓莉、单君萍：《黄镇庙会在中国杂技历史上的地位》，载《沧州师范专科学校学报》2009 年第 2 期。

14. 燕仲飞：《陇南社火调查研究初探》，载《社科纵横》2008 年第 3 期。

15. 黄亚琪：《民间杂技产生、发展的文化机制》，载《濮阳职业技术学院学报》2006 年第 5 期。

16. 黄金岭：《戏曲艺术与民间社火》，载《当代戏剧》1996 年第 5 期。

17. 李建宗：《研究仪式与功能：文化人类学视野下的陇中社火》，载《黑龙江民族丛刊》2008 年第 4 期。

18. 沈卫珍：《从文化人类学视角探讨高跷的起源与文化传播》，载《浙江体育科学》2008 年第 9 期。

19. 萧放：《文化视野下的中国民间民间游戏娱乐》，载《民俗研究》1993 年第 1 期。

附录　主要田野访谈对象：

1. 苗宝山，男，生于 1947 年，初中文化程度。从业时间 1978 年。住永登县苦水镇苦水村北街，现为苦水街村党支部书记，祖辈为社火世家，曾多次担任北街社火会大会长，历届社火的总指挥，负责组织管理社火中的重要节目，节目的安排、人员的组织，保证社火表演质量。给各节目的会长进行分工，进行组织活动。表现出出色的组织管理、协调能力。在举办社火遇到经费不足困难时，发动企业捐款资助。苗宝山祖辈为社火世家，苗宝山的父亲苗生田是社火好家，在父亲的指导下苗宝山十岁学踩高跷，十六七岁基本掌握了高高跷的绑扎行走等动作和着装表演的相关技巧。苗宝山经过精心策划在当地民政部门注册成立了苦水街村非物质文化遗产协会，当选为会长，统筹组织苦水街村非物质文化遗产项目的各类演出活动。以苗宝山为首的一批有识之士，经过精心策划在当地民政部门成立了苦水街村非物质文化遗产保护协会。苗宝山申请建立国家级项目苦水高高跷的保护基地。他从项目前提的规划、论证等做了大量细致的工作，为高高跷的发展提供了更为宽广的空间。热心民俗文化活动，办事公道，具有极强的组织能力，善于团结踩高高跷的好手，深受苦水街村广大村民的拥戴。

2. 巨崇昭，男，生于 1930 年，高中文化程度。从业时间 1950 年住永登县苦水镇苦水村南街。任苦水村学校校长。巨崇昭老校长从 63 年开始负责高高跷编排剧目，具体指导高高跷的训练和出场表演，积极参与苦水高高跷及苦水的民俗文化，搜集挖掘整理地方历史人文，编著《苦水街轶事》，发动学生踩高跷，对高跷的装扮一丝不苟，他指导过的高高跷到兰州表演过七八次，其中一次表演装两本戏，人数多达 40 人，极为壮观。巨崇昭老人多年来搜集秦腔剧本，丰富戏曲知识。每年的二月二社火表演，都要亲临现场指导，每一个环节都严格把关。巨崇绍老人对高高跷的贡献还有，他先后两次在二月二社火表演中，邀请接待了 100 多位摄影记者和摄影爱好者，通过这些人的镜头，详细记录了高高跷表演者的化妆、着衣、表演、行走的每一个细节，并推荐给国内以及美国的媒体和杂志，这对宣传苦水高高跷起到了极大的促进作用。深入走访老辈人和文史专家，挖掘苦水高高跷的相关资料，对高跷的发展倾注了毕生的精力。

3. 薛树华，男，生于 1943 年 2 月初中文化程度。据薛树华老人讲他的父亲薛延福以前是永登苦水镇苦水村上的社火头，擅长说具有幽默讽刺意味的故事和小品。伯父薛延禄有一身好武功，是当时村上踩高跷的高手，在高跷上可做一些高难度的较大夸张的戏曲打斗动作。受父亲和伯父的影响，薛树华老人在七八岁踩小高跷，从 17 岁开始踩高高跷，娴熟地掌握了跷技要领，是踩高跷的领头人。几十年来一面踩高跷，一面担任苦水村南街社火会的会长，是南街组织高跷训练、演出的负责人，在具体的演出实践中进行技术指导，注重培养新人。为高高跷艺术的传承做出了自己的贡献。在2004年参加首届兰州市农民艺术节，2005年参加甘肃省精品社火表演，2007年带队参加在广州举行的第八届中国民间文艺山花奖中国首届民间飘色（抬阁）艺术展演。直到50岁才退出高高跷的正式演出。但他甘为人梯，在每年的二月二社火中指导、培养青少年学踩、表演高高跷。现在薛树华老人的孩子也在踩高高跷，薛树华目前负责高跷的技艺传承。他于2008年入选国家级项目省级传承人。

4. 薛乃吉，男，现年65岁，苦水街村人。制作社火道具的巧木匠，年轻时是踩高高跷和打太平鼓的老把式，尤其擅长社火表演中使用的各种道具，如旱船、竹马子、花蓬子、高跷腿子，同时在社火表演中负责给演员化妆。

5. 巨积贵，男，生于1940年，苦水街村人。巨积贵家族五代人都是社火好家，他继承前辈技艺，从1980年以后专门研究和制作铁芯子，经他设计制作的铁芯子“二龙戏珠”、“天神赐福”精妙奇巧，深受群众喜爱。

6. 苗介厚，男，现年65岁，苦水街村人。曾在永登县剧团画布景，制作戏剧舞台的各种道具，回到苦水街村后，在北街社火会当化妆师和制作各种社火道具，由他扎制的黄龙，被人们称为“活龙”，形象逼真，栩栩如生。

7. 甘国昌，男，现年52岁，苦水街村人。苦水街村的社火组织者，父辈甘志忠是当地踩高高跷和打太平鼓的行家里手，他继承父业当了苦水南街的社火头，曾多次组织高高跷、铁芯子、太平鼓赴外省演出，铁芯子在广州表演后获全国铁芯子表演银牌奖。

8. 薛自厚，男，现年66岁，苦水街村人。他继承父亲打钹的绝技，双脚腾空跳起来打钹，不仅响声大，而且双钹能够在手背上玩花子，被人们称为打钹高手，现在他把自己的一身绝技传给儿孙。

9. 巨明善，男，现年 62 岁，苦水街村人。是当地踩高高跷、打太平鼓、制作铁芯子的多面手。尤其擅长扎绑铁芯子，不仅内容丰富、形式多样，而且技术高超，独具特色。

10. 薛守福，男，现年 66 岁，苦水街村人。是当地有名的一位秦腔演员，会唱许多秦腔剧目，特别擅长装扮丑角高高跷，集社火剧目策划、戏剧服装制作、道具保管为一身，热心民间文化事业。

11. 王明士，男，现年 57 岁，苦水街村人。幼时随父亲学得一身好武艺，他热心社火，将自己的一身武艺传授给年青人，用于舞狮表演，被人们称为耍狮子王。

12. 杨正国，男，1939 年生，苦水街村人。其父是踩高高跷的能手，他从父亲手中学得踩高高跷的技艺，并由他传授给儿孙，是北街社火会的领导人之一。

13. 巨庭满，男，父亲是当地有名的踩高高跷的高手，他本人是社火好家，近十多年来一直担任社火会会长，儿子、儿媳不但学会了踩高高跷的本领，也是打太平鼓的好手。

14. 巨德善，男，1948 年生，苦水街村人。从上世纪八十年代舞龙、领龙，他还会自制烟火配料，是舞龙时打烟火的技术高人。他还将制作龙的技术和舞龙的本领传授给年青人。

15. 巨万善，男，1944 年生，苦水街村人。是社火热心人。其父是踩高高跷的能手，他从小踩短跷，能在短跷上玩各种翻滚跳跃技艺，近年来他将踩高跷和短跷的技艺传给儿子，儿子成为新一代踩高跷的佼佼者。

晋南襄汾县跑鼓车及其文化内涵研究

范　静

一、绪　论

（一）选题背景

鼓车，是鼓与车的集合，由古代的战车、战鼓演变而来。“跑鼓车”，又称“拉鼓车”，是俗民自发组织的一种融音乐、竞技于一体的民俗活动，流行于晋南襄汾县西部姑射山一带。于每年正月、清明节、农历三月十六举行，目的在于震瘟疫，庆丰收。也有人说跑鼓车是为了纪念唐代名将尉迟敬德。

从跑鼓车习俗的流传区域来看，很久以前，晋南襄汾县西部姑射山一带的尉村、三公村、南北膏腴、南北贾岗、南北贾坊，都有拉鼓车的习俗，后因“文化大革命”废除四旧，该习俗被禁止。直到2008年尉村鼓车申遗成功后，在尉村的带领下，南膏腴也开始拉鼓车。现在，两个村子争论最为激烈的就是哪个村子的鼓车最早。尉村人认为尉村的鼓车最早，因为他们的鼓车上有一个鼓，最接近古代战车战鼓的样子。南膏腴人说他们村的鼓车最早，尉村的鼓车是从南膏腴传过去的。南、北贾岗不拉鼓车，一方面是由于鼓车年久失修，另一方面是年轻人大都出去打工，村里只剩下老人和孩童，没有足够的青壮年男子去拉鼓车。除此之外，南贾岗的老人说南贾岗的鼓车是明代的鼓车，比尉村，南北賓腴的鼓车都早。从以上的调查中看出，尉村、南賓腴、南贾岗三个村子互争鼓车的起源，各说各有理，很难辨别。由此就出现了本文需要探讨的问题之一：尉村、南賓腴和南贾岗三个村子的鼓车源流问题，是最早源于尉村，还是賓腴，还是南贾岗呢?

从跑鼓车习俗的起源来看，民间流传着许多关于鼓车来源的传说。尉村人根据村子北门外的城墙上的“鄂公堡”三个字，说尉村的鼓车源于春秋或唐朝；南賓腴人说南賓腴的鼓车源于春秋时期；南贾岗人说南贾岗从明朝开始拉鼓车的。这三个村子的跑鼓车习俗到底是从什么时候开始的，这是我们需要讨论的问题之二。

从俗民的对鼓车的认识角度来看，近几年，随着拉鼓车热潮的兴起，人们不仅可以现场感受拉鼓车，而且可以经常通过电视、网络等媒介欣赏到激烈的跑鼓车活动；另一方面，不断有专家、记者、各大院校的学生等去尉村一带调查研究鼓车，记录分析并拍摄视频。以上两点外加各级政府部门的参与，足以让人们从思想上重视跑鼓车，行动上更加热衷于拉鼓车。但也存在着一些问题，首先随着活动规模的扩大，一些新的元素融入鼓车活动，原有的跑鼓车程序被打破，扰乱了人们的思维，使得人们不清楚跑鼓车到底经历了哪些程序以及为什么要经历那些程序，只是随机的跟着去做。其次，为什么要拉鼓车，拉鼓车好，好在哪里等问题，更是知之甚少。再次，人们只知道拴鼓车，但不知道怎么拴，拉鼓车要用巧劲，但不知道该怎么用劲。因此就需要我们进一步阐述鼓车的展演程序、文化内涵、拴鼓车与拉鼓车的技艺展演等问题。

（二）研究目的与研究意义

1. 研究目的

通过对田野调查资料的搜集与整理，运用民俗学的理论与方法细致深入地解释和阐释跑鼓车的展演空间、展演仪式及展演技艺，同时概括总结其中所蕴含的文化内涵。

2. 理论意义

本课题以文化表演理论为指导，分析阐述跑鼓车活动，不仅可以为鼓车活动的阐释提供一个比较合理的分析框架，同时也可以验证西方的文化表演理论在我们中华跑鼓车文化中是否具有可行性。

3. 应用价值

2008 年，尉村跑鼓车被选入山西省第二批非物质文化遗产的名录，2011 年入选第三批国家级非物质文化遗产名录。本选题从学理上阐述跑鼓车这一非物质文化遗产，一方面可以让更多的人深入了解跑鼓车文化；另一方面运用田野调查的方法搜集到的实地调查资料和数据，可以为相关部门提供一些实证。

（三）本研究相关文献综述

尉村跑鼓车，是由人们自发组织的一种民俗竞技活动，相传距今已有上千的历史。在古代，鼓车多作为军事装备或显赫地位的象征，在文献资料中多有记载。而鼓车作为民间的娱乐工具，在史料中却很少记载。近年来，随着非遗保护热潮的兴起，山西省襄汾县开始重视对其保护，成立鼓车协会，开展以“鼓车表演”为主的鼓车文化艺术节。

《太平县志》[①] 和《襄汾县志》[②] 记载了尉村、三公村、南北贾岗的筑堡时间以及与之相关的传说，没有鼓车的相关记载。

《跑鼓车》[③] 一文说鼓车起源于元代，并记载了鼓车祈雨的传说以及鼓车形式、比赛规则、踩鼓车等与鼓车相关的内容。

贾德亮《弘扬享有2700年盛誉的鼓车文化，申报联合国非物质文化遗产》[④] 不仅阐述了尉村崇文尚武的文化特色、鼓车与鼓车赛事等；还论述了鼓车的发展历史——产生于春秋，充实于秦汉（受经学思想的影响），发展于唐朝，极盛于明清，中断于近代，重新兴起于改革开放。认为明清时期将尉村的五个院分成西北院和东南院，尉村为五行治村，与易经文化密切相关。

《国家级非物质文化遗产名录项目申报书——尉迟恭封地跑鼓车》（襄汾县尉村村委会2009年9月26日）阐述了鼓车的分布区域、历史渊源、基本内容、鼓车的特征及价值、代表性传承人和保护计划。其中记录鼓车起源于晋鄂公时代，内容主要包括祭鼓、踩辕、赛车；还有与之相关的鼓饰、谚语、对联、尉村鼓点等。

《狂野彪悍的跑鼓车》[⑤] 一文概述鼓车的图案及其比赛时加油鼓劲的对联文化。

王兴一《山西省非物质文化遗产项目——跑鼓车》[⑥] 对跑鼓车的产生和发展、鼓车形式以及社会文化价值作了简单的描述。

---

① 《太平县志》光绪版，襄汾县志编纂委会翻印，1986年。

② 襄汾县志编纂委员会：《襄汾县志》，天津古籍出版社，1991年版。

③ 张铁锁、傅惠成、刘玉太著：《丁村鼓乐文化》，山西人民出版社，2005年版。

④ 贾德亮：《弘扬享有2700年盛誉的鼓车文化，申报联合国非物质文化遗产》，载《襄汾日报》2008年3月7日。

⑤ 《狂野彪悍的跑鼓车》，载《乡镇论坛》2009年第12期。

⑥ 王兴一：《山西省非物质文化遗产项目——跑鼓车》，载《文物世界》2010年第1期。

他根据尉村遗留下来的对联推断出，尉村鼓车源于尉迟恭驻军此地时的军事演练。尉村在明清时就按区域划分为五个院并分属村内五大家族，五个院落各有一辆鼓车。

暴丽霞、冯强《晋南民俗——跑鼓车的文化传承与可持续发展》① 一文以尉村鼓车文化为研究对象，考证和梳理鼓车诞生于春秋——发展于唐朝——鼎盛于明清——衰落于近代——改革于现代的发展历程，在此基础上分析其具备的体育文化价值以及现存的问题，并进一步提出可持续发展的建议。认为明清时尉村人按区域划分为五个院，五个院分布在村子的五个方向且分属村内五大家族；鼓车发展存在资金缺乏、组织不力等问题，传承方面后继无人，并且受传男不传女思想的束缚；最后提出通过媒体加大对鼓车文化的宣传力度，通过走产业化发展的道路来发展鼓车文化。

尉福生《尉村鼓车文化溯源》② 一文阐述了尉村及鼓车的发展历史，并分析了尉迟恭在尉村鼓车文化形成中所起的作用。他认为尉村源于唐代，鼓车习俗源于尉迟敬德驻兵尉村时的军事演练。

刘浏《襄汾县尉村鼓车文化的发展现状及对策研究》③ 一文从历史文化的视角出发，诠释了跑鼓车发展的历史过程及其存在的现实问题，并提出相应的对策。认为尉村是五个院落五辆鼓车；鼓车产生于春秋——充实于汉代——发展于唐宋——极盛于明清；当今，鼓车发展存在组织不力、资金缺乏、程序繁琐等问题；提出加强宣传力度、增强传承人的传承意识、给予资金支持

① 暴丽霞、冯强：《晋南民俗——跑鼓车的文化传承与可持续发展》，载《体育研究与教育》2011 年第 5 期。

② 尉福生：《尉村鼓车文化溯源》，载《沧桑》2011 年第 5 期。

③ 刘浏：《襄汾县尉村鼓车文化的发展现状及对策研究》，载《忻州师范学院学报》2011 年第 3 期。

等措施。

周戊定《太平鼓车史话》[1] 一文从整体上论述尉村、三公村、南膏腴的鼓车文化。首先质疑尉村鼓车源于春秋和源于唐朝的两种说法，随后，依据贾岗的一辆鼓车推断出来跑鼓车最迟始于明代，最后阐述尉村、三公村、南膏腴的鼓车圈形状、比赛规则及气鼓的传说、拉鼓车的技巧等内容。

李博文《山西襄汾尉村跑鼓车探析》[2] 一文论述鼓车的起源、发展、制作、比赛规则、图案意蕴以及鼓车在发展演变中职能的变化。认为尉村分为五个院落五辆鼓车，起源于春秋，发展于唐朝，并从易经方面解释鼓车的分布以及相关的鼓车文化。

2008 年鼓车申遗启动祭鼓文（2008 年 3 月 4 日）、鼓车对联（2008 年 3 月 29 日）、尉村鼓车歌词（2009 年 1 月 15 日）、第二届“尉村跑鼓车”文化节对联（2009 年 3 月 22 日）、第二届“尉村跑鼓车”文化节祭鼓文（2009 年 3 月 24 日）、“尉村跑鼓车”踩辕仪式（2009 年 4 月 5 日）、尉村跑鼓车赴京展示记（2010 年 2 月 7 日）、尉村跑鼓车文化申遗特大好消息（2010 年 5 月 17 日）、鼓车正气歌（2011 年 7 月 1 日）、关于尉村跑鼓车文化建设的构想（2012 年 2 月 16 日）等，以上这些文章均载于贾德亮《惜缘集》，他记述了和鼓车相关的祭鼓文、踩辕仪式、鼓车歌、鼓车对联等，并为鼓车的发展提出了自己的建议。希望还原五院五鼓而非五院六鼓的传统，并将鼓车文化的性质归属于易经文化。

此外，网上还有一些分散的介绍资料和图片影响资料。

通过以上的梳理，我们可以看出，学者主要关注的是尉村的

---

① 周戊定：《太平鼓车史话》，丁香文化襄汾县文学艺术界联合界主办，2012 年 3 月。

② 李博文：《山西襄汾尉村跑鼓车探析》，载《山西师大学报》（社会科学版）2012 年第 39 卷。

鼓车，很少涉及南膏腴、北贾岗的鼓车。就其研究内容而言，不论是尉村鼓车的起源、仪式过程，还是其中蕴含的内涵以及发展规划，学者都有研究，但都只是大概的介绍，没有详细的阐释。具体来讲，主要体现在以下几个方面的问题：

从鼓车分布来看，学者大都只是关注尉村的鼓车，很少涉及其他村子的鼓车，即使有涉及也是一笔带过，如周戊丁的《太平鼓车史话》从整体上论述尉村、三公村、南膏腴的鼓车文化，没有详细阐述。在调查中发现，襄汾县沿姑射山一带的尉村、三公村、南北膏腴、南北贾岗等都有跑鼓车的习俗，并且各村跑鼓车习俗存着一些异同。

从鼓车的起源方面来讲，尉村鼓车起源最有争议的莫过于春秋和唐朝。也有的学者将这几个村子的鼓车放在一起，探究鼓车的起源时间，如周戊丁依据贾岗的一辆鼓车推断出这几个村子的跑鼓车最迟始于明代，张铁锁等人认为鼓车源于元代。调查中发现各村鼓车有各自的起源时间，并且村与村之间存在着某种源流关系。除此之外，学者大都从历史学的视角出发，研究鼓车的起源，很少从民间传说中探寻鼓车的起源。

从鼓车的文化内涵方面来讲，学者大多研究的是尉村鼓车与易经的关系、鼓车的体育文化价值，很少涉猎鼓车与人的关系，拉鼓车以及与鼓车相关的鼓、鼓饰、鼓灯等的技艺问题。对于南膏腴、北贾岗村子的鼓车文化内涵更是很少研究。

鉴于以上文献资料的分析整理和田野调查研究，我们试图以文化表演理论为指导，将鼓车的展演空间扩大到南北膏腴、南北贾岗等村子，不再局限于尉村。搜集与整理民间传说，探寻鼓车的发展脉络。分析比较各村鼓车之间的异同，并详尽地阐释各个村子鼓车的展演过程、展演技艺以及各村鼓车所蕴含的文化内涵。

（四）本研究的理论依据与研究方法

1. 文化表演理论

在民俗学和人类学领域里，对表演有两种看法：一种是把表演看成是一种特殊的、艺术的交流方式。这一观点是针对口头艺术提出来的，认为表演是一种交流的模式，一种言说的方式。在表演中，表演者要对听众承担展示自己交流技巧的责任，特别强调言语交流的过程中言语生产行为得以完成的方式。[①] 另一种是把表演看成一种特殊的、显著的事件。[②] 此时用表演一词来标示事件，在该事件中表演和其他交流性展示形式都富于特性的发生，具有确定的时间跨度、活动的组织程序、表演者、观众、地点和特殊场合。[③] 例如节日、仪式、庆典、奇观等事件，这类事件被米尔顿·辛格称作"文化表演"，又被罗杰·亚伯拉罕称作"展演"。[④] 在这些事件中，一个社会的象征符号和价值观念被呈现和展演给观众。本文涉及的表演属于第二种表演观，即每年清明节前后，由尉村、南膏腴村民自发组织的，以村子街道为表演场地，由鼓车赛手和观众共同参与的一种传统的跑鼓车竞技活动。

文化表演可以从场景及其构成、运用的形式与文类、大量的符码等交流元素来加以说明。每个场景都有特定的地点，有开始和结束，也有明确的目的，跑鼓车活动于每年清明节前后、正月

---

① ［美］理查德·德鲍曼著，杨丽慧、安德明译：《作为表演的口头艺术》，广西师范大学出版社，2008 年版，第 198 页。

② ［美］理查德·德鲍曼著，杨丽慧、安德明译：《作为表演的口头艺术》，广西师范大学出版社，2008 年版，第 203 页。

③ ［美］理查德·德鲍曼著，杨丽慧、安德明译：《作为表演的口头艺术》，广西师范大学出版社，2008 年版，第 89 页。

④ ［美］理查德·德鲍曼著，杨丽慧、安德明译：《作为表演的口头艺术》，广西师范大学出版社，2008 年版，第 160 页。

十五，在尉村、南膏腴、南贾岗等村子举行，目的在于震瘟疫，求平安。形式和文类指的是音乐、史诗、戏剧、典礼等。在鼓车比赛中，击鼓鸣锣，激发人的力量，提高跑鼓车的速度。赛前唱戏，举行祭鼓仪式，目的在于愉悦神灵，让神灵保佑鼓车比赛的顺利进行。大量的符码包括事件、空间、事物、服饰、运动、声音、光线等符号系统，他们存在所有的人类社会当中，通过各种官能来影响交流并因此使参加者能够进行理解和阐释。[①] 跑鼓车有固定的比赛场地，在当地称为鼓车圈，每个村子的鼓车跑道形状不同，并且比赛的时候是逆时针转圈。尉村拉鼓车的人有专门的服饰，样子类似于古代的战袍，一旦拉起鼓车，他们就像出征的战士一样，雄赳赳气昂昂，再加上周围人加油鼓劲的声音，更是激烈无比。运动中的鼓车感染着现场的每一个人，让周围地人不由的加入自己所属的队伍，这其中包含着许多要求和准则，人们必须遵守，否则就会出意外。

通过对上述一系列跑鼓车的符码、形式和场景的阐述，尉村、南膏腴、南贾岗的村民就可以建构文化表演，并为当地俗民创造仪式展演和技艺展演的机会，使得他们得以巩固区域认同感，亲身感受跑鼓车活动，同时也加强了俗民对跑鼓车这种行为的认识。

2. 田野作业方法

参与观察和现场访谈相结合。初入村子，站在山上看见一家小院里的玉皇庙，带着好奇我们进入了小院。我们说自己是考到外地的学生，学的专业是民俗学，这次来就是想要向他们了解有关拉鼓车的习俗。经过亲切地交谈，我们与尉村的毛爷爷建立了拟亲属关系。后来我与毛爷爷的孙女住在本村，开始了进一步的

---

① ［美］理查德·德鲍曼著，杨丽慧、安德明译：《作为表演的口头艺术》，广西师范大学出版社，2008 年版，第 91 页。

田野调查，平时参与观察人们的日常生活，逢年过节（跑鼓车文化艺术节），我们现场亲身体验拉鼓车。与此同时，采取开放式访谈和结构式访谈的方法，了解村子的发展历史以及人们对鼓车的认识和理解。在调查期间，我们除了记录这些事实，也加一些旁注，写下自己的现场观察感受，初步分析问题并提出一些假设，以便进一步观察和了解跑鼓车活动。

3. 文献学方法

文献学方法，阅读地方史志和相关的学术论文，研究分析先辈们对鼓车的看法，从中概述已有的成果以及需要进一步完善的地方，最终找出自己的切入点，有选择地借鉴前人的研究成果，阐释论述自己的观点和不足之处。

4. 分析、综合与比较的方法

经过一年多的田野调查，搜集了大量的跑鼓车资料。首先要对这些资料进行细致周密的解剖，找出跑鼓车流行的村落、鼓车的形式、祭鼓、踩辕、比赛技艺、鼓谱、鼓车对联等因素，并找出这些因素之间的内在联系，按照展演空间、文化渊源、展演过程及技艺等的标准，对鼓车资料进行比较。最后，在分析比较的基础上，找出跑鼓车活动蕴含的内在的规律，形成对跑鼓车活动全貌及本质的总体把握。

二、跑鼓车习俗的文化渊源与展演空间

（一）尉村、南膏腴、北贾岗鼓车展演空间的形成

文化表演都有特定的场所，有开始和结束，也有明确的目的。跑鼓车这一民俗活动最早流传于晋南襄汾县西部姑射山一带的尉村、三公村、南北膏腴、南北贾岗、南北贾坊等村子。每年正月、清明节前后，在尉村、南膏腴等村民的自发组织下进行祭

鼓、踩辕等仪式。比赛时，以村子街道为表演场所，在当地村民及观众共同参与下，完成整个鼓车赛事。其目的在于震瘟疫，祈求平安富贵。近年来，为了谋生，年轻人大都出去打工，没有足够的青壮年男子去拉鼓车。加之南北贾岗、北膏腴、三公村的鼓车遗失或年久失修，没有适合的工具可以拉鼓车，最终导致拉鼓车习俗的中断。目前，只有尉村、南膏腴在每年清明节前后、元宵节的时候举行拉鼓车活动。

尉村、三公村、南北膏腴、南北贾岗、南北贾坊这几个村子，在卫星云图上成北斗七星状分布。它们地属襄汾县，襄汾县由襄陵、汾城（古名太平）两县合并而成，取襄陵、汾城两县首字为名。襄陵以晋襄公陵得名。汾城系古晋国都，因汾河流经而命名。早在10万年前，驰名中外的“丁村人”就在这里繁衍生息，孕育了灿烂的黄河文化，是我国古代文化的发祥地之一。除此之外，还有晋襄公成就霸业的古晋国遗址、广为流传的尉迟敬德跑马开渠、尧王选贤禅让、赵氏托孤等传说。这一块古老而闻名的土地，为鼓车增添了一抹战争的色彩，使其具有彪悍狂野的文化特征。

1. 农历三月十六尉村鼓车文化节

文化表演总是在专门的地点进行，主要通过把主要街道或广场之类的日常空间规定成混合人群、跳舞、提供食物、演奏音乐、举行仪式或进行比赛的场地，来把普通的空间转化为表演空间。这些特定活动举行的地点，通常都有明确的标志，以便其空间布置能够为参加者显示更多有关正在发生什么以及如何参与的信息。这些被规定和标示的空间对于表演信息的传递具有强大的影响。①

① ［美］理查德·德鲍曼著，杨丽慧、安德明译：《作为表演的口头艺术》，广西师范大学出版社，2008年版，第93页。

（1）尉村的环境

图1　尉村

尉村，古名尉迟村，为唐初尉迟敬德封邑，故又名鄂公堡。[①] 现在尉村北门外还留有写着“鄂公堡”三个字的城墙遗址。它位于襄汾县汾城镇西北部，距汾城镇10公里，西与乡宁县毗邻，东与西中黄接壤，北与盘道村相连，南与三公村交界，全村面积9平方公里，全村1528户，5000余口人。地处姑射山的尉拜官（又名三官峪，尉村峪，开自金皇统四年，上浒灌尉村地，满峪拦闸）冲积扇地带，每年夏天山上的洪水，携带着山上泥沙滚滚而下，浇灌着尉村的土地。毛德泉说：“在很古的时候，这个地方是一片荒野，靠着山，山上面山林很多，人少，洪水多。又加之北临神道沟，南临炭道沟，地势不平坦。从风水

① 襄汾县志编纂委员会：《襄汾县志》，天津古籍出版社，1991年版，第24页。

学方面来讲，这个地方建村子不太好。为了镇压村中的邪气，古人采取五行治村。五行指金、木、水、火土。中间为居民区，供奉土地神。西北、东、东北、南、四个方向各一辆代指金、木、水、火的鼓车，鼓车为正，邪为病，通过鼓车的震动驱走村中的邪气，保佑尉村平安。”这为人们开展跑鼓车活动以及鼓车所蕴含的震瘟疫的民俗内涵奠定了自然基础。

除了自然环境的影响，在各级政府的推动下，2009 年 2 月襄汾尉村跑鼓车列入山西省非物质文化遗产名录，还设置了尉村农历三月十六鼓车节民族传统节日示范地，示范地设在襄汾县汾城村委会。2009 年 4 月，尉村成为山西省非物质文化遗产保护基地。这些都为尉村鼓车文化的发展创造了良好的社会环境。

（2）鼓车节的形成

每年农历三月十六，是尉村隆重的鼓车文化节。为什么要选在这一天举行，人们不知其所以然，只说自古以来就是这个样子。但尉村传承人毛德泉从易经的角度给我们做了解释，他说，“村子里的瘟疫、邪气都为阴气，而农历三月十六为阳气最为上上的时节，再加之鼓车的运动是阳气的代表。人们拉鼓车，带动整个村子的震动。最终达到阴阳协调，祛除邪气，保佑村子的平安与人们的健康。因此我们要选在这一天。”此外，也有人说农历三月十八是土地娘娘的生日，我们农历三月十六拉鼓车，是提前为土地娘娘庆生，以保佑民间风调雨顺，五谷丰登。

鼓车文化节，周而复始，年年如此。这种周期的轮回不仅为鼓车节的举办提供了存在的理由，也使当地俗民个体受到社会群体的束缚，每年一到农历三月十六，在外打工的人就赶回来，参与鼓车活动。鼓车节的前几天，俗民就开始忙碌，修鼓车，做鼓灯，修缮庙宇并用彩灯装饰庙宇，为神仙换新装，用红色的灯笼装饰鼓车跑道，用绿松柏装饰村子的门楼，使得外地人一进入村庄，很快就明白村中跑鼓车的地方。他们个个精神焕发，尽自己最大的努力为鼓车文化节做准备。大家相互配合，井井有条，不但让人们享受了节日的喜悦，也保证了鼓车节的顺利进行。

鼓车会当天，一大早起来，村民们就忙着为隆重的祭鼓仪式做准备，有的给鼓车挂红花，有的贴对联，准备供品、鞭炮等。村里的大街小巷人山人海，甚至房顶上也挤满了人。有来自四面八方的村民，也有一些记者、摄影师穿梭在人群中。铿锵的锣鼓声，滚滚的车轮声，还有小商贩们的吆喝声，戏台上的蒲剧等传遍整个村庄，热闹非凡。在 2008 年第一届鼓车文化节当天，大约有 3 万余人参与鼓车活动，当时村中商店、小摊位上的矿泉水都卖完了，只剩凉水。

2. 清明节南膏腴、南北贾岗的鼓车会

（1）南北膏腴、南北贾岗的环境

图 2　南膏腴的城楼

南膏腴和北膏腴是近邻，进入村中，不了解情况的，还以为是一个村子。自古以来，跑鼓车的风俗就是南北城对手赛。南膏腴，距县10里，明崇祯五年筑堡，存有韩厥墓。[①] 韩厥是贤臣、英勇善战的骁将，当地俗民豪放英勇的性格无不受其影响。在村子的中央，有一座红色的城楼，为鼓车祭祀的地点，也是踩辕开始和结束的地点。此外，还有一条长约672米的矩形鼓车跑道，每到拉鼓车的时节，人们就将鼓车跑道打扫一新，并在跑道一圈挂上灯笼，插上彩旗，使人们一进入村子，很快能明白鼓车比赛的场所，不仅为各院分鼓车的停放地点做了明确的规定，也为前来参加的观众指明了方向。北膏腴，距县10里，明崇祯三年筑堡，西北有山日（安儿坡）。正东门内，路不容轨，耆宾屈海都施出厂地一段；东门外建阁，道路有碍，县丞屈祖模施路一条；村东五分汧被水冲坏，监生屈施出已顶汧地丈余，公建石桥。[②] 其跑道为方形，长约520米。

南北贾岗紧邻，只隔一条马路，如同一个村子，自古拉鼓车就是两个村相互比赛，互争输赢。南贾岗，距县15里，明崇祯二年筑堡，[③] 村北200米断崖为龙山文化遗址。鼓车跑道为方形，全长约695米，北贾岗，距县15里，明崇祯三年筑堡，[④] 村西300米为龙山文化遗址。其鼓车跑道为东西矩形跑道，长约458米。龙山文化遗址的存在，说明距今约4350—3950年前，这里就有人类生存。人是文化的负载者，有了人类的存在，才能有文化的发展，这从另一个侧面说明了，这里很有可能就是鼓车文化最早的发源地。

（2）鼓车会的形成

为什么要选在清明节拉鼓车，魏师傅说："以前医学不发达，清明时节人们容易得病，所以就在这个时候拉鼓车。"

---

① 襄汾县志编纂委会翻印：《太平县志》，光绪版，1986年，第89页。

② 襄汾县志编纂委会翻印：《太平县志》，光绪版，1986年，第90页。

③ 襄汾县志编纂委会翻印：《太平县志》，光绪版，1986年，第90页。

④ 襄汾县志编纂委会翻印：《太平县志》，光绪版，1986年，第90页。

清明节，每年的阳历四月四日，是南膏腴一年一度最热闹的节日。清明节前几天，村民们在村委的组织下，不仅自发地拴鼓车，打扫庙宇，修鼓车跑道，装饰村中的小城楼，而且自发地为跑鼓车活动捐款，以保证鼓车会的顺利进行。此外，因为跑鼓车是一项十分激烈的竞技运动，速度非常快，具有一定的危险性，所以当地本命年的村民还捐款请剧团唱戏，愉悦神灵，保佑村子、村民的平安健康和鼓车比赛的安全。鼓车会当天，村民们上坟回来，就开始准备贡品，祭拜鼓车；挑选德高望重者踩辕；将村内 19 个居民组的青壮年分为南北两队，扛辕的、抱辕的都是经验丰富的鼓车能手；鼓车绕着长方形的跑道进行比赛，比赛中间，为了保持鼓车的车速和队员的体力，在固定地点更换人员，还有专人为木轮泼水，以前是泼清油，减少车轮的摩擦，提高车速。

3. 尉村、南膏腴元宵节中的跑鼓车

表演在某种特定的语境中占有重要的位置，是必不可少的，但是在另一事件中，它可能就成为可选择的特征，而它之所以出现在此事件中，是因为其衍生出来的审美愉悦。① 鼓车这种传统的表演在农历三月十六、清明节中占有重要的地位，也是必不可少的活动。但在元宵节中的表演，带有选择性，时有时无，主要目的在于为社火助威，娱乐村民。

每年的正月十五，也是尉村、南膏腴拉鼓车的日子。初春时节临近，草木发芽，一些虫灾、病灾也都开始崭露头角。这时候人们拉鼓车，主要是为了将积压一冬天的晦气、邪气等各种病灾祛除出去，同时也为了祈求来年的丰收。与农历三月十六的鼓车节比较，正月里的拉鼓车逊色很多，一方面跑鼓车的展演仪式不

---

① ［美］理查德·德鲍曼著，杨丽慧、安德明译：《作为表演的口头艺术》，广西师范大学出版社，2008 年版，第 39 页。

是很正式，另一方面观看者数量也大为减少，主要以本村的村民为主。在正月十三这一天，村民们依据上述的祭鼓程序举行祭鼓仪式。祭鼓完成后，人们开始在街上溜鼓车，有时候鏖战，有时候只拉不跑，不像鼓车节上有固定的鏖战程式。在古代，每年正月十五，闹元宵、猜灯谜，人们白天不拉鼓车，到了晚上才开始。

（二）尉村跑鼓车习俗的起源传说

在调查中发现，尉村跑鼓车习俗的来源与古代战争有着紧密的联系，但其产生年代却存在很大的分歧，这一分歧的产生在于尉村北门上的“鄂公堡”三个字。有人认为此处的鄂公指的是春秋时期的晋鄂公，有人认为是唐时期的尉迟敬德。

1. 尉迟敬德说

“在很古以前，这一带周围都是山，山上都是树，野兽也很多，如狼、豹子。尉迟恭的帅府在汾城，部队在尉村一带屯兵扎寨，一般都有人在山周围站岗，但山上野兽很多，很危险，有时候站岗的人就被老虎伤啦，很不安全，后来尉迟恭和秦叔宝骑着马在沿山做调查，有一次，秦叔宝和尉迟恭在草地里骑着马走lei（了），忽然铁制的juo（脚）镫和马鞍子相碰，马鞍子一响，草里面的老虎蹦出来就跑啦，受这个影响，秦琼说咱们干脆把咱们那个战车，战鼓上面放上这个有铜器或者有铁器或者是鼓敲打着，一个战士在上面敲，另一个战士驾车，沿着山转。没想到，转了以后，老虎等野兽都被制住了，再也不敢下山，所以站岗的人也少了，大都去开荒。后来就演变成人拉，锻炼身体，震瘟疫。”（陈楚孝，男，74岁，2012年4月3日访谈所言，访谈地点：尉村街道）

2. 晋鄂公说

“相传公元前718年，因曲沃庄伯进攻晋都，晋鄂公退守鄂邑，在现尉村之地建军事堡垒。不久，晋鄂公去世，军队解散，留下的守堡官兵便成为尉村最早的先民，他们将平时用于军事训练的战车战鼓用以节日的娱乐和锻炼，成为最早的跑鼓车形式。”（贾德亮，男，66 岁，2012 年 4 月 2 日访谈所言，访谈地点：贾德亮家）

以上两种传说都认为跑鼓车习俗的来源与军事训练有关，只是在产生时间上存有争议。在我看来，鄂公堡指的是尉迟敬德比较可信。首先，历史上没有晋鄂公这个人，只有晋侯、鄂侯。《太平县治》载“唐叔子燮父徙居晋水旁，是为晋侯……十五年庄伯弑孝侯于翼，晋人攻之，庄伯复入曲沃。晋人立孝侯子郗为鄂侯，六年卒”①；其次，除上述尉迟敬德的传说和尉村北门城墙上的遗址外，在地方史料《太平县志》中也有尉迟敬德与尉村关系的记载。“尉迟封邑，在县西北 15 里尉村。相传村以封邑名，故一名鄂公堡，盖敬德封鄂国，非楚之鄂也。”② 这些虽然不能证明鼓车源于唐代，但足以说明尉迟敬德与尉村、鼓车有着千丝万缕的联系。在历史上尉迟敬德被封为“鄂国公”，为什么在尉村的北门城墙上的写的是“鄂公堡”，地方史料中也是称为鄂公，如“尉迟敬德，名恭，以字行。从太宗征伐有功，授鄜州都督，封鄂公。”③ 这大概是由于当地的一些习惯称呼才导致今天的习惯叫法“鄂公”。

3. 木轮单鼓车的鼓饰来源传说

木轮单鼓车，是一个鼓和一个车的集合，主要流行于尉村、三公村一带。特点是轻便、快捷。

尉村有五辆鼓车，隶属于不同的院分。历史上，尉村分为东

① 襄汾县志编纂委会翻印：《太平县志》，光绪版，1986 年，第 77 页。
② 襄汾县志编纂委会翻印：《太平县志》，光绪版，1986 年，第 940 页。
③ 襄汾县志编纂委会翻印：《太平县志》，光绪版，1986 年，第 445 页。

院、南院、后院、西北院四个院落，每个院一辆鼓车，外加一辆名为“和合二仙”的私家鼓。也有五个院落的说法，即把和合二仙鼓所在的庙巷独立出来，与其他四个院落共同组成五个院落。鼓车申遗牵头人贾德亮说：“尉村鼓车是这样形成的，公元前718年，因曲沃庄伯进攻晋都，晋鄂公退守鄂邑，在现尉村之地建军事堡垒。不久，晋鄂公去世，军队解散，留下的守堡官兵便成为尉村最早的先民，他们将平时用于军事训练的战车战鼓用以节日的娱乐和锻炼，成为最早的跑鼓车形式，有西北院二龙戏珠和后院（东北）八卦两辆鼓车。到了唐代，尉迟敬德屯兵于此，实行兵农合一的统治方式，跑鼓车得以发扬光大，村子院落开始形成，而且划分为四个院落，这时，在西北院二龙戏珠和后院八卦两辆鼓车的基础上，增加了南院的秦琼打虎和东院的角端鼓。明清时期跑鼓车最为昌盛，传说曾拉到过河南洛阳白马寺。此外还增加了一个私人鼓——和合二仙，位于村子的西南方向。这时，五辆鼓车五个院落形成。”由此可见，鼓车的发展与村落的形成是同步的，随着村落的形成，鼓车也就形成了。此外，关于鼓车和村落的形成，还有一个说法，“据传很久以前，士兵在尉村不同的方向扎营，过一段时间士兵们就进行竞技活动，时间长了，就在士兵原来扎营的各个地方，逐渐形成了五个院落。”从以上传说，可以看出尉村鼓车的分布与村子的区域划分有着密不可分的关系。

尉村每个院落的鼓车都存放在不同的庙宇中，供奉着不同的神灵，祈求着不同的愿望。据毛德全言，“西北院的鼓车放在北头庙里，里面供奉是老子、二郎神和关公。庙巷的和合二仙鼓放在菩萨庙里，后因日本人烧杀，庙宇被毁，现在只留有放菩萨像的大槐树，也成为现在的祭鼓点。后院的八卦鼓放在娘娘庙里，求子求福。东院的角端鼓车放在关公庙里，祈求富贵平安。南院的秦琼打鼓鼓车放在南院庙里，以前南院的庙是最好的庙，里面供奉的是药王，求平安健康，现在庙宇已不存在。”

图 3　存放尉村鼓车的庙宇图

五面鼓图案各异，分别绘有角端、秦琼打虎、二龙戏珠、八卦鼓、和合二仙等，独具特色。尉村整体上分为东南、西北两个既对立又统一的院落，日常生活中是统一的整体，比赛时呈对立状态，相互竞赛。尉村历史上是五个鼓车，随着社会的演变，增加了一辆写有“西北院”三个字的鼓车，其从属于西北院，与二龙戏珠鼓有着密不可分的关系。

（1）西北院鼓——二龙戏珠

西北院鼓的前身是二龙戏珠鼓。在调查中毛德泉开玩笑说："其他几个院拉的是爷爷，就西北院拉的是父亲，不是一个辈分。西北院只认父亲，不认爷爷。二龙戏珠，我们现代人并没有见过，我们现在拉鼓的最老的人的爸爸，也没有见过二龙。但是传说尉村西北院就是二龙戏珠鼓。因为我们尉村的形状就是那么一个圆形的像珠子样的形状。那为什么会出现'西北院'这个鼓车呢，是因为在一次拉鼓车比赛中，二龙戏珠鼓车不小心 zai（掉）到 5 米深的沟里，待鼓车被吊上来后，鼓不 cai（在）啦，村人又 mu（没）有钱，鼓车要啦哩，鼓圈 ha（还）cai（在）哩，就是没有牛皮，后来买上了，又没画家，干脆就写着'西北院'三个字先拉着，从此以后，西北院就代替了二 leng（龙）戏珠，他们两家鼓是一个前后继承的关系，届时兴鼓的时候，经大家讨论同意后把西北院变成二龙戏珠，一切用图案说明，不要用文字标示。"但随着历史的发展，西北院的村民与写有"西北院"三个字的鼓车结下了深深的情缘，人们将希望寄托在鼓车身上，同时鼓车也帮人们达成了愿望，于情于理，再怎么也不可能抹掉人们生活中的那段记忆，它已经融入人们的生活，在人们的生活中起着举足轻重的作用，因此写有"西北院"三个字的鼓车就一直保留到现在。虽然现在我们要复古，要还原传统文化，但我们也要注意鼓车的源流关系，不能只关注源而不关注流，流是社会发展的产物，不可逆转。所以对于这两个鼓车，我们不能采取二选一的举措，要两者兼顾，合理规划和发展。

还有人说，"尉村处于三官峪冲积扇地带，洪水冲出来以后淹没村子，后来二郎神射了两箭，这两箭变成了两条龙来治水，而尉村的村形是圆形的，两条龙环抱着尉村，这就是二龙戏珠的来源。"

图 4　西北院鼓——二龙戏珠

（2）南院鼓——秦琼打虎

图 5　南院鼓——秦琼打虎

尉村在历史上西边是山，山上树木繁密，经常有狼、老虎等野兽出没，伤害士兵，然后在此驻兵的尉迟敬德就召集士兵打虎，可是虎患依然没有减少，后来士兵就想到敲击作战用的军鼓，没想到，一敲鼓老虎等野兽就跑掉了，gu，hu 谐音，所以就演变为秦琼打虎。

人走遍天下，看到的都是武松打虎，尉村为什么会有秦琼打虎，既没有文字记载，也没有什么传说可考。据毛德泉说，“秦琼，他在唐朝是个大将，是个开国元老，他把的是唐太宗的南门，那么我们尉村把南院鼓上画上秦琼打虎，把着尉村的南门，利用秦琼保护唐太宗的名气来保护尉村。”取吉祥之意，趋吉辟邪，保佑万民安乐。

（3）后院鼓——八卦

图 6　后院鼓——八卦鼓

“据传，尉村的鼓车就是晋鄂公打仗的战车战鼓，晋鄂公死 lao（了）以后，拉鼓的这些人就是尉村最早的人。尉村背靠山，受洪水威胁，村里边的风水也不很稳定，古人针对这个情况，就采取五行治村。五行治村是怎么样治村的呢？唐代，风水术空前盛行，尉村的先贤们就把八卦标在原来晋鄂公打仗的战鼓上，让人拉着跑，保佑尉村的平安，自此产生八卦鼓。”也有人说八卦鼓产生于秦汉时期，这一传说似乎不太合理。因为风水的发展演变，大至经历了先秦孕育时期；秦汉萌芽时期；魏晋时期得到发扬，这时不仅民众笃信风水，还出现了专以此术谋生的术士；成熟盛行于唐宋时期，家喻户晓，风水术空前盛行；元代低落，明清流传繁荣时期。汉代风水只是作为皇家术，为宦官阶层服务，主要是在士大夫、达官贵族等上层阶级流行，深处下层的广大百姓却无缘问及，俗民没有风水的概念，怎么会有八卦鼓的产生呢，显然不成立。

（4）东院鼓——角端

图 7　东院鼓——角端

角端是古代传说中的一种神兽，与麒麟相似，头上以角。据说它行走速度飞快，能日行一万八千里，另外还通晓各种语言，信息极为灵通。角端敢与虎豹为敌，甚至吞食虎豹。尉村背靠姑射山，古时候，经常有野兽出没，所以俗民设制了一辆画有角端的鼓车，保佑尉村平安。也有人说，在村里关公庙的柱子底下发现了石坐上画的角端——独角兽，有角、尾巴，于是人们就根据石坐上的图案绘出了角端鼓。

毛德泉说，“古时候，每当山上洪水来临时，尉村的东南角就会积满水，威胁着人们的生活。人们不知道该怎么办，只好求助角端，希望通过祭拜来缓解洪水。”因为在俗民的记忆中，角端是水里面的神兽，专食动物不食人，是个很善良的动物，是尉村的震邪之宝，自此就有了角端鼓。随着社会的发展，人们认识事物能力的提高，人们在此修建了一个大的天池，方圆三亩六分地，深五米，来缓解洪水对村子的危害。

（5）庙巷鼓——和合二仙

图8　庙巷鼓——和合二仙

庙巷鼓不同于其他四辆鼓车，它是一个私鼓，不是社会公认的鼓车。它的造型也甚为奇特，中间的大鼓上绝无仅有的挂着三串用于民间孩子生日时特制的圆饼，中间有一个圆孔，名为“油瑚琏”（当地人称“niu gu la”）。据传，庙巷某家人的外孙来尉村看拉鼓车，看罢要拉，可庙巷这个地方没有鼓，于是老娘（外祖母）就做了这个鼓，每年到拉鼓车这一天，把鼓车拉到外祖母哪里祭拜，外祖母把 niu gu la（学名“油瑚琏”，生日圆饼）给他往鼓车两边一挂，一边挂五个大的圆饼，中间挂两个小圆饼。一般拜神的时候都是五个，不论是上香还是摆供品。还有人说是外孙来尉村看拉鼓车，看到外祖母特别喜爱鼓车，就给外祖母做了鼓车，后来每到拉鼓车的时候，外族母就把做好的 niu gu la（生日圆饼，形状类似于和氏璧，中间有个圆孔，或蒸或烤或烤）挂到鼓上，取吉祥和谐之意。

庙巷鼓面上画的是和合二仙，又称和合二圣，是民间的喜神，被奉为民间主管家事的团圆之神。两神童披发至肩，活泼可爱，一位手持荷花，另一位手捧圆盒，盒中飞出五只蝙蝠，寓意五福临门，和谐美好。不论是外孙为了满足外祖母喜爱鼓的心愿还是外祖母为了满足外孙想拉鼓的愿望，都体现了家人之间的殷殷关切之情。这与民间爱神“和合二仙”有异曲同工之妙，所以庙巷就借着鼓来源的传说和和合二仙的类似性，将和合二仙画在自己院分的鼓面上。

4. 木轮单鼓车的配饰来源传说

鼓车不仅绘有丰富的图案和花样，还辅以独具特色的配饰，主要有战旗、战服、鼓灯、对联等等。

（1）战旗

战旗，呈三角形，图案与各自鼓车的图案相同，中间颜色各与本院鼓边颜色一样。西北院鼓车图案为二龙戏珠，它的战旗上就绘有二龙戏珠的图样，鼓边颜色为金黄色，旗帜颜色也为金黄色。贾德亮言，“旗边依据相生原理，南院为绿边，东院为黑边，庙巷土黄色边，西北院土黄色边，后院金黄色边。”中国是世界上出现军旗最早的国家之一，从原始社会后期起即以旗帜作为聚集族人的标志。每当遛鼓车时，有专人在最前面打着旗子，引领着队伍前进，气势雄伟，具有指挥、聚集、辨识的功能。

图9　尉村战旗图

（2）战服

战服，类似于古代武士的服装，衣服颜色与各自的鼓边颜色相同。尉村后院的王阿姨说：“他们衣服是黑色的，绳子也是黑色，扎着那个威风、避邪，就是这种意思。村子里六个鼓，就这个鼓好看，威风。”

（3）鼓灯

鼓灯，用彩纸做成，上面绘有吉祥图案，其颜色与各自鼓边颜色一致。形状类似向日葵花，当地将类似于花边的鼓灯边称为“耳朵”。古时上面绘有图案，如牛郎织女、天仙配、武松打虎、霸王别姬等等，主要以戏剧、民间传说为题材，寓意吉祥美满。毛德泉说：“我们民间每年在正月的时候拉鼓车，那个时候没有电灯，晚上鼓拉出来以后，每一个手里拿个鼓车灯，里面点上蜡烛，有红的、lou（绿）的，上面写有五谷丰登，画有八仙人，天河配等等一些民间吉祥的习语和图画。拿起来它就转得不停，人很多，每人一个灯，排起来那相当好看。”

鼓车灯的制作方法：（1）用劈开的细竹条扎两个大小相同的圆圈；（2）像在圆内画直径一样，在每个竹圈内用细铁丝固定四五根竹条；（3）两个圈相隔一定的距离平行相立，铁丝的一头固定在一个圈上，倾斜一定的角度，将铁丝的另一头固定在另一个圈上，依次反复，最后铁丝将两个竹圈牢牢地固定在一起。（4）用铁丝弯一个U形并将其横向固定在两个圈中心，纵向固定一根长的木棍，以此为轴，促进鼓车灯的运转；（5）糊彩色的纸，耳朵和中间的颜色不一样；（6）画吉祥图或写祝福的俗语。

图 10　鼓车灯

（4）鼓车对联

鼓车对联，在比赛的时候，每辆鼓车上都贴有对联，其对联内容都与鼓车的来源有关。既向人们展示本院分鼓车的文化，又鼓舞人们的士气，激发斗志，促使人们最终赢得比赛的胜利。如东院的鼓车对联“千秋武圣职兼财神唯有关帝，百代战鼓威存灵兽是为角端”，这一副对联既展示了鼓车的图案，也说明了东院鼓车所在的庙宇中供奉的神灵是关羽。

（5）鼓车歌

鼓车歌，每当比赛开始前，都有鼓车歌为鼓车比赛助威，为祭鼓大典助兴。以前，鼓车节上没有鼓车歌，后来为了丰富鼓车活动新加上去的。现在的鼓车歌是由鼓车申遗牵头人贾德亮编的，由农民歌手赵仰瑞演唱，气势雄伟，慷慨激昂，不仅可以增强鼓车的气势，也可以鼓舞人的斗志。现在有三种不同的鼓车歌，鼓车正气歌、鼓车申遗歌、鼓车文化节的歌词，如“鼓车、鼓车、鼓车、鼓车，古老的运动、古老的运动，身在英雄堡，东南西北院……耳闻擂鼓声，兄弟一家情，闯出多少勇士，春秋的鄂公堡，跃起多少先锋，敬德的职田庄……”这些歌词中涉及鄂公堡、尉迟敬德等，都与尉村的历史有着密切的关系。

（三）南膏腴、北贾岗鼓车的起源传说

1. “拉鼓车，震瘟疫”的起源传说

南膏腴，鼓车源于战国。清朝的时候开始拉鼓车，距今已有三百多年的历史。据传以前医学较低，科学不发达，清明时节人们容易得病，就开始拉鼓车，跑鼓车的过程中人体出汗，可以预防疾病。（赵水旺，男，77 岁，2012 年 10 月 1 日访谈所言，访谈地点：赵水旺家）所以就流传下来“拉鼓车，震瘟疫”的传说。

北贾岗，鼓车形式源于什么时候不清楚，不过村子里现存一辆明代的鼓车，“文化大革命”期间鼓被烧毁，只留下木轮车子，七星棍雕花，厢板着漆，将军柱刻凹槽中间暗铆，具有浓厚的古代气息。“据传贾岗大概是明朝的时候开始拉鼓车，每年一打春，拉鼓车，就不得病，震瘟疫。”

通过对以上传说的分析，可以看出，北贾岗、南膏腴鼓车的来源与瘟疫、雨有着密不可分的关系。“起初，老百姓为求雨祈雨、震瘟、驱兽，每到农历正月十五、三月十六和清明节，就把鼓装在木轮大车上，敲打着到庙宇中求神祷告。”① 地方志上虽没有鼓车震瘟疫的记载，但记录了水灾、旱灾霜灾，狼灾等自然灾害。如“同治七年冬，狼噬人；光绪四年狼为灾；光绪五年，狼为灾，鼷鼠盛行……冬，狼噬人。”② “光绪四年春大瘟，民间

① 张铁锁、傅惠成、刘玉太：《丁村鼓乐文化》，山西人民出版社，2005 年版。
② 襄汾县志编纂委会：《襄汾县志》，天津古籍出版社，1991 年版，第 78 页。

死亡益众。"[1] 既有传说又有史书记载，所以说这个传说比较合理些。除此之外，在尉村也有“拉鼓车，震瘟疫”的说法，但其说法不是解说跑鼓车习俗的来源，而是说跑鼓车的目的在于震瘟疫。

2. 南膏腴、南贾岗——有鼓饰的木轮双鼓车的传说

木轮双鼓鼓车，威武壮观，但车速较慢，一般造型为一辆战车上装有两面鼓。其鼓车形式比较简单，没有鼓灯、战服、战旗等配饰，只绘有图案和贴有鼓车对联。

以前南膏腴的鼓上没有图案，后来兴鼓的时候，画上了不同的图案。现在南膏腴分为南北两个院，每个院分一辆鼓车。

（1）北院——前鼓画龙头、后鼓画火球

北院鼓车，前鼓画龙头，后鼓画火球，画龙的目的在于求雨，火球寓意日子红红火火。龙是神奇的，本领特别大，既能上天也能入海，又能在天上兴风降雨。古代人们为了祈求风调雨顺、农业丰收，就把美好的愿望寄托在龙的身上。龙能带来雨水与人们求雨的意愿相近，由此人们就借这种相似性，将龙画在鼓车上。调查中发现，大家对前鼓图案存有不同的看法，一些人说是龙，一些人说是角端，具体是什么，没有准确的说法。唯一可以确定的就是，不论画龙，还是角端，目的都在于祈雨。

① 襄汾县志编纂委会翻印：《襄陵县新志》，光绪版，1986 年，第 398 页。

图 11　南膏腴北院鼓车——前鼓画龙头，后鼓画火球

（2）南院——前鼓画老虎、后鼓画八卦

南院鼓车，前鼓画的是老虎，后鼓图案为八卦，意在震瘟疫。当地人说，“老比较厉害、威猛，可以祛除村中的邪气，保佑平安。”这其中也蕴含着相似的原理，是模拟巫术的一种体现。除此之外，人们说，“将八卦画在鼓上，通过鼓车的运动可以带动整个村子的震动，最终达到祛除瘟疫的目的”。

图 12　南詹腴南院鼓车——前鼓画老虎，后鼓画八卦

（3）鼓车对联

尉村鼓车对联与鼓车的历史和传说有关系，而南詹腴的鼓车对联是人们传承祖国文化的思想以及人们无私的精神的反映，如“鼓车咚咚震邪恶，车轮滚滚惊环宇。传承祖国文化遗产，弘扬雷锋奉献精神”。

南贾岗鼓车有图案，陈楚孝说：“南贾岗也有鼓车，南贾岗的鼓车是可以分散的，就是车 duo，和车帮子，还有车身子都是可以分开的。南贾岗就是那个王道元进士，王道元是贤教，王道元是他们的祖先，在纪念王道元的庙里面陈奉着呢。六月初一逢会的时候就能看到。它那个鼓还不一样，那个鼓上面有老虎头，那个鼓车还可以卸开。”

从以上可以看出，人们一般都在鼓车上绘有老虎、龙等动物的图案，带有图腾崇拜的意思。

3. 北贾岗——无鼓饰的木轮双鼓鼓车传说

图 13　北贾岗的木轮单鼓车

北贾岗的鼓车样式古朴，据当地的村民讲，“鼓车是明代的鼓车，上面有可多雕花，跑起来不但稳，而且速度快，外号‘水上漂’。”鼓车年代久远，做工精细。七星棍雕花，厢板着漆，将军柱刻槽中间暗铆。由于两轮轮毂粗硕，致使辐条变得异常粗短。独特之处在于辕杆和车厢是分开的，后棍是两根。整个车轮呈鼓圆形，鼓起的一面朝里，凹的一面朝外，所以拉起来比较稳，此外也很容易分辨出车子的左右轮子。车长 11 尺，宽

2.8尺，高3.25尺；车厢宽2.45尺，长2.23尺，木质为槐木，四角有特殊的雕刻；车尾部长1.87尺，宽2.15尺；辕杆长6.13尺，厚度1.7寸，木质为槐木。车轮由辐、轴、轳、串、辖、毂、辋七个部分组成。辋，车轮周围的框子，横木纹组织，比较结实，不易损坏。8块，中间厚两头小，上下两头长1.5寸，中间厚度2.3寸，木质为榆木；辐，指连接辘和辋的直棍，16根，辐和辐间隔4.1寸，去铆后长度8.2寸，上边暗铆，下边明铆，大头周长7寸，小头周长5.9寸，上下都有铁固定；辘，连接辐和轴的部位，直径1.31尺，厚度9.2寸，周长4.7尺；串，辘里头边缘部位，直径3.7寸，厚度4分，比一般的车厚，耐磨性强。将军柱，20根，有三种不同的形状；七星棍，4根，长度2.57尺。

关于木轮的制作，几乎无人知晓，只有只言片语的记录，先打五根线，确定中心点，旋辋；辘里面有轴、串，串的大小和轴的粗细要相互吻合，轴穿在串里面，必须恰好套在一起，否则车轮转动起来不稳，容易飞出去。也有人说璇形的木轮是用火烤成型的，这在《荀子·劝学篇》可以找到依据，即为“木直中绳，輮以为轮，其曲中规，虽有槁暴，不复挺者，輮使之然也。”

尉村、南膏腴、南贾岗的鼓车都是仿古的，以前村里有专人做木轮车，随着这类艺人的去世，会做的人越来越少，技艺传承出现断层。这些仿古的车子与北贾岗的车子形似神离，大都是明铆，带有浓厚的现代气息。辕杆和车厢是一个整体，是不可分开的，与北贾岗唯一相同的是两根后棍。整个车轮是平的，而非鼓圆形，这样的车子不仅不易分辨左右车轮，而且跑起来不稳固。车厢没有北贾岗的车厢高，使得横嵌在上面的大鼓不牢靠。

三、节日中跑鼓车的仪式及技艺展演

表演事件的结构不仅包括空间、时间，还包括行为顺序，参与者、表演者和观众、表演的基本规则等。在跑鼓车这一民俗活动中，不仅对祭鼓仪式、踩辕仪式、拴鼓程序有规定，而且对其中的拴鼓车者、祭鼓人、踩辕人以及鼓车赛手都有严格的要求和规定。

（一）节前准备

文化表演总是在专门的地点进行，主要通过把主要街道或广场之类的日常空间规定成混合人群、跳舞、提供食物、演奏音乐、举行仪式或进行比赛的场地，来把普通的空间转化为表演空间。这些特定活动举行的地点，通常都有明确的标志，以便其空间布置能够为参加者显示更多有关正在发生什么以及如何参与的信息。这些被规定和标示的空间对于表演信息的传递具有强大的影响。①

解放以前，沿山一带的村子拉鼓车，都是俗民自发组织的，一些爱鼓的俗民个体自愿带头组织俗民群体拉鼓车。新中国成立后，出现了生产队，由生产队长统一领导组织；现在一般由村大队组织，具体到各个院分，一般由队长以及了解拴鼓、拉鼓等相关技术的人着手组织。这些艺人并不是俗民选出来的，而是他们出于深厚的爱鼓情节，自愿站出来组织和管理跑鼓车活动。为了更好地规范跑鼓车活动，尉村建立了鼓车协会，不仅负责管理鼓车活动，而且担负起了传授拉鼓车技术的职责。一般在鼓车会开

---

① ［美］理查德·德鲍曼，杨丽慧、安德明译：《作为表演的口头艺术》，广西师范大学出版社，2008 年版，第 93 页。

始的十天以前，村民在村委会的领导下开始进行一系列的准备工作。

首先，筹集资金。踩辕人资助和村民分摊，这是几个村子跑鼓车共有的举措。不同之处在于，南膏腴由村委下发通知，为鼓车活动集资并由村委会统一分配。尉村四个院分五辆鼓车，各院有各院的鼓车组织，每个院分自筹自消。近几年，在尉村出现了企业家对鼓车的资助，因为跑鼓车在现代媒体的宣传下走向社会，逐渐被世人了解，每年都有很多媒体记者采访报道，如CCTV－9，山西民俗协会。慕名而来的参观者也逐年增多，其中不乏热爱民间文化的外乡人，大多以本县乡亲为主。这些企业家在巨大的人流量中看到了潜在的商机，从而利用鼓车会进行商业宣传。如2012年三月十六，山西三盛合小米醋资助跑鼓车活动，鼓车会上不仅设有盛合小米醋的摊位，而且每个小摊的商人都带着写有三盛合字样的围裙或帽子。这样，不仅宣传了自己的品牌，而且保证了跑鼓车的顺利进行。

其次，制定相关的安全条例。尉村党支部村委会、鼓车协会制定跑鼓车安全条例、规则。南膏腴由村委会制定。

第三，联系剧团，如运城市蒲剧团，为神灵唱戏，目的在于娱神，祈求神灵的保佑。除此之外，尉村还组织群众街头文艺表演。每个院分准备自己的节目，尉村村委会需选定鼓车会当天村民自娱自乐的文艺表演节目，规定节目比赛顺序，制定评比规则。在资金充足的情况下，尉村还邀请外村民间娱乐团体前来助兴，2012年尉村邀请到山西临汾的中华麒麟鞭武术团前来表演。

第四，组织村民清扫鼓车跑道，保证鼓车比赛的顺利进行。

第五，组织村民搭建村门、庙门、修缮庙宇。村里的鼓车一般都是放在庙里，庙门经常锁着，只有逢年过节才会对外开放，所以鼓车会前几天打开庙门，清扫庙宇，用绿色松柏搭建庙门，以示对神灵的敬畏，欲借绿色松柏的万古长青之意，祈求神灵永久地保佑万民安乐，生活稳定。

（二）艺人拴鼓车

鼓车传承是一种潜移默化的传承，只要愿意学，都可以。贾德亮说："拉鼓车本身就是一种传承，传承人就是拉鼓车的人，现在有四五十岁的，也有三十几岁的，他们就是撑辕的，把辕的，实际上就是在学习，拉鼓车本身就是一种传承，一种学习，自然就会传下去，你不会的人，他就不敢进这个车辕，如果拉累了，要换人，如果你出不来，怎么办呢，要能进去还要能出来，这都是有技巧的。"

1. 尉村艺人毛德泉携众拴木轮单鼓鼓车

尉村的鼓车是木轮单鼓，拴鼓车有一些技巧，鼓车拴的好坏影响到鼓车的跑速，最终对比赛结果造成影响。据尉村毛师傅讲，"拴鼓车是一门技术活，随着老一辈艺人渐渐去世，会拴鼓车的人越来越少，而年轻人只管拉鼓车，不注意拴鼓车的学习。"这使得拴鼓车技术的传承受阻，这样如此发展有可能出现断层。不论过去还是现在，人们在鼓车节的前几天，就开始拴鼓车，拉鼓车。这就好比赛前的热身运动，直到三月十六正式开始比赛。

第一步，固定木制架子。木制架子有梯形、H 形两种形式。首先将梯形架子固定在车厢上。车厢四个角有铁环，梯形架子的四个角有铁丝钩。拴鼓车的时候，先将两个梯形的木制架子分别固定在车厢的前部和尾部，把其中一个梯形架子倒立放在车厢前部，然后将架子底部两角上的铁丝钩勾在车厢前部两角的铁钩上，依此类推将另一个架子固定在车厢尾部。其次将 H 形的架子固定在梯形的架子上。H 形架子的两边各有两个铁环，共四个铁环。将两个梯形架子上部的四个铁丝钩分别勾在 H 形架子的四个铁环上。人们为了牢固，最后用铁丝再次缠绕架子上面的四角和车厢上面的四角。这样架子和鼓车就稳稳当当的固定在一起。

第二步，固定鼓的位置。将鼓车放在车厢上，前后移动，直到放置到一个平衡的位置为止，然后再将鼓朝后移不到一尺的距离，这样拴好的鼓车后面重前面轻，便于跑鼓车。

第三步，鼓圈上一般有四个铁环，鼓放好以后，恰好鼓圈的左右两边各一个铁环，鼓上部和底部各一个铁环。将鼓底部的铁环和车厢中间的铁环用绳子拴在一起，拴铁环要用细绳，大概和手指粗细差不多，如果太粗，就不能很好地将鼓与车固定在一起。切记绳子不能太粗。

第四步，先将一根粗绳从中间对折，这样绳子的一头呈现U形，另一头是两个绳梢，然后将U形的绳头从车子尾部的铁环中间穿过，大概穿出铁环一尺做，再将两个绳梢从U形的绳头中间穿过，用手拉住两个绳梢使劲一拽，这根绳就牢牢地系在了鼓车的尾部。

第五步，绳子系好以后，只剩下两个绳梢，一个绳梢从鼓左边的铁环穿过，穿的时候要在铁环处多绕一下，一拉，绳子就紧紧地套住铁环，然后将绳子拽向辕杆把绳子紧紧地绑在左辕杆上，另一根绳梢依照左边的系法穿过铁环将绳子系在右辕杆上。

第六步，完成第五步后，在辕杆的上部各有一条绳，且与辕杆成一定的角度，纵向分布在左右辕杆，这一步我们用另外一条绳将以上两条绳勒一下，这条绳横亘在辕杆的上方。这样鼓与车就很好地固定在一起。

第七步，拴拉鼓车的绳子，有两种拴法，一种是将一根绳的两个绳梢分别穿过辕杆上的两个铁环，最后系在车厢底部的轴上，这种系法不太安全，跑鼓车速度很快，可能会导致车厢与车轮分开；另一种系法是将一根绳的两端分别从车辕最前端的环上穿到辕杆后面（辕杆与车厢相连接的位置）的环上，并且固定在后面这个环上。

鼓车拴得好，赛手们可以更加专注于跑鼓车，顺利完成比赛。但有时人们因疏忽没有拴好鼓车，致使车子前重后轻，鼓车拉起来很重，车速很慢。在这种情况下，人们立即采取措施，装一袋土，扔到车子后面，车子前面变轻，缓解赛手的重力，调节车速，保证比赛的顺利进行。

2. 南膏腴艺人赵水旺携众拴木轮双鼓鼓车

南北膏腴、南北贾岗的鼓车是木轮双鼓，拴鼓的方法不同于尉村，艺人赵水旺说，“鼓车拴起来，挺麻烦的，每次七八个人相互配合着拴鼓车，有的扶鼓，有的绑鼓等。”

第一步，固定木制架子。一方面南膏腴与尉村的梯形架子类似，固定方法也近似。但梯形架子上面没有铁丝钩，取而代之的是钻制的圆孔，车厢底部也没有铁环，本应环、钩相勾的地方换用铁丝缠绕固定。另一方面南膏腴没有 H 形的架子，而是两根圆柱子，每根柱子上前后各有一个铁环，待柱子放好后，车厢的每个角各用一根铁棍顺势穿过圆柱上的铁环圆孔（梯形架子上部的圆孔）车厢角，将车子、梯形架子、圆柱三者固定在一起。

第二步，立鼓。鼓一圈四个铁环。先将两面鼓分别放在两个梯形的架子上面，四个角有第一步的铁棍卡着，并且让人扶住鼓，这样比较稳固，绑起来容易。这样，我们把位于车厢前面的鼓称作“前鼓”，车厢后面的鼓称为“后鼓”，每一个鼓显露出三个铁环——左环、顶环和右环。

第三步，与尉村的第四步系法相同，依照尉村的方法将绳子固定在车子尾部的锁骨上。

第四步，绳子系好以后，就变成了两根绳，1、两根绳分别在车子尾部的圆柱体上挽一下；2、两根绳打个 X，当地又称“shi 绳”；3、两根绳同时穿过后鼓的顶环，其中一根绳须在顶环上多绕一圈，紧接着两根绳再同时穿过前鼓的顶环，没有在后鼓顶环上多绕一圈的那根绳子须在前鼓顶环上多绕一圈；4、两根绳再次打个 X；5、两根绳分别绑在两根辕杆上。

第五步，固定鼓的左右两边。首先固定后鼓，1、重新拿一根绳子并将此固定在后鼓的左环上；2. 绳子向下拉穿过车厢尾部左边的杆子，然后将绳子拉上来，依次穿过后鼓的左环—顶环—右环—车厢尾部右边的杆子，然后将绳子拉上来，再一次穿过后鼓的右环—顶环—左环—车厢尾部左边的杆子，再一次将绳子拉上来穿过后鼓的左环—前鼓的左环，这个时候绳子已经到达前鼓上，用上述同样的方法固定前鼓，最后将绳子系在尾部的杆子上。

第六步，车厢左边和右边的固定方法一样。以右边为例，将一根绳穿过后鼓的右环，拉成 U 形的形状后，将两根绳一起穿过右边圆柱子的中间部位并交叉拉紧，然后再将绳子依次穿过前鼓的右环—后鼓的右环，最后将绳梢系在后鼓的右环勒紧即可。用类似的方法固定左边，这时候左右两边系好的绳子呈现出一个倒三角的形状。

第七步，拴拉鼓车的绳子，方法与尉村一样，至此完成拴鼓车活动。

（三）长者携众祭鼓

每个村子拉鼓、祭鼓时间不同，唯一相同的是都在庙宇祭鼓。每年正月十三和农历三月十三为尉村祭鼓的日子，随后开始遛鼓车，直到农历三月十六进行正式的鼓车比赛。南北膏腴、南北贾岗主要是清明节拉鼓车，一般是拉鼓车前举行祭鼓仪式。

南膏腴、北贾岗的祭鼓仪式较传统，不分院祭鼓车，而是在庙前统一祭拜。主要经历以下几个程序。一般由老者主持，首先是摆供品，以前主要是馒头，现在增加了水果、糖等副食品，但不论摆什么供品，都必须是五的倍数；放鞭炮，目的在娱神；上香，一般上五柱、十柱、十五柱香；敬表，也就是烧黄纸；敬酒，又叫奠酒，奠酒就是把酒倒到酒盅里，然后洒在地上；最后磕头结束仪式。

尉村四个院分五辆鼓车，每个院分首先要在各自所属的方位进行祭拜，完后五辆鼓车集中到一起在大庙里（供奉的是土地娘娘）统一祭鼓。但出于复古的目的，除了上述祭鼓程序，还要“念祭鼓文”并介绍本院鼓车的来历与传说。祭完鼓后，各院鼓车拉到鼓车圈，准备鏖战。尉村庙巷的王师傅说，“基本上都是在大庙里统一祭，有特殊情况时，各院分开自己祭。”在尉村，独具特色的庙巷鼓，必须经历一场甚为奇特的洗礼后，方可参加集体祭鼓仪式。因为尉村庙巷私家鼓的整个祭鼓仪式包含了所有的祭鼓程序，所以我们以庙巷鼓为例，阐释尉村、南膏腴的祭鼓仪式。

1. 外祖母挂油瑚琏

图 14　外祖母挂油瑚琏

油瑚琏，俗称喜馍，也叫“niu gu la”，是用油炸或火烤，中间有圆孔，形状类似于和氏璧。油瑚琏做好以后，要将其用红绳或红绸子串起来，以方便悬挂。首先用红绳将喜馍穿成三串，其中有两串是五个一串的，并且喜馍比较大，另外一串为两个一串，喜馍比较小。悬挂的时候，两个五个一串的分别挂在鼓前面的两边，两个一串的挂在鼓的中间，也就是两个五个一串的中间。鼓车比赛完成后，这些喜馍会被分给人们吃，任何人都可以吃，没有限制。当地人说吃了喜馍比较好，会带来好运。因为喜馍伴随着鼓车活动的始终，不仅经历了祭鼓仪式，也经历了激烈的鏖战，渗透着人们深深的爱鼓之情和人们的拼搏精神，由此吃喜馍可以将这些精神和情感注入人们的身体，从而影响人们的思想，进而给人们带来好运。

图 15　挂上油瑚琏的鼓车

传说庙巷鼓是某大姓人家为外孙做的，为了表示尊重，在祭鼓前要将此姓人家的外祖母迎接到祭拜的地方观看鼓车，并把专门为外孙做的喜馍亲自挂到鼓车上，象征着团圆、吉祥。庙巷鼓是个私鼓，据传这种圆饼是民间孩子生日时，外祖母给外孙特制的生日礼物。依我来看，名义上是给外孙庆生，实际上是对外孙身份的认可，告诉世人XX就是我的外孙，暗含公开身份、被人认可的意思。民间借着“公开身份”的内涵，将庙巷鼓公开化，让人们接受它。

那么，这个挂油瑚琏的外祖母是怎么选出来的呢。据当地人讲，“每到鼓车节，人们就推选庙巷年龄最大又有威望的老者参加挂油瑚琏仪式，对姓氏没有大的限制，并且每年人们都会推选不同的人参与这个仪式。”虽然传说一开始是说某一大户人家的祖母，但随着时间的推移，人们思想的变化，传说不仅逐渐渗透于人们的日常生活，而且人们对祖母的推选标准也在逐渐的发生变化，他们不再限制姓氏，只是在推选中更多的关注年龄和声望。

2. 鸣炮奏乐

挂完生日圆饼后，开始祭鼓仪式。整齐有力的锣鼓声后，祭鼓仪式正式开始，首先鸣炮奏乐，其目的在娱神，也有祈求鼓车比赛顺利进行之意。每个院分都有自己的鼓乐队，都是民间爱好鼓乐的人自发组织起来的，一方面为庆祝本院的祭鼓仪式，愉悦本院分的神灵和民众，祈求好的丰收、平安健康及富贵。另一方面也为庆祝集体的祭鼓庆典。集体祭鼓时，各院分的鼓车、文艺节目等都集中到一起，举行统一的祭鼓庆典。各院分相互比赛，相互展示着各自的威风，以表示本院鼓车的威武以及本院分的人气。同时可以起到凝聚人心的作用，虽然大家是不同的院分，但因统一祭鼓集中到一起，相互了解对方的优缺点，以便在来年的比赛中吸取对方的优点，克服自己的缺点，不断的完善整个鼓车活动，可称之为“知己知彼，百战不殆”。

图 16　庙巷鼓乐队奏乐的场景

南膏腴祭鼓时也有鸣炮奏乐，但院分的划分没有那么明显，一般是两个鼓车并排放在村中小城楼下，由长者的主持，在鞭炮声、鼓乐声中统一祭鼓。

图 17　南膏腴祭鼓时鼓车的摆放位置图

3. 上香、敬表、敬酒

鸣炮奏乐后，就要开始上香、敬表、敬酒。南膏腴的祭鼓仪式，也要经历类似的程序。上香，一般上五柱、十柱、十五柱香等，都是五的倍数，当地人对“五”有一种特殊的信仰，认为五是吉利数字。不仅在祭鼓中有体现，在人们的生活中也有反映，例如，五、十逢集、逢会。俗民普遍形成一种认识，“神五鬼四”，即祭神一般都是和“五”相关，祭祖一般是和“四”（可能是谐音“死”）相关。

敬表，也就是烧黄纸，表一般都比较厚，在烧的过程中，不容易烧尽。但在人们的观念中又必须把表烧尽，以示对神灵的尊重，由此人们在烧的过程中会用一些木质的东西挑一挑表，以保证表烧尽，这时就对挑表所用的东西就有某些限制，即不能用木棍、铁棍等，必须用一些木质的而且是扁形的东西来挑。当地人说“木板就像箭一样，所以得用木板而不用木棍。”

敬酒，又叫奠酒，奠酒就是把酒倒到酒盅里，然后洒在地上。一般是表烧尽以后，长者将酒倒在表的灰烬上，以示敬重。

这一系列仪式中，不论是上香、敬表，还是敬酒，都是由年长的男性带领着年轻的男性完成，很少有女性参与。听人们说，“男人的劲大，拉鼓车是男人的事，女的只负责熬米汤，做饭，看孩子，自古以来就是这样，”这与鼓车活动的性质有关，它是一项竞技活动，具有危险性，同时也需要人们强大的力量贯穿始终才能最终完成比赛活动，而女的力气小，安全性比较低，具有很大的风险性，再加之人们受男主外，女主内思想的影响，由此形成了男人拉鼓车的习俗，并且在人们思想上留下深刻的印记。近几年，虽然出现了女的拉鼓车，但主要是表演、娱乐，而非比赛。

图 18　和合二仙鼓上香、敬表、敬酒的场景

4. 拜供

拜供，即为各院全体父老向他们各自的鼓车虔诚叩首，保佑鼓车比赛平安顺利地进行，人畜健康，五谷丰登。南膏腴也有拜供仪式。

以前的供品主要以馒头为主，并且在数量上有限制，一般是五个馒头一盘。近年来，随着人们生活水平提高，供品主要以水果和小食品为主，也不像以前那样严格限制数量，如果在水果数量可以数清的条件下，还会是五的倍数，如苹果、橘子等。祭拜完成后，这些供品分给人们吃，在场的任何一个人，不论大人小孩，不论本村人还是前来观看的外地人，都可以分享这份福气。因为供品贯穿着祭鼓仪式的始终，其中不仅有神灵的保佑，也暗含着人们美好的企盼和祝愿，祭鼓完成后将其分给在场的人们，可以为人们带来好运。

图 19　尉村祭鼓的供品

图 20　南膏腴祭鼓的贡品

5. 德高望重者念祭鼓文、鼓车的传说与历史

最后由德高望重者致祭鼓词并介绍本院鼓车的来历、传说等。南膏腴没有这一程序。尉村以前没有念祭鼓文的习俗，后来出于复古的目的增添了祭鼓文，祭鼓文的内容与尉村的形成、尉迟敬德、晋鄂公有关，同时也把民间流传的有关鼓车的传说与历

史加入祭鼓仪式，其目的在于让人们更好的了解本院分的鼓车文化，巩固人们对鼓车的认识，从而让人们更好地传承鼓车文化。

6. 二龙戏珠鼓车带领出和合二仙鼓车

在本院分祭鼓完成，和合二仙鼓暂时还不能单独从自己的院分出来，必须是在西北院的另一个社会鼓——二龙戏珠鼓的带领下，走出自己的院分，去大庙前参加祭鼓仪式。因为社会鼓——二龙戏珠是公开的、大家承认的鼓车，类似于有威望的人。庙巷鼓是私家鼓，必须经过社会鼓二龙戏珠的引领与介绍，才能得到大家的认可，最终进入大庙参加统一的祭鼓仪式。人们借助相似的联想，将和合二仙鼓公开化。也就是说人们将二龙戏珠鼓比作有威望的人，将和合二仙鼓比作平民，一个平民要在一个公开化的场合中得到认可，必须经由有威望的人的引荐与介绍，才能让更多的人了解他，并很快在社会上获得一定的地位。俗民内心深处的这种“相似”的联想，为私家鼓和合二仙赢得了应有的地位，最终得到人们的认可，可以和其他四辆鼓车一起参加集体统一的祭鼓仪式。

7. 大庙中统一祭拜

图 21　尉村大队统一祭鼓的场景

尉村各院鼓车祭拜完成后，五辆鼓车要集中到一起进行集体祭拜。南膏腴的各院分鼓车不分开祭拜，大都是集体祭拜，但没有文艺表演活动。

尉村的集体祭鼓仪式，不包括上述的外祖母挂油瑚琏和二龙戏珠鼓车带领和合二仙鼓车两个程序，即要经历鸣炮奏乐、上香、敬表、敬酒等程序，随后各院分开始表演节目，每个院分表演完成后，所属院分所在的方向就会响起阵阵鼓乐声与鞭炮声，目的在于向大家展示自己的威风。总体祭鼓完成后，村民们有的拴绳套，有的敲锣，有的敲鼓，有的打红旗，有的开道，忙着为即将开始的鼓车比赛做准备。

祭鼓是一种精神上的信仰，人们敬畏神灵，通过烧香、敬表、敬酒、磕头等仪式，祈祝拉鼓车顺利进行，有始有终、圆满成功，也祝愿风调雨顺、百姓幸福安康等等。毛德泉说，“以前祭鼓没有祭鼓文，只是烧香磕头，那是一种精神上的信念，让鼓车跑起来，让 e（我）们鄂公的 eryu（儿女）ean（安）全，让我们跑鼓车的五千弟子，不出问题，吉祥之兆，善始善终，精彩节奏，负责到底，这样来保佑我们不出问题。”

（四）德高望重者踩辕

鼓车祭祀完成后，就开始了踩辕仪式。踩辕者披红戴花站于鼓车前，鼓车只拉不跑。拉绳稍的人包括头发斑白的老人、年轻力壮的小伙、貌美如花的少女，脸庞稚嫩的少年等，他们拉着踩辕者在鼓车跑道上转，向大家宣传着自己的文化与情怀，同时也向人们展示着自己的实力。

古时，只有德高望重的人才可以踩辕，近几年，踩辕者的身份资格不太严格，出钱即可。尉村后院的张阿姨（祖籍兰州）说，“踩辕得给钱，同时还得有人气，不然村民们也不拉，要是踩上去以后，没人啦，丢人 lei（了）”。此外，对踩辕规则也有严格的限制，必须依据自己所从属的院分踩辕。

1. 选择踩辕人及踩辕规则

（1）踩辕人的要求

以前，每到鼓车节，人们就会在自己所属的院分挑选德高望重的人踩辕。什么样的人才是德高望重的呢，没有一个具体的评判标准，但可以通过当地俗民的举动看出一个人是不是符合踩辕的标准。据说，在踩辕之前，踩辕人都很担心，也很恐慌，因为他们怕村民对自己的品行持否定态度。当踩辕者站上去的那一刻，如果所有的人都不去拉鼓车，那样很尴尬，也很丢人。如果一个人的品行好的话，大家都愿意去拉，拉的人越多，证明踩辕者的人气很高，品德也很好。尉村后院的王阿姨说："一般人都心里有数，觉得自己不行就不会去的，要不然会很难看的。"现在，对于踩辕者的要求没有古代那么严格，也有品行和人气的限制，但主要倾向于一个人的财力，只要为鼓车活动捐款，就可以踩辕。这样的话，富有的村民踩辕的几率就比较大。近几年，随着人们生活水平的提高，收入的增加，富有的村民逐渐增多，符合踩辕标准的人也就逐渐增多。但每年踩辕的人数有限，如何在众多的捐赠者中间挑出为数不多的踩辕人呢，这就要根据捐资的数目来定，捐资越多，越优先，因而在尉村每年农历三月十六的鼓车节上，都有人竞标，争抢第一踩。

近几年，踩辕人不再局限于本村落的人，出现了一些外地的企业家，他们为鼓车活动出资。村里人为了表示谢意，让企业家踩辕，既是为村民树立榜样，也是激励村民在以后的生活中努力奋斗，用勤劳的双手创建美好幸福的生活。

（2）踩辕规则

不论哪个院分的人踩辕，都必须在自己所属的院分踩辕，不能去其他院分。即使是资助鼓车活动的企业家，他们只能在自己所资助的院分参加踩辕仪式。当地人认为，"鼓车是财富的象征，可以带来好运，如果自己的人去其他院分踩辕，会将本院的福气和财气带走。”时间久了，这种不成为的规定就形成了。

2. 请踩辕人

在尉村，鼓车节当天，踩辕者所属院分的锣鼓队和表演队会去德高望重者的家里将踩辕者请到祭鼓点，然后进行踩辕仪式。在南膏腴，一般不去家里请踩辕者，踩辕者直接站在祭鼓的地点，等祭鼓完成后，在村民的拥护下登上鼓车，随后开始转街散人气。

尉村，踩辕者所在的院分的鼓乐队、表演队在长者的带领下，来到踩辕者家中，首先敲一阵锣鼓，表演一段节目，目的在于为踩辕者祝贺，同时也是为了感谢踩辕者对鼓车活动的资助。然后为踩辕者佩戴红花或者是披红（有人称之为绶带）。披红戴花后，在村民的拥护下，伴随锣鼓声、鞭炮声，心怀喜悦与不安，走向本院祭鼓的庙宇前。对于踩辕者来说，踩辕是一件高兴的事，可为什么还有不安的情绪呢。当地人说：“对于踩辕者来说，能被选为踩辕者，对他们来说，心里是很高兴的。但能不能得到村民的认可，这个最重要。要是踩辕者不是真的德高望重，就没有更多的人拽绳子拉鼓车，这样，踩辕者会很尴尬的，所以他们在没有登上鼓车被拉着转街散人气以前，心里或多或少都会有点不安的。”

3. 踩辕者庙前祭拜

图 22　踩辕者庙前祭拜图

在男性老者的主持下，踩辕者在庙宇前烧香、敬表、敬酒、磕头，完成祭拜仪式。随后在村民的掌声、赞叹声中登上鼓车。踩辕者庙前祭拜，一方面是为自己祈福，另一方面感谢神灵保佑以及村民对自己的拥护，希望在来年的踩辕活动中可以再一次被选为踩辕者。在上图中，我们到有一个人手上拿个东西在挑燃烧中的表，当地老人讲，“敬神时的表很多，很难着，为了让表烧尽，必须要个东西挑一挑，切记不能用木棒一类的东西挑，必须用木板或剑一类的东西挑。表烧尽了，表明是对神灵的尊重与敬畏，以表人们的诚心。”

4. 踩辕者转街散人气

图 23　踩辕者转街散人气

踩辕者转街散人气，也就是村民拉着踩辕人绕村子转一圈，只拉不跑。拽绳的人越多，证明这个人的人气越好。在转街途中，边放鞭炮，边散烟，撒糖块，其目的在于展人气，散财气。在人们心里，烟、糖块是福气的象征，可以带来好运。踩辕者散烟、糖块，一方面可以引起村民的关注，另一方面也可以将自己的人气、福气、财气传递给他人，共同分享这份喜悦，从而形成和谐融洽的人际关系以及促进大家共同发展。

每个院分在这一天都同时进行着一样的活动，谁家踩辕，展示谁家的人气和队伍的豪气。其目的在于为百姓树立榜样，教化人们要与人为善，和谐相处，共创良好的民风。

（五）青壮年男子鏖战

鼓车鏖战，类似于今天的接力赛。比赛时，一位经验丰富的青壮年汉子在辕中扛辕，两名身手敏捷者在两旁抱辕，数名青壮年在前边拽着环形稍绳拉着鼓车。鼓车上一人敲鼓，一人鸣锣。伴随着锣声以及人们的呐喊助威声，鼓车在鼓车跑道上风驰电掣般地前进。为了保持鼓车队员的体力以及鼓车的速度，多在拐角处地方更换队员。铿锵的锣鼓声，滚滚的车轮声，飞扬的尘土，不禁让人想起当年士兵征战沙场的情景。

1. 鏖战的组成人员及要求

拉鼓车的队员，有着严格要求，必须遵从以下的标准，才能保证鼓车健儿的安全与鼓车比赛的顺利。

（1）青壮年男子跑鼓车

表演角色能否够格担任表演角色以及对新任表演角色的选择方式，在不同的文化中存在着有趣的差异。其中之一是人们对表演者应该具备的能力的性质，以及获得这种能力的方式的认识存在着差异。① 一般拉鼓车的都是青年男子，因为上了年纪的人，腿脚不便，不仅会影响跑速，而且很危险。贾岗的王师傅说，“拉鼓车就和现在的打篮球一样，老年人在鼓车圈里面就是 pei（白）干嘞，那是年轻人干的事”。我们把拽绳子最前面的鼓车赛手称为“顶梢头子”。以前拉鼓车不计人数，南贾岗王师傅

① ［美］理查德·德鲍曼，杨丽慧、安德明译：《作为表演的口头艺术》，广西师范大学出版社，2008 年版，第 35 页。

说，“人不计数，只要两个人的 pu（步）子能 tian（颠）起来，你不睬我脚，我不踩你脚，都可以上去，人多啦，只要有空就抓着拉，么空就不要拉。换 lei（了）么，拉到这换人 lei（了），拉到 wai（那里）又换人 lei（了）么。”现在为了公平比赛，规定拉鼓车的人数。尉村的毛师傅说，“一个鼓呀转一圈，下来至少得那么七十个人，有七十个人才能转一圈，一个鼓得一百（bei）个人循环才能循环起来，没有一 bei（百）个人循环不起来，这是一种 pen（笨）重的运动方式。”

（2）女子不参与鼓车比赛

担任表演角色还同其他一些与言说相关的社会因素相联系，如生理性别角色是俗民能否成为鼓车赛手的一个影响因素。自古以来，拉鼓车的都是男子，没有女子。随着时代的进步，人们思想的开放，出现了女子拉鼓车，但主要倾向于表演。

图 24　尉村女子拉鼓车表演

尉村的毛德泉说：“因为封建思想的束缚，女子从来不拉鼓车，再则，鼓车是一项赛耐力与赛勇气的竞技运动，不适合女子。”古时，举行鼓车文化节的时候，男子拉鼓车，女子在家做饭，熬米汤、炸油糕、烧水等，作为男子的坚强后盾，支持鼓车比赛。

（3）三个人掌辕

图 25　三人撑辕

拉鼓车时，有三个人在车子前面掌辕，一般都是经验丰富的壮年男子。一个人在辕内 nao（扛）辕（北贾岗人称为 chao 辕），两个人抱辕，左右辕杆一边一个。这三个人主要是通过掌辕来把握车子的方向。据毛德泉言，“nao 辕人的个子不能太高，个子过高会把辕撑得很高，边上两个抱辕的人操作起来会很吃力，导致不能很好地掌握车的跑向；另一方面辕过高，在鼓车赛手的拽拉下，车辕和绳子不再保持平衡，使得鼓车赛手拉着绳子使不上劲。”不论在尉村，还是南膏腴，拉鼓车时，都有三个人在掌辕，以保证鼓车朝着正确的方向行进。

（4）一人击鼓，一人鸣锣

图 26　鼓车的后面

在鼓车的后面，还坐着一个敲鼓人和一个敲锣人，目的在于鼓舞士气。随着鼓乐的伴奏，鼓车赛手统一步伐，团结一致，使出浑身的力量不断的奔跑。一般溜鼓、踩辕时，以上两人都坐在车子后面；鏖战过程中，为了鼓车快速地奔跑，鼓车上只留一个敲鼓的人。南膏腴击鼓、鸣锣的人坐在车子的中间，也就是两个鼓的中间，与尉村击鼓鸣锣人所在位置相比，安全性较高。

在鼓车比赛中，击鼓鸣锣可以鼓舞士气，激发鼓车赛手奋勇向前，所以敲鼓要遵循一定的技巧，否则达不到鼓舞士气的目的。尉村现在的鼓点是“八八、庆庆、八庆八、庆庆庆、八庆八、庆庆庆庆八庆八、庆庆庆庆庆庆八、庆庆八、庆庆八、庆庆八庆八庆八、八八八、八八庆、八庆、八庆、八八庆、庆庆庆、庆庆、庆庆庆庆八八庆。”（毛德泉，男，74 岁，尉村村民，2012 年 7 月 26 日访谈所言，访谈地点：毛德泉家）

东南院原来的鼓点

X X O O X X O

O O X O X X O

X O X O X X O

O X X O O X O

X O O X O X X

O X O X O O X

O X X X X X O

X O X O X X O

O O X O X X O

X X O X X X O

西北院原来的鼓点

X X O O X O X

O O O X O X

O O O O X O X

O O O O O O X

O O X O X O X

X X X X X O

X O X O X X O

O O O. O O O. O O O O. O O O.

O O O. O O O. O O O O X X O

南膏腴和北膏腴的鼓点却是“庆庆拉庆拉，庆庆拉庆拉，庆庆庆庆拉庆拉，庆庆庆庆拉庆拉，庆庆拉庆拉庆拉，庆庆拉庆拉庆拉，庆庆拉，庆庆拉，庆庆拉庆拉庆拉，庆庆庆庆庆庆庆，庆一庆庆庆庆庆，庆一庆庆庆庆庆，庆庆庆个拉大庆，庆庆庆个拉大庆，拉大庆个拉大庆，拉大庆个拉大庆，拉庆拉庆拉大庆个，拉拉庆大拉大庆（庆个拉大庆个拉），庆个拉庆庆庆拉，庆个拉庆拉庆拉，庆拉庆拉庆个拉，拉拉拉，庆庆庆，拉拉拉，庆庆庆，庆庆拉庆拉庆庆，庆庆拉庆拉庆庆，拉庆一庆庆庆。”

（赵水旺，男，76 岁，南膏腴村民，2012 年 7 月 27 日访谈所言，访谈地点：赵水旺家）

（5）辕尾巴子人

不论尉村，还是南膏腴，鼓车尾部都有四个推车的人，左右两边一边两个，这在尉村被称为“辕 yi ba zi 人”也就是“辕尾巴子”人。敲鼓的人一边“咚咚”的敲鼓，一边嘴里喊着“辕 yi ba zi 人……”，被称为“xuan（喧）yi ba zi 人”，通过二者的互动，促进鼓车的运动。辕尾巴子人在后面推车，可以减轻前面拉鼓车人的重力，从而提升鼓车的速度。

2. 鏖战程式

（1）逆时针转圈

鼓车跑道又称鼓车圈，是鼓车比赛顺利进行的前提条件。每个村子都鼓车跑道，只是形状不同。尉村为圆形跑道，全长 634 米，贾德亮说：“尉村的鼓车圈的，鼓车圈实际上就是一个八卦，洛书河图，河图是圆的，村子的外围是圆的，有城墙，是圆的。洛书是方的，所以鼓车圈略呈长方形。尉村南北东西，还有四个角，它就是四正方向加上四隅，这么八个方位，中间属于居民区，居民区就是土，土在中央，这合起来就是九宫八卦阵，八个方位加上中间，就是九宫，九宫阵。”三公村为菱形跑道，全长 765 米；北膏腴为方形跑道，全长 520 米；南膏腴为矩形跑道，全长 672 米；北贾坊为 420 米的小矩形跑道；北贾岗为东西矩形跑道，长 458 米；南贾岗为方形跑道，长 695 米。[①] 比赛时，每个村子的鼓车都是绕着鼓车跑道逆时针旋转，在南膏腴的调查中，没有可靠的事实依据。尉村的贾德亮说：“鼓车跑道跟那个太极图的转法是一致的。太极图的运转方向是由上往下，是逆时

① 周戊定：《太平鼓车史话》，载襄汾县文学艺术界联合主办《丁香文化》2012 年 3 月。

针方向转的，因此鼓车也是逆时针跑的。”

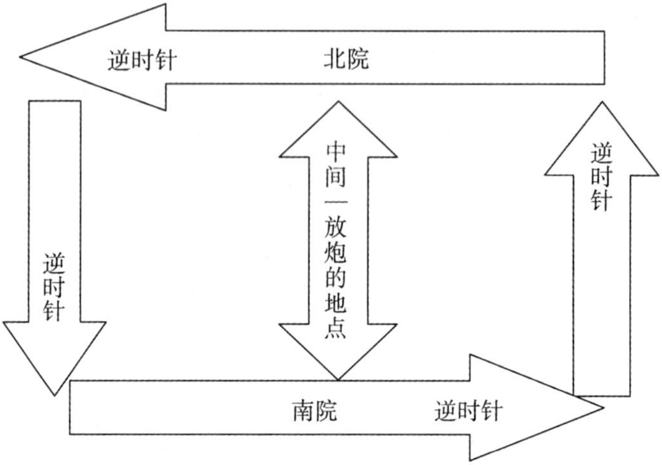

图 27　南膏腴的鼓车跑道图

（2）比赛规则

踩辕之后，紧接着是紧张而又激烈的鼓车比赛。尉村分为东南、西北两大对立统一的院分，一般是东南院的任意一个鼓车和西北院的任意一个鼓车互邀进行比赛，很少有一个院分内相互进行比赛。尉村鼓车赛道为一个方形街巷，也就是尉村的关道。比赛时，东南、西北各停一辆鼓车，另外两个对角上燃炮发令后，双方绕着长方形赛道逆时针奔跑追赶，展开激烈而震撼人心的跑鼓车比赛，但由于道路偏窄等因素，如今的比赛多趋于表演形式。尉村鼓车多，先由各院的跑鼓车代表抓阄决定顺序，由村里组织者监督抓阄过程，以保证比赛公平。实行淘汰制，最后两辆鼓车决赛。决定胜负的标准也很特殊，一般为追上前车的一方将本方的稍绳前端拴或搭在前车的尾部，也有双方商量决定标准的情况，如双方商量两车同在方形街道的任意一条上时，前者就视为战败。

据毛德泉言，“鏖战分为两种形式，一种是紧跟紧，前十圈，后十圈。赛前两辆鼓车一前一后分布在鼓车跑道上，比赛开始后逆时针追赶。前十圈你追我，后十圈我追你，这样比较公平；另一种是叠半圈，即赛前两辆鼓车在鼓车跑道上相距半圈，比赛开始后逆时针追赶。”采取计时、不计时两种方法分胜负。不计时方法为循环追跑，以追上对方者为胜；计时方法是在规定的时间内比赛，时间到后，以接近或追上者为胜。以前以炮声为号，现在用表计时。一旦确定好跑道，定好时间，两个院分各选一个代表，并互换代表进行监督。比赛结束后，胜利的一方可拉着鼓车在赛场中缓缓游行，以炫耀士气，鼓舞人心，贾德亮将其称为“亮梢”。毛德泉说，“鏖战完成后，所有的鼓车集合在大庙里，胜利的院分给其他院分散吃的，也称为散人气。”这样输赢双方达到一个心理平衡，从而促进和谐。

南北膏腴和南北贾岗各为两村相连，历史上一般是两村进行比赛。南膏腴流传着一句俗语“历来拉鼓习惯是南北城对手赛”。随着历史的演变，北膏腴的鼓车逐渐湮没于历史的长河中。现在唯有南膏腴的南院、北院两辆鼓车进行比赛，每次将村里十九队人平均分为两队参加跑鼓车。

南膏腴为矩形跑道，南院鼓车位于跑道南部，北院鼓车位于跑道北部。两辆鼓车的中间为放炮的地点。南膏腴队长说，“跑一圈大概四分钟，逆时针追赶，一般是5圈或十圈就可以分出胜负。以前是后面一辆追上前面一辆，就把绳子 sa（拴）在前一辆的后面，好多时候因为 sa 绳而打架 lei，追上了就要 sa，要 sa 就要打架哩。后来重新制定规则，只要两辆车相差一定的距离，就可以分出胜负，有专人监督。”

（3）换辕技巧

跑鼓车是一种竞技活动，为了保持较快的车速，一圈之内要换两到三次。为了不影响车速，一般是在转弯的时候换辕。换辕的人与鼓车相对而站，逆着鼓车的跑向，逐渐跑向辕内，辕内的人看见换辕的人快到辕内时，辕内的人就向后退，顺势拽住拴鼓车的绳子，同时用力一跳坐到车上，随后两腿跨出辕杆，待辕内的人掌稳辕后，跳下鼓车。换辕的时候，关键是中间这个扛辕的人，毛德泉说，“现在的年轻人不讲究技巧，一看见要换辕的人从前边来啦，里边的这个人就低 ha（下）den lao（头）从绳底下钻出去，那是非常危险的。因为里面的人要出去的时候，往往会把拴在辕前头的绳用手顶起来，这样抱辕的人的脚和要钻出来的人的脚离得很近，势必会绊倒，而且鼓车速度较快，那么他从里边往出钻的时候肯定会很危险的”。换辕要讲求技巧，关键是要拽绳，拽绳贯穿着整个换辕过程。鼓车扛辕人不仅要从辕杆上往出跳，切忌从辕杆底下往出钻，而且要拽绳，必须做到手不离绳，等到脚跟在地面上扎稳后再放绳，因为绳在此处起到助力的作用，手拽上面的绳，人才会很轻松的上跳并随即坐到车上，跳下车时可以保持人的重心平衡，安全落地。

南贾岗除了和尉村一样的换辕方式以外，还有一种换辕方式，要换辕的人蹲在跑道中间，等鼓车跑过来直接扛起辕，而辕里面的人则是躺在地上，等鼓车从自己身上跑过去以后，然后再出来。南贾岗王师傅（80 岁，南贾岗，村大队边上的一户人家）说：“见鼓车 lei 啦，要换辕的人 hou（蹲）在路上就换啦，另一个就从鼓车底 ha（下）就出来了，睡在地下就出来了。”这样的换辕方式存在着一定危险性，鼓车车速快，跑向不定，一旦扛辕人没有把握好方向，车子一转向，势必会伤害到躺在鼓车底下等待出来的扛辕能手。

相比较而言，抱辕人、拉鼓车人更换就比较简单，抱辕人、换辕人的左或右小腿前伸，身体前倾，靠近鼓车和绳子一边的手臂向后伸，站在鼓车两边，待鼓车过来时，手臂顺势一拉，继续跑鼓车征程。

（4）转弯技巧

在拐弯的时候分两种情况，一种是死弯，即90度的弯，鼓车在转硬弯时，靠近弯角一边的抱辕人、鼓车赛手要把车子往外（与弯角相对的方向）yuan（推），与之相对的另一边的抱辕人、鼓车赛手要把车子往里（弯角的方向）推，两边的人相互用劲，把圈子转圆，否则车子会翻或人会出事，撞到角上；另一种是活弯。即大于90度的弯，转弯时，靠近弯角一边的抱辕人、鼓车赛手把车子往里（弯角的方向拽，之相对的另一边的抱辕人、鼓车赛手要把车子往外（与弯角相对的方向）拉，相互用力保持平衡，转圆圈子，否则车子会飞出去的。

3. 鏖战特点

（1）危险性

俗话说，“鼓车圈里碾死不偿命”。在我们看来好像是缺乏人性，当地人却认为这没什么，自古以来就是这种风俗。俗民遵守这种习俗惯制并把它作为规则去承担，似乎遵守习俗规则就被视为是合乎社会道德的，反之则不符合要求。三公村七十年代的党支部书记赵进才春节拉鼓车，出辕时脚下被绊倒，车轮从腿上碾压过去，后成为跛腿；1972年北膏腴的屈碎娃在北院里手辕，由于起车时车在东街口向北，而拉车的绳索在北街。令枪响后，拉梢的人一时用力过猛过快，向北的车辕头瞬间折头向西，而里手的屈碎娃由于辕头抬得过高，被快速转向的里手辕头一下击中右太阳穴，当场死亡；2008年4月18日下午，尉村南院的栗小健，由于连跑三圈，体力不支，在尉村南跑道因腿软而跌倒在地，车轮从身背上碾过去，被村民抬回家后死亡。从以上案例可以看出，拉鼓车是一项具有很大危险性的体育竞技活动。

（2）竞技性

拉鼓车是一种集体性接力竞赛，整个过程紧张快速，有惊无险，鼓车健儿各个顽强拼搏，奋勇前进，使出浑身解数争取最终的胜利。俗民把“竞鼓”称为“气鼓”。人们严格遵守祖训——“拉鼓车只能竞进不能后退”，越拉越激动，越拉越情绪化，最终做出一些不合情理的事。平时两个村子间或一个村内和好睦邻，到拉鼓车时便楚河汉界，父子不相让，外甥不认舅舅，兄弟不领情，好友横眉冷对，南北贾岗还因为拉鼓车两村不结亲，甚至持刀棍相斗。由此可见，鼓车自古就有的竞技性在人们心里扎下了根，一定情况下影响着人与人之间的感情以及人们对待事情的态度。据当地人讲，“古时候，南北膏腴两个村子气鼓，还将鼓车拉到了河南洛阳的白马寺。”

四、鼓饰及鼓车展演中所体现的文化内涵

鼓车与人们的生活有着密切的关系。不论是鼓车的造型，还是鼓车仪式的展演，都源于人们的意识，都是人们思想的产物。同时，这种思想的产物反过来又影响着人们的生活。由此，我们从鼓车本身和鼓车对人们生活的影响两个方面来阐述跑鼓车的文化内涵。

（一）鼓车图案所蕴含的民俗思想

任何村子的鼓车都是放在庙里，每到正月十五、清明节前后，人们比较清闲，将拉鼓车拉出来，震初春的瘟疫，既娱神又娱人。此外，鼓车都是按院分的，只是每个村子的鼓车数量不同、鼓车图案不同，且图案暗含自保佑平安，祈求丰收之意。以前南膏腴的鼓上没有图案，后来兴鼓的时候，画上了不同的图案。南院鼓车——前鼓画的是老虎，后鼓图案为八卦，意在震瘟疫；北院鼓——前鼓画龙头，后鼓画火球，目的在于求雨。北贾岗鼓上没有图案，尉村鼓上自古以来就绘有图案。

1. 模拟巫术的思想

鼓面上绘制的图案，遵循着同类相生或果必同因的思想原则，是模拟巫术或顺势巫术的反映。俗民在鼓上绘制角端、老虎、秦琼打虎等与实物或传说相类似的造型，用同能致同的模拟巫术，达到万民安乐，幸福安康的目的。如角端是水里的神兽，吞食虎豹，人们借着角端的这种特征将角端画在鼓上，缓解本村的洪水，保佑本村的平安。

2. 阴阳五行的思想

古代人根据自己的认识能力将天下万物分为金、木、水、火、土等五类元素，彼此之间相生相克。五行思想主要体现在鼓车的着色上。如秦琼打虎鼓地处村子南边，南为离，离为火，火为红色，所以鼓边为红色；二龙戏珠鼓地处村子西北方向，西北为乾，乾为阳金，所以鼓边为金黄色；后院鼓面图案为八卦，鼓边呈黑色；八卦鼓地处北边，是看八卦里的坎卦，坎为水，水为黑，所以鼓边为黑色；角端鼓位于村子的东面，东为震，东南为巽，都代表木，木主生机，木主清新，所以鼓边就是绿色；和合二仙鼓处于尉村西边。西为兑，属阴金，所以鼓边颜色呈灰色。除此之外，阴阳思想还体现于拉鼓车震瘟疫的目的中，拉鼓车这几个村子又靠山，野兽更多，加之医学不发达，人容易得病。从易经方面来说，鼓为阳，邪为阴，通过激烈的拉鼓车运动，阴阳调和，促进人体血液循环，增强人体免疫力，以达到祛病的目的。

（二）祭鼓仪式中蕴含的民间信仰

1. 信奉数字五

祭鼓仪式中，不论是摆供品，还是上香，都是五的倍数，如五个馒头、五个苹果、五柱香等。由此可以看出，当地的俗民对五有特殊的信仰，但在调查中问起为什么要选“五”时，村民的回答是这样的，“供奉神仙，必须是五的倍数，如果是祭拜鬼，就是四。再则，‘五’是个吉祥数字，可以给我们带来好运。”

图 28　祭拜时供品的摆放数量显示，都是五个一盘

2. 尊崇男性

祭鼓的主持者、上香、敬表、敬酒、鏖战等都是以男性为主体，几乎没有女性，而在其他地方的祭拜仪式中，大都是女性为主体，男性几乎不参加。鼓车活动以男性为主体，首先与当地的环境有关。尉村村落的形成、鼓车的来源等都与尉迟敬德、晋鄂公有关，南膏腴存有韩厥的墓。尉迟敬德、韩厥都是英勇善战的骁将，无形中影响着村民的性格，使得村民个个性格豪爽、英勇、无所畏惧。其次，这与传统的封建思想有关，女子大都在家相夫教子，没有机会出去参加一些活动。在人们的思想中，男性豪爽，威武雄壮，力气大。而女性柔弱，力气小，不适应这样一项具有竞技性和危险性的跑鼓车活动，只能赋予女子以饮食方面的工作，为鼓车赛手提供物质保障。近几年出现了女性拉鼓车，但主要目的在于表演，不进行比赛。

（三）鼓车鏖战所体现的民俗意义

1. 祈雨庆丰

拉鼓车，怎么会有祈雨庆丰的功能呢。这一民俗意义要从一些美丽而又古老的传说说起。传说有一年农历三月十六，尉村西北院和东南院鼓车比赛，难分胜负，人们一直拉，拉着拉着滞了气，忽然，西北院鼓车离开鼓车圈飞出了南门，后边的东南院鼓车也尾随出了南门，累了歇，饿了吃，完后继续拉，经过赵康、新绛，一直拉到河南洛阳白马寺，人累了，钱也花尽了，只好把鼓搁到白马寺，当地人不知道这到底是个什么东西，也没在意。可是有一年天大旱，老百姓集合起来击鼓祈雨，并认为鼓越大，求的雨越大，于是连拉带敲，尉村留在白马寺的鼓，可也凑巧，老天就下了一场大雨，从此以后每到天旱的时候，就把鼓拉出来，击鼓祈雨。拉鼓车祈雨的习俗也就这样传了下来。

在北膏腴也有类似的传说，只是路线不同。《北膏腴村志》（襄汾县北膏腴村志编委会，2008）记载了这样的一则故事："相传清道光年间某年三月初六这天，南北膏腴拉鼓车拉得起了劲，见不分高低，显不了输赢，互不服气，互不相让，一队在前一队尾追，便一鼓作气向南，途经吴兴庄、焦村等地，拉到了河南洛阳。说来也巧，刚到此处，久旱的豫州竟下起了大雨，比赛的鼓车也没有了资金，只得将鼓车捐给白马寺院，寺院给了资助，双方人员才得返回。据说后来，寺院将两个鼓车展示在专门为之修建的展厅内，每逢天旱，只要击鼓祈雨，则十有十灵。"①从此以后，人们就将鼓车神圣化，赋予鼓车祈雨的功能，给鼓车

① 李博文：《山西襄汾县尉村跑鼓车探析》，载《山西师范大学学报》2012年第5期。

蒙上了一层神秘的面纱。

2. 震瘟疫

俗话说“拉鼓车，震瘟疫”，通过鼓车的震动可以驱走邪气，保佑人畜平安，农业丰收。每年春节过后，人们拉鼓车的目的在于震瘟疫。他们认为“鼓为药，邪为病”，拉鼓重力，力发气壮，气育力育，力固气沛，力长气发，力、气、人合一。据南膏腴老人讲，“古时医学不发达，有一年村里发生了一场大的瘟疫，村里一下子就死了好几十口人，大家对此都非常的恐惧。瘟疫过后，村里有人认为得病是不运动的缘故，由此这一竞争激烈的鼓车运动就产生了。”由此也就赋予了鼓车震瘟疫的功能。从医学的角度来说，通过拉鼓车运动是前后伸缩的激烈运动，可揭开会阴尾间、命门、大椎等部分要害气机活跃，从而有利于打通小周天的活动，使真气弥漫全身，增强体质。五脏六腑在这种有节奏规律的运动中得到了自然而然的发展，消除喜怒忧思悲恐惊的邪念，增强心肝脾肺肾的正气内存，达到增强人体能量，健身益寿之目的。近几年，随着人们思想认识的不断提高。鼓车震瘟疫、祈雨庆丰的功能逐渐退化，主要倾向于娱乐。

五、结　语

鼓车，是鼓与车的集合，由古代的战鼓、战车演变而来。跑鼓车是俗民自发组织的一种融音乐、竞技于一体的民间娱乐活动。据传跑鼓车习俗至少已有上千年的历史，其起源时代有春秋、明代、唐代等说法。古时，跑鼓车流传于晋南襄汾县西部姑射山一带的尉村、三公村、南北膏腴、南北贾岗、南北贾坊等村子，其活动规模宏大，不仅是每个村子内部各院分之间进行鼓车比赛，而且村与村之间互下战帖进行激烈的鏖战。据村民讲，南北贾岗现在存有鼓车而不进行鼓车比赛，只是每年古会上遛一遛，时有时无；南膏腴、尉村的鼓车是根据老人的回忆仿造出来的，且两村展演仪式相近，都要经历祭鼓、踩辕和鏖战等仪式，并且两个村子在元宵节都闹鼓车。不同之处在于南膏腴每年清明节举行大规模的鼓车活动，而尉村每年农历三月十六举办鼓车文化艺术节；三公村、北膏腴、南北贾坊现在没有鼓车，更不用说进行鼓车比赛了。

通过以上四章的论述，我们看出，尉村跑鼓车的习俗，有尉迟敬德说和晋鄂公说两种说法；鼓车数量多（四个院分五辆鼓车），鼓饰花样繁多，还有战服、战旗、鼓灯、鼓车歌、鼓车对联等配饰，而且鼓车的分布以及着色都与易经有着密切的关系；祭鼓仪式程序复杂，首先各院分在自己所属的院分祭鼓，主要程序包括鸣炮奏乐、上香、敬表、敬酒、念祭鼓文及与鼓车相关的历史与传说等，完后五辆鼓车集中在大庙中集体祭鼓，程序与各院分祭鼓程序相同，最后有文艺表演为鼓车活动助兴；踩辕，主要包括推选德高望重的人、请踩辕人、踩辕者庙前祭拜、踩辕者转街散人气。

南膏腴，鼓车习俗的来源与“震瘟疫，拉鼓车”的传说有关。两个院分两辆鼓车，鼓面绘有图案，鼓车上贴有对联。以前南膏腴的鼓上没有图案，后来兴鼓的时候，画上了不同的图案，南院鼓车——前鼓画的是老虎，后鼓图案为八卦，意在震瘟疫；北院鼓——前鼓画龙头，后鼓画火球，目的在于求雨，寓意日子红红火火。祭鼓不分院分，两辆鼓车并排放在城楼下统一祭鼓，仪式也没有尉村那么复杂，比较传统，只有鸣炮奏乐、上香、敬表、敬酒，最后磕头结束祭鼓仪式。南膏腴踩辕仪式不包括请踩辕人和踩辕者庙前祭拜这两个程序，踩辕者一般站在祭鼓地点，祭鼓完成后直接登上鼓车，不像尉村有那么复杂的程序。

北贾岗村有一辆明代的鼓车，七星棍雕花，厢板着漆，将军柱刻凹槽中间暗铆。由于两轮轮毂粗硕，致使辐条变得异常粗短。当地村民说，跑起来不但稳，而且速度快，外号“水上漂”。独特之处在于辕杆和车厢是分开的，后棍是两根。整个车轮呈鼓圆形，鼓起的一面朝里，凹的一面朝外，所以拉起来比较稳，此外也很容易分辨出车子的左右轮子。其鼓面上没有绘制图案，祭鼓程序和踩辕仪式类似于南膏腴。

通过以上的对比分析，我们可以得出以下结论：

第一，鼓车的源流问题。从以上分析看出，尉村的鼓车不仅有配饰而且文化内涵比较丰富；南膏腴的鼓车上有图案；北贾岗的鼓车最为简单，不仅没有图案，而且内涵单一，多趋于震瘟疫。因为鼓车的文化是由简单到复杂，由单质到异质不断向前发展的，愈是远古的鼓车文化层，其文化特质愈简单、粗糙，愈是现代较近的鼓车文化层，其文化特质愈是复杂、精细。所以鼓车最早发源于鼓车形式较为简单的北贾岗，后来逐渐传播到南北膏腴、尉村、三公村等。

第二，鼓车习俗的起源问题。鼓车的起源，历代典籍中都疏于记载，也没有确切的起源时间和历史根据，只是在民间流传着许多关于鼓车的传说。

尉村的晋鄂公的传说、尉迟敬德传说，这两种传说都认为跑鼓车习俗的来源与军事训练有关，只是在产生时间上存有争议。在我看来，鄂公堡指的是尉迟敬德比较可信。首先，历史上没有晋鄂公这个人，只有晋侯、鄂侯。《太平县治》载“唐叔子燮父徙居晋水旁，是为晋侯……十五年庄伯弑孝侯于翼，晋人攻之，庄伯复入曲沃。晋人立孝侯子郗为鄂侯，六年卒”①；其次，除上述尉迟敬德的传说和尉村北门城墙上的遗址外，在地方史料《太平县志》中也有尉迟敬德与尉村关系的记载。“尉迟封邑，在县西北十五里尉村。相传村以封邑名，故一名鄂公堡，盖敬德

① 襄汾县志编纂委会翻印：《太平县志》，光绪版，1986年版，第77页。

封鄂国，非楚之鄂也。”① 这些虽然不能证明鼓车源于唐代，但足以说明尉迟敬德与尉村、鼓车有着千丝万缕的联系。

南膏腴、北贾岗“拉鼓车，震瘟疫”的传说，北贾岗、南北膏腴鼓车的来源与瘟疫、雨有着密不可分的关系。“起初，老百姓为求雨祈雨、震瘟、驱兽，每到农历正月十五、三月十六和清明节，就把鼓装在木轮大车上，敲打着到庙宇中求神祷告。”②地方志上虽没有鼓车震瘟疫的记载，但记录了水灾、旱灾霜灾，狼灾等自然灾害。如“同治七年冬，狼噬人；光绪四年狼为灾；光绪五年，狼为灾，鼷鼠盛行……冬，狼噬人。”③“光绪四年春大瘟，民间死亡益众。”④ 既有传说又有史书记载，所以说“拉鼓车，震瘟疫”的传说比较合理些。

第三，鼓车的文化内涵问题。首先，鼓面上绘制的图案，遵循着同类相生或果必同因的思想原则，是模拟巫术或顺势巫术的反映。俗民在鼓上绘制角端、老虎、秦琼打虎等与实物或传说相类似的造型，用同能致同的模拟巫术，达到万民安乐，幸福安康的目的。如角端是水里的神兽，吞食虎豹，人们借着角端的这种特征将角端画在鼓上，缓解本村的洪水，保佑本村的平安。从易经方面来说，鼓为阳，邪为阴，通过激烈的拉鼓车运动，阴阳调和，促进人体血液循环，增强人体免疫力，以达到祛病的目的。其次，祭鼓是一种精神上的信仰，人们敬畏神灵，通过烧香、敬表、敬酒、磕头等仪式，祈祝拉鼓车顺利进行，有始有终、圆满成功，也祝愿风调雨顺、百姓幸福安康等等。从祭鼓仪式中看出。当地俗民，对“五”有一种特别的信仰，认为五是吉利数字。同时也蕴含着人们尊崇男性的思想，不论是祭鼓仪式的主持

① 襄汾县志编纂委会翻印：《太平县志》，光绪版，1986 年版，第 940 页。
② 张铁锁、傅惠成、刘玉太：《丁村鼓乐文化》，山西人民出版社，2005 年版。
③ 襄汾县志编纂委会：《襄汾县志》，天津古籍出版社，1991 年版，第 78 页。
④ 襄汾县志编纂委会翻印：《襄陵县新志》，光绪版，1986 年版，第 398 页。

者、参与者，还是鏖战中的鼓车赛手，都是以男性为主。这与传统的封建思想有关，女子大都在家相夫教子，没有机会出去参加一些活动。此外，在人们的思想中，男性豪爽，威武雄壮，力气大。而女性柔弱，力气小，不适应这样一项具有竞技性和危险性的跑鼓车活动，只能赋予女子以饮食方面的工作，为鼓车赛手提供物质保障。最后，鼓车鏖战，类似于今天的接力赛。两村比赛规则相近，南膏腴的换辕技巧多了一种方法，但比较危险。同时鏖战中也充满了危险性和竞技性。这种危险性和竞技性来自于他们那种约定俗成的规则和风俗习惯，如“鼓车圈里碾死不偿命”的准则和“拉鼓车只能竞进不能后退”的祖训。同时拉鼓车还体现出深厚的民俗意义，主要为祈雨庆丰和震瘟疫。近几年，随着人们思想认识的不断提高，鼓车震瘟疫、祈雨庆丰的目的逐渐退化，主要倾向于娱乐。

创新点，将研究范围扩大到姑射山一带的南北膏腴、南北贾岗等村子，不再局限于尉村。采用参与观察和现场访谈相结合的方法，并以文化表演理论为指导，搜集整理地方资料以及民间有关鼓车的传说，描述鼓车的文化渊源、展演空间和仪式，在此基础上，细致深入的阐释鼓车图案所蕴含的文化内涵、祭鼓仪式中蕴含的民间信仰以及鏖战所体现的民俗意义。

不足之处，不仅调查的村落多，而且跑鼓车活动在时间上有严格的限制，每年农历三月十六、清明节为拉鼓车的固定节日，正月十五的鼓车活动不确定，时有时无。加之自身能力的局限性，不能从宏观上把握鼓车活动，使得认识存在着一定的片面性，最终导致对鼓车内涵的把握不够深入。这一点我将在以后的学习和回访调查中，不断的查缺补漏，弥补本研究的不足点。除此之外，本选题以文化表演理论为指导，运用深描的方法阐释鼓车活动，为本选题的调查和写作指引了正确的方向。但由于我对文化表演理论理解深度不够，在调查和写作中没有很好的利用和实践理论，使得本文在理论依据方面比较薄弱。

参考文献：

1. 襄汾县志编纂委员会：《太平县志、襄陵县新志合刊》，襄汾县志编纂委会翻印，1986年版。

2. 襄汾县志编纂委员会：《襄汾县志》，天津古籍出版社，1991年版。

3. 张铁锁、傅惠成、刘玉太：《丁村鼓乐文化》，山西人民出版社，2005年版。

4. 王霄冰、迪木拉提·奥迈尔：《文字、仪式与文化记忆》，民族出版社，2007年版。

5. 襄汾县尉村村委会：《国家级非物质文化遗产名录项目申报书》，中华人民共和国文化部印制，2009年版。

6. 陈青：《民族体育跨文化融合》，民族出版社，2010年版。

7. 贾德亮：《惜缘集》，2011年版。

8. 贾德亮：《弘扬享有2700年盛誉的鼓车文化，申报联合国非物质文化遗产》，载《襄汾日报》2008年3月。

9. 王兴一：《山西省非物质文化遗产项目——跑鼓车》，载《文物世界》2010年第1期。

10. 尉福生：《尉村鼓车文化溯源》，载《沧桑》2011年第5期。

11. 刘浏：《襄汾县尉村鼓车文化的发展现状及对策研究》，载《忻州师范学院学报》2011年第3期。

12. 张有平、柳倩云：《民族传统体育与节日文化探析》，载《湖北民族学院学报》2011年第3期。

13. 暴丽霞、冯强：《晋南民俗——跑鼓车的文化传承与可持续发展》，载《体育研究与教育》2011年第5期。

14. 周戊定：《太平鼓车史话》，载《丁香文化》2012年第3期。

15. 李博文：《山西襄汾尉村跑鼓车探析》，载《山西师大学报（社会科学版）》2012年第5期。

附录 1

尉村跑鼓车技艺的传承谱系

后院八卦鼓	姓名	年龄	性别	职业	文化程度	鼓车赛事中的角色
上古时期	尉腊八		男	农民	初中	抱辕
	尉发成		男	农民	初中	抱辕
	尉小腊		男	农民	初中	撑辕
解放时期	曹金堂	87	男	农民	初中	抱辕
	毛运怀	88	男	农民	初中	抱辕
	尉德安	82	男	农民	初中	撑辕
近代时期	毛海龙	45	男	农民	农民	抱辕
	毛树兰	39	男	农民	农民	抱辕
	毛金龙	38	男	农民	农民	撑辕

东院角端鼓	姓名	年龄	性别	职业	文化程度	鼓车赛事中的角色
上古时期	毛长祥		男	农民	初中	抱辕
	曹计		男	农民	初中	抱辕
	尉天成		男	农民	初中	撑辕
解放时期	曹碎娃	89	男	农民	初中	抱辕
	梁银海	91	男	农民	初中	抱辕
	梁金海	87	男	农民	初中	撑辕
近代时期	尉安娃	48	男	农民	初中	抱辕
	王双龙	32	男	农民	初中	抱辕
	尉小娃	44	男	农民	初中	撑辕

南院秦琼打虎	姓名	年龄	性别	职业	文化程度	鼓车赛事中的角色
上古时期	曹振		男	农民	初中	抱辕
	曹有福		男	农民	初中	抱辕
	曹满满		男	农民	初中	撑辕
解放时期	杨碎	85	男	农民	初中	抱辕
	许一民	73	男	农民	初中	抱辕
	曾随扬	90	男	农民	初中	撑辕
近代时期	王大茂	36	男	农民	初中	抱辕
	王小茂	43	男	农民	初中	抱辕
	栗才丰	42	男	农民	初中	撑辕

庙巷和合二仙	姓名	年龄	性别	职业	文化程度	鼓车赛事中的角色
上古时期	王洋喜		男	农民	初中	抱辕
	张江山		男	农民	初中	抱辕
	赵挨六		男	农民	初中	撑辕
解放时期	杨发成	75	男	农民	初中	抱辕
	王九成	84	男	农民	初中	抱辕
	王世丰	78	男	农民	初中	撑辕
近代时期	杨春牛	27	男	农民	初中	抱辕
	赵承娃	40	男	农民	初中	抱辕
	贾春牛	36	男	农民	初中	撑辕

西北院 二龙戏珠	姓名	年龄	性别	职业	文化程度	鼓车赛事 中的角色
上古时期	赵兆斗		男	农民	初中	抱辕
	贾顺斗		男	农民	初中	抱辕
	贾鬼子		男	农民	初中	撑辕
解放时期	赵黑水	79	男	农民	初中	抱辕
	沈进才	89	男	农民	初中	抱辕
	王世丰	84	男	农民	初中	撑辕
近代时期	贾焕武	27	男	农民	初中	抱辕
	贾德光	40	男	农民	初中	抱辕
	贾春牛	36	男	农民	初中	撑辕

以上表格中的传承人有的是父子关系，有的是兄弟关系，有的是邻居、同村人的关系，鼓车的传承没有固定的传承方式，是一种潜移默化的传承，只要愿意都可以学。目前有五个代表性传承人：

贾九成，男，85 岁。20 岁开始拉鼓车，50 岁后站在车上击鼓敲锣。70 岁后体力不支，仍检点鼓车赛事。

毛德泉，男，74 岁，为尉村跑鼓车的主要组织者和指挥者。其父毛长祥人称：大汉长祥，1878 年生。清末民初为尉村跑鼓车活动中的抱辕能手。

卢玉忠，男，70 岁。上世纪末至今，任鼓车协会会长，为现在跑鼓车的主要组织者。

赵红春，男，46 岁，跑鼓车的组织者和抱辕能手。

贾德光，男，47 岁，跑鼓车的组织者和抱辕能手。

附录 2

重点访谈对象一览表

姓名	年龄	性别	文化程度	职务
毛德全	74	男	小学	鼓车传承人
贾德亮	66	男	高中	股策划牵头人
杨 XX	46	男	初中	尉村庙巷村民
魏 XX	75	男	小学	南膏腴村民
赵水旺	77	男	小学	南膏腴村民
陈楚孝	74	男	小学	汾城镇村民
王 XX	80	男	小学	南贾岗村民
荆 XX	80	男	小学	北贾岗村民

图 29　被调查者的照片

内蒙古乌兰察布市东路二人台的民俗学阐释

张晓宇

一、绪　论

（一）研究缘起

中国的传统戏曲丰富多彩，既有京剧、昆曲等具有全国影响的大剧种，也有耍孩儿、五音戏等来自乡土民间的歌舞小戏，还有黄梅戏、豫剧、川剧、二人台等极具地方特色的优秀剧种。东路二人台作为一种地方民间小戏，也许并不为大多数人所知，但它却具有自己独特的艺术魅力。

在内蒙古的乌兰察布市，东路二人台是流传最广的地方小戏，它起源于民间，植根于民间，是黄河农耕文化与草原游牧文化相碰撞、相交融所产生的一种独具特色的民间文化。正是因为东路二人台所具有的民间性和民族性，它才能够流传百年而不息。而且，不应该把东路二人台仅仅看作是一种民间艺术，它更是一种活态的艺术形式，是俗民的生活文化。对于这样传统的民间的文化，我们更应关注它的保护和传承。因此，本文运用民俗学的理论知识，对东路二人台这一民俗事象将进行系统的阐释。通过对东路二人台的创造、享用以及传承方面的阐述，透视它所蕴含的民俗文化内涵和民族文化底蕴。

（二）研究目的和意义

本论文以内蒙古乌兰察布市东路二人台为研究对象，运用民俗学等学科的相关理论，通过对东路二人台的实地调查，从东路二人台的缘起演变、艺术风格特色、传承与发展以及东路二人台与俗民生活的关系和俗民角色的扮演等几个方面来阐述这一活态的民俗事象。根据笔者收集的资料和现有研究成果以及笔者的田野调查发现，可以说目前还没有从民俗学角度对东路二人台进行全面深入的研究成果。

东路二人台是二人台戏曲的一枝，是流传了百年的具有深厚民间文化根基的地方戏曲。俗话说，一方水土养一方人，一方水土一方人也孕育了一方的文化。二人台是一种源于民间的土生土长的地方戏曲艺术，广泛流传在内蒙古、山西、河北等许多地方。其中，东路二人台作为乌兰察布市最具特色的一种地方剧种，在俗民的精神文化生活中发挥着重要的作用。乌兰察布市是蒙汉两个民族相互杂居的地区，长期以来，汉族移民对当地居住的蒙古族有着深刻的影响，同时，汉族也吸收了蒙古族的一些文化习俗。蒙汉两个民族的文化是完全不同的，但是在游牧民族文化和农耕民族文化相互碰撞、变迁、融合的过程中，产生出了特有的、体现两种文化的新的文化现象。东路二人台就是汉族农耕文化与蒙族游牧文化相互交融的结果，是蒙汉两族人民集体智慧的结晶，更是人类无形的文化遗产和稀有瑰宝。因此，本论文选取内蒙古乌兰察布市为个案，从民俗学的角度来论述东路二人台所蕴含的民俗文化内涵和民族文化底蕴。

中国是有着悠久的历史传统文化和丰富的民族民间文化的国家。随着当前国家对非物质文化遗产保护的重视，2006 年 5 月，二人台有幸被列入第一批国家级非物质文化遗产名录，这也就警示人们要重视和保护中华民族传统的民间文化。

第一，理论意义：现有的关于东路二人台的研究成果，大多数是从艺术的角度来研究。本论文区别于以前的研究成果，从民俗学的角度，运用民俗学的相关理论来全面、系统地阐释东路二人台。

第二，实践意义：东路二人台作为二人台戏曲的一枝，长期以来，一直在蒙汉两族人民的精神文化生活中发挥着重要的作用。本文从民俗学的角度对东路二人台进行全面、系统地阐释，对挖掘东路二人台的艺术价值和研究价值具有一定的意义。而且，东路二人台蕴含着丰富多彩的民俗事象，通过这种富有浓厚的民族与地方特色的口承民俗形式，达到从民俗事象了解俗民群体精神世界的目的。

（三）研究现状与评述

本部分的主要内容是介绍国内近年来关于二人台的研究状况，并着重对二人台及东路二人台的起源流布、艺术创作、传承与发展及东路二人台在民俗生活中的功能等研究成果进行评述，以对二人台的研究现状有个整体性的把握。

有关二人台的研究不乏其人，更是涉及了蒙、晋、陕等各地的二人台，可以说是众说纷纭。就目前的研究成果来看，关于二人台的研究专著并不多，主要有：1. 邢野主编的《中国二人台艺术通典》（内蒙古人民出版社，2005 年 8 月），本书设六集，按内容分别刊载了名人眼中的二人台，各地大事记、专著、方志中有关二人台的记载，分述了内蒙古中西部、山西晋北、陕西陕北和宁夏银北地区的传统剧目及创编剧目和移植剧目等，还有探讨二人台的历史源流、改革方案、语言特色、表演导演与剧本创作舞蹈、音乐、唱腔、乐器、东路二人台、漫瀚剧等研究文选。2.《二人台文化艺术研究》（中国戏剧出版社，2006 年），由内蒙古包头师范学院音乐学院“阴山音乐文化”科研课题组历时三年最终完成，这一著作全方位审视了二人台生成的社会、经济、文化、地理因素。3. 邢野，王芳主编的《东路二人台艺术集成》（内蒙古人民出版社，2006 年）是第一部关于东路二人台地方剧种的专业性论著。

有关二人台的论文大致包括以下几类：一是从二人台的产生、剧目、表演、发展等方面进行论述的。主要成果有《“二人台”的形成与发展》，对二人台产生发展的几个时期进行阐述；《内蒙古二人台产生背景与社会作用的初步研究》，此文从二人台产生的背景原因、在人民生活中的社会作用等方面进行了论述；《有关内蒙古地方戏二人台的田野调查》一文，对二人台分为东、西路二人台做了阐释，对东、西路二人台的产生历史和发展、传播路径和演唱形式进行了具体论述，并采访了几位二人台艺人；《浅谈东路二人台》，从东路二人台的产生、剧目、艺术风格给予论述；《东路二人台调查报告》一文，从东路二人台历史源流的发展、丰富多彩的剧目、别具风格的音乐、独特的表演四个方面进行了阐述。

二是从音乐学、艺术学的角度来对二人台进行论述。主要成果有王鑫的硕士学位论文《论晋西北二人台艺术演唱技巧及风格的起源与流变》，此文从二人台艺术风格的渊源、演唱技巧、发展及流变等方面进行了较为专业的论述；姜晓芳的硕士学位论文《论内蒙古西路二人台》，主要从音乐学的角度，论述了西路二人台的产生与发展、剧本的语言特点、唱腔的旋律形态以及其文化内涵等方面；《二人台演唱艺术探究》，主要对二人台的唱腔和演唱风格进行论述；《二人台音乐句式结构初探》，对句式结构进行了较为详细的阐述；《浅谈东路二人台唱腔特点及呼吸的运用》，对东路二人台的唱腔特点及如何科学演唱进行阐述；《东路二人台音乐建设和发展的思考》一文，主要从音乐学的角度出发，论述了东路二人台音乐的腔体结构、节奏等以及在这些方面的建议。

三是对二人台的传承、建设、发展等方面进行论述的。主要成果有《“二人台”艺术的继承与发展》，作者对二人台怎么继承，如何发展提出了自己的见解；《关于二人台传承与发展的几点思考》，此文对二人台传承发展中，二人台的改革方法、手段、观念、审美思想等方面的实践与研究提出几点思考；《关于二人台艺术传承变与不变的思考》，此文对于如何保护和传承二人台这一传统艺术形式，解决好二人台艺术变与不变，即继承与创新之间的关系问题进行了阐述；《东路二人台艺术发展的思考》，此文从东路二人台的过去、现状和发展的途径三个方面进行阐述；《东路二人台剧种建设漫谈——在东路二人台专题研讨会上的发言》一文，关于东路二人台的剧种个性、组织建设进行了探讨；《寻找二人台的艺术定位和文化定位》一文，主要围绕二人台特别是东路二人台的艺术定位和文化定位问题，从二人台的起源、特点及给出的建议等方面论述。

四是有关二人台其他方面的相关研究成果。主要有《“西口文化”与二人台》此文从“西口文化”形成的社会背景、文化属性、人文本质等方面，对“西口文化”及二人台音乐的渊源关系进行探讨；《展示草原文化的魅力——谈二人台小戏的民族性与民间性》，此文就二人台的产生及发展、二人台的民族性特点、民间性特点进行了探讨；《从源流沿革谈二人台艺术的群众性》，此文对二人台这一民间小戏的群众性，从源流沿革、表演风格、扮相道具、组织形式四个方面来进行论述；《试论二人台多元性及其发展》，此文提出了二人台具有多元性，主要表现在二人台的戏曲性、曲艺性、舞蹈性及器乐性四个方面，并对二人台今后的发展提出一些思考；《文艺生态学视野下的河曲二人台》，从文艺生态学的角度对河曲二人台这一民间演唱艺术以及蕴藏其中的民众情感进行研究分析，揭示二人台产生、发展、传承流变的根源及其艺术魅力。

目前关于二人台的研究成果取得了不小的成绩，对二人台的传承、创作、发展都起到了一定的作用，也使更多的人了解了二人台这一传统戏剧。但总结上述研究成果可以得出，大多数研究都着眼于二人台这一戏剧本身如何表演、如何发展等方面，较少从民族、民俗等视角来研究。

（四）与本研究相关的理论

在本论文的写作过程中，将主要运用民俗主体论、民俗传承论、民俗功能论以及其他相关理论来系统阐释东路二人台这一民俗文化。

1. 民俗主体论

当民俗作为客观对象研究时，往往忽略民俗的主体是人，而去关注民俗现象。其实，民俗事象都是经由人传送又由人接收，在相互交流民俗信息中民俗又作用于人，造就和养成一代又一代的“民俗人”。民俗主体是人，是民俗养成中的群体和个人。

民俗主体，即民俗的“民”，凡负载民俗文化和分享民俗文化的群体和群体中的个人，都是民俗的“民”，或按我们的说法叫做“俗民”或“俗民群体”。“俗民”这一概念，一是，俗民存在于全民之中，他们代表绝大多数人民的文化特色；二是，俗民负载所有的民俗文化；三是，俗民不都是普通人，典型人物表现了民俗文化特色，同样也是俗民的个体。不论是俗民群体还是俗民个体，在民俗事象中都分担着一定的民俗角色，承载着一定的民俗文化。民俗角色呈现多样性、多重性的特点。民俗角色中，“专业性”角色总是少数，因为群体中精通民俗知识并能操作民俗活动的人总是少数，尽管这少数的民俗角色正是历代的民俗传承人。但是，假如没有大多数俗民对民俗的广泛需求，这些角色也就没有了存在的价值。“随俗角色”作为习俗的“携带者”在任意所在的环境中无意识地传播着民俗事象。

2. 民俗传承论

在中国民俗学的基础理论研究过程中，考虑到这些有关“传承”的概念也完全适用于中国的“一国”多民族民俗或以汉民族民俗为主体的民俗传统，于是正式采用了“传承性”一词，20世纪70年代末把传承性确定为民俗的一个基本特征。在使用“传承性”这一术语的最初阶段，在民俗的“传”的特征上出现了两种“传”的特征表述：一是民俗的传承性，是指民俗文化在时间上传衍的连续性，即历时的纵向延续性，同时也是指民俗文化的一种传递方式。二是民俗的扩布性则指民俗文化在空间伸展上的蔓延性，也是指民俗文化的横向传播过程。可见，作为民俗特征的传承性，在中国民俗研究中还没有做出更加全面准确的阐释。

在民俗事象具备的若干特征中，传承性是具有法则性的本质特征。民俗学在探索传承的法则性本质时，不能不关注传承人或传承者、民俗传人的主体位置。他（她）们是民俗文化的主要承载者，是民俗实践经验最丰富的民俗活动操持者和民俗知识的集散者。这些人在民俗行事中都有突出的技艺或才能表现。他们往往是世代相续的民俗文化传人和习俗社会规范的主要支配力量。他（她）们在各自的民俗传播空间里都发挥了不可估量的民俗传承作用。传承论就其综合含义而言，包括民俗的一切传的形式和行动方式。它既包括由一代传给另一代的传，也包括由一个局面向另一个局面的传，还包括在横的方向直接或间接的传递。民俗学正是探索充满俗民生活中的传承的习俗及其观念的学问，并通过这种研究阐释民俗的历史意义及现代意义。其性质有两个方面：一个是以传承资料为基础，研究俗民从古至今传递下来的人类生活方式、思想观念，以总结并追寻俗民的日常心态、感觉和体验为目标，并对某些民俗方面做出反思。另一个是沿着俗民所传承的事象及其实证，去把握以往俗民自身并未意识到的种种传承的相互关联和结构。

维也纳学派的“文化圈”、“文化层”理论对民俗学的传承论在纵向、横向传递、传送民俗元素和信息的研究上有重要意义。文化在空间并存中的分类是文化圈，在时间序列中的分层则是文化层。曼彻斯特学派被称做“泛埃及主义”的传播论是比较极端的传播主义或“超传播主义”，但实践证明文化要素的相互传播、移动、借入和流布在文化交流中始终存在并有积极的不容忽视的文化史意义。美国历史学派的“文化区”、“文化带”理论强调文化的决定因素不在于地理环境，而重要的在于文化和历史条件发挥的作用。

3. 民俗功能论

任何民俗事象和民间文学作品都不是无谓地传习的，它在所依存的俗民社会中总是起着这种或那种实际的作用，满足着社会整体的共同需要，也满足着个人的心理需求，这种将人们生活融为一个整体的有效作用，就是功能。

任何民俗都不是可有可无的赘物，它在其承传的俗民社会中总是起着这种或那种实际的作用。这些作用就是功能，它作为传承的动力，构成一切民俗事象赖以形成的前提。民俗事象形态与内涵的演变，首先是功能转化的结果，即便是导源于时空条件的客观变化，也体现为适应主体需要的文化调整。功能作为人的自然属性与社会属性的体现，协调着主客体间的相互关系，并引导着作为特殊自然力的文化创造，决定着文化，包括民俗的盛衰转化。民俗功能是潜隐的心理机制的反映，它借助物质设施、惯习行为、语言、图像等符号而显现，作为一个历史的文化变量，它受自然力、生产力、道德力的制约，或微或著，或消或长，始终处于运动发展之中。没有一成不变的民俗，也没有始终如一的功用。就具体的民俗事象分析，民俗功能可概括出认识、教化、组织、改造、选择、满足等功能类型。

英国功能学派学者马林诺夫斯基认为，一个社会的基本生物需要，是文化所有滋养、发展以绵续的条件，人类用文化的手段满足他们的基本生物需要；然后又产生对法律组织的需要；再次，社会要靠传统风俗为工具，使文化得到它的绵续性。在马林诺夫斯基看来，人类社会的任何活动都为满足某种现实的需要而存在。以马林诺夫斯基的功能主义的角度看，功能即是对人类社会“需要”的满足方式，他研究功能的观点是：功能方法坚持社会事实的复杂性；各种在表面上常常矛盾的因素，实系纠结于一种信仰或坚信中；这样的坚信在社会制度内有力地运行着；并且用传统的标准化的行为来表达社会的态度与信仰。

（五）研究方法

本文运用的研究方法主要是文献分析法和田野作业法。

文献分析法：本文旨在从民俗学角度来阐释东路二人台的创造、传承和享用，除了立足于调查地点的实际情况外，还要全面收集、查阅各种文献资料、现有研究成果中对东路二人台及其相关理论方面的论述来进行研究。

田野作业法：民俗研究的科学性必须用田野调查的第一手资料来保证。因此，要想对东路二人台进行科学的分析、研究，必须与田野调查相结合。在本论文的写作过程中，笔者将通过访谈和观察的方法，以内蒙古乌兰察布市集宁区、商都县为调查地点，结合当地的民族文化底蕴和民间风俗习惯，切实展现东路二人台这一民间艺术最淳朴、最真实的一面。在研究中避免主观臆断，从而获得客观的结论。

（六）基本概念的界定

1. 东路二人台：二人台由于流传的地域和艺术风格不同分

为西路二人台和东路二人台，通常把流传在乌兰察布市、山西雁北地区及河北坝上地区和张家口一带的称为东路二人台。东路二人台是一种地方小戏，最初由一丑一旦两个角色表演，因而得名“二人台”，后来随着剧目的发展，角色不仅仅局限于两个人，东路二人台也发展为集歌唱、舞蹈、音乐于一体的戏曲形式。

2. 民俗学阐释：民俗是由广大民众创造、享用、传承的生活文化，民俗学是研究民俗事象的一门人文学科，本文所指的民俗学阐释主要是从民俗学的角度，运用民俗学的相关理论，对东路二人台的创造、享用以及传承做出系统的描述与论述。

3. 民俗主体：即民俗的“民”，凡负载民俗文化和分享民俗文化的群体和群体中的个人，都是民俗的“民”，或按我们的说法叫做“俗民”或“俗民群体”。不论他们是以个体还是群体的形式参与民俗事象，都在民俗活动中承担一定的民俗角色，是民俗活动产生的动因，是活动的支配者。

4. 传承方式：民俗的传承性，是指民俗文化在时间上传衍的连续性和在空间伸展上的蔓延性，本文所指的传承方式是指作为一种活态的民俗事象或者说是一种非物质文化遗产，东路二人台的传承方式主要有社会传承方式、专业传承方式以及其他传承方式。

5. 俗民角色：本文所指的民俗角色是指在民俗事象中，民俗的参与者所扮演、担当的身份角色。民俗角色具有多样性、多重性的特点，其中的“专业性”角色是群体中精通民俗知识并能操作民俗活动的少数人，也正是历代的民俗传承人。

6. 民俗功能：任何民俗都不是可有可无的赘物，它在其承传的俗民社会中总是起着这种或那种实际的作用。这些作用就是功能，它作为传承的动力，构成一切民俗事象赖以形成的前提。本文主要是指东路二人台在俗民生活中所发挥的功能作用。

二、东路二人台的缘起演变与俗民的介入

（一）东路二人台的缘起

1. 流传于内蒙古地区的二人台概说

二人台是广泛流传于内蒙古、陕西、山西、河北等地的一种具有深厚民间文化基因的地方小戏。关于二人台的形成，可以说是“博采众家之长而发展起来的”。而关于二人台的起源，则有两种说法：一说清光绪年间（1875－1908）于内蒙古西部土默特旗一带，在蒙汉民歌和曲艺丝弦坐腔的基础上，吸收民间社火中的汉族舞蹈，创造了一丑一旦，载歌载舞的表演形式，取名“蒙古曲”；一说它是由清朝咸丰、同治年间（1851－1874）曲艺打坐腔结合秧歌中“踢股子”等舞蹈动作，发展而成。之后，由山西逃荒的难民传到内蒙古西部，又吸收了蒙古族歌曲而进一步成长起来。至于这两种起源说究竟哪一种更为准确，根据现今可查阅的有关史料，笔者对流传于内蒙古地区的二人台做如下探析。

据有关史料记载，清代朝廷实行“移民实边政策”，晋、陕、冀、鲁等地移民大批迁移至土默川一带，另一方面，清朝政府的腐败和农村经济的崩溃使农民和城市手工业者的生活艰难，加之战争不断，关税重重，农民为了求生存而不得不另谋生计，背井离乡来到口外，这也就是所谓的“走西口”。随着大批移民来到口外，他们与居住在当地的蒙族人民和睦相处、共同生活，长期以来，蒙、汉两族文化在碰撞中而相互交融。二人台就是在蒙、汉两族人民的共同创造下，在蒙汉民歌和丝弦坐腔的基础上，吸收内地民间艺术而形成的。清朝光绪初年，社火盛行于土默川一带，形式丰富多彩，有高跷、秧歌、旱船、龙灯、狮子、

抬搁等各种民间歌舞，当时的蒙古族民间艺人在演唱“蒙古曲儿”的基础上吸收社火中的民间歌舞，把丝弦坐腔发展为一丑一旦有化妆演唱的二人小戏即二人台。当地人习惯称“打玩艺儿”。“蒙古曲儿”为蒙古族民间娱乐形式，是民歌坐唱。它由蒙语编词，用三弦、四弦、笛子等乐器伴奏，不同于一般的民歌演唱，更容易形成戏曲说唱的形式。清代末年，土默川出现了半职业性质的二人台班社，农忙种地，农闲演出。在演出流布过程中不断吸收当地多种民间艺术，进一步丰富了二人台的内容，在音乐、表演、服饰等方面形成了一整套程式，成为最受农、牧民欢迎的娱乐活动。总之，二人台是蒙汉两族劳动人民在生产和社会生活中创造出来的，经历代二人台艺人不断丰富和发展，成为广大人民喜闻乐见的民间艺术形式。

在长期的发展过程中，流传于不同地域的二人台逐渐形成不同的艺术风格。以内蒙古呼和浩特为界，流传在乌兰察布市、山西雁北地区及河北张家口坝上地区一带的称为东路二人台；而流传在呼和浩特以西地区的则称为西路二人台。东、西路二人台在地方戏曲的园地中各放异彩，在流行地区、剧种名称、剧目、音乐成分、道具、表演等各方面都有所区别。

（1）流行地区：东路二人台主要流行于内蒙古的乌兰察布市并其周边的兴和县、商都县、丰镇市、察右前旗等地，以及河北的张家口坝上地区，包括康保县、尚义县、张北县，山西省的阳高县、天镇县；西路二人台主要在内蒙古的呼和浩特市、包头市、巴彦淖尔市、鄂尔多斯市、乌海市及山西忻州市、大同市、太原市，河北张家口坝上地区，陕西榆林市，宁夏银川市并盐池县等地流行。

（2）剧种名称：东路二人台俗称“蹦蹦”、“打玩艺儿”，1954 年始称东路二人台，系艺人们自发称谓；西路二人台俗称“坐腔”、“蒙古曲”、“打玩艺儿”、“玩艺儿”，1951 年 6 月由绥远省人民政府副主席杨植霖在民间艺人学习会作《二人台翻身》报告后，被正式定名二人台。

（3）剧目：东路二人台按比例划分，有三分之一的剧目是多人戏（即二人以上的大型戏剧），如《回关南》、《三女拜寿》、《寿辰会》等，有三分之一是二小戏，如《摘花椒》、《拉毛驴》等，有三分之一是码头调，如《大对花》、《采茶歌》等；西路二人台按比例划分，有三分之一的剧目是载歌载舞的带鞭戏，如《打金钱》、《挂红灯》等，有三分之一是以唱功见长的硬码戏，如《走西口》等，有三分之一是民歌对唱，如《串河湾》等，没有大戏。

（4）音乐成分：东路二人台主要来源于道情音乐、晋北民歌、冀北民歌、码头调（即民间社火音乐）等；西路二人台主要来源于晋北民歌、陕北民歌、码头调、晋剧曲牌、道情音乐、佛教曲牌音乐、鼓吹音乐、蒙古族民歌等。

（5）道具：东路二人台传统剧目中的大戏设有简单的舞台布景，如桌、椅等实景。表演小戏时，旦角手持手帕，丑角有的持四块瓦进行表演。20 世纪 50 年代以来，丑角在歌舞小戏的表演中配以红绸舞；西路二人台传统剧目的表演无舞台布景，旦角持手帕、扇子，丑角持笤帚、霸王鞭表演，也有的持四块瓦边奏边舞。

（6）表演：东路二人台注重戏曲表演，演员戏剧功底扎实，擅于表演，从社火中借鉴秧歌的舞蹈动作；西路二人台侧重于载歌载舞的小戏和具有喜剧色彩、取笑逗乐的“耍戏”，借鉴社火中舞蹈的跑场子动作。

2. “走口外”的历史背景

要探究东路二人台的起源，就不得不提“走口外”的历史，它与东路二人台的形成有着紧密的联系。对于东路二人台来说，作为一种民间艺术，“走口外”特定的自然、历史文化背景是它产生的直接动因。

（1）“走口外”的历史概述

历史上的“走口外”，亦称“走西口”，是指山西、陕西等地民众前往长城以外的内蒙古草原垦荒、经商的移民活动。“走西口”中的“西口”，其具体位置历来众说纷纭，目前比较主流的看法是，最早的“西口”特指杀虎口（今山西省右玉县），后来则改指归化城（今内蒙古呼和浩特）。从历史上看，地处黄土高原的山西、陕西，是中华文明的摇篮之一，是中国内地最早得到开发的地区，农耕文明有着数千年的历史。及至明清时代，因地狭人稠，加上天灾频临，不少下层民众离居流移。而从地理环境来看，晋、陕北部为中国传统上重要的农牧分界线，口外蒙地地广人稀，当地人出于各种需要，主动招募内地民人垦种，而清朝政府则出于移民实边等诸多方面的考虑，也逐渐放宽政策，鼓励放垦蒙地、发展农业。于是，晋、陕民众遂呼朋引类，前往归化城土默特、察哈尔和鄂尔多斯等地谋生。上述诸种因素的合力，遂导致了清初至民国时期，“走口外”之风愈煽愈炽。追溯到当时，集宁、丰镇县、兴和周边地区为蒙古各部世袭牧地，康熙伊始，清政府就出租土地由汉民耕种。到了光绪年间，官方开始大量的放垦，促使大批的汉族移民迁入垦荒。暑去冬来，这里成了打短工或长久垦荒耕种者求生劳作的地方，长此以往，一些商贾和手艺人也渐渐云集此地，使这儿成了一个多民族聚居区。另一方面，清朝政府的腐败和农村经济的崩溃使农民和城市手工业者的生活艰难，加之战争不断，关税重重，农民为了求生存而不得不另谋生计，背井离乡来到口外。比如，二人台的传统小戏《走西口》，就是描绘了清代咸丰年间，山西地区连年大旱，颗粒无收，迫于生计，新婚的青年男子太春要离开妻子孙玉莲，西出口外挣钱养家糊口，离别之际夫妻俩难舍难分的凄凉情景。这部小戏就是反映那时劳动人民痛苦生活的真实写照：“咸丰

（哎）正五年，山西省遭（呀么）遭年限。有钱的（那）粮粮堆满仓，受苦的人儿一个一个真是可怜。”“正月里娶过门，二月里西口外前行，早知道（那）你走西口，哪如咱们二人不成亲……哥哥走口外，玉莲挂心怀，但愿他平安无事，秋后早回来。”

然而，从“走口外”的历史发展来看，“走口外”极大地加强了口外边地与内地的经济联系，加强了蒙、汉人民文化上的交融。以山西为例，清代以来有一句谚语说：“雁门关上雁难飞，归化圆宝如山堆。山西亢旱没啥事，归化一荒嘴揪起。”所谓嘴揪起，也就是饿肚子的模样。雁门关在今山西省代县西北，为山西冲要三关之冠。归化亦即现在的内蒙古呼和浩特一带。此句谚语的意思是说：归化为商贾辐辏之地，对于山西经济的影响极大。山西的一些地方，即使本省发生大旱，对于当地社会并无太大的影响；但如果归化一带发生灾荒，那这些地方的民众就只能忍饥挨饿了——这当然反映出山西的一些地方对于口外经济有着极大的依存度。而对口外蒙古地区而言，内地大批移民的到来，带来了较为先进的农耕技术，促进了口外农业的发展，移民的辛勤耕作，将传统的农耕界线向北推移，使得当地单一的游牧经济发生变化，逐渐形成了农牧并举、蒙汉共居之乡。而大批经商务工者的纷至沓来，则刺激了蒙古地区商业的繁荣和城镇的兴盛。“先有复盛公，后有包头城”，“复盛公”是山西乔姓商人的商号之名，他们之于包头城的形成和发展，凸显了昔日晋商与边塞城镇繁荣的密切关系。此外，“走口外”还加强了蒙、汉人民的相互交流，此种交流，除了前述经济方面的影响外，在文化上的交融亦相当显著。譬如，蛮汉调（又称蒙汉调或漫瀚调），就是蒙汉人民在生产和生活的交往中，逐渐融合了信天游、山歌、蒙古歌曲的艺术风格，相互交流而催生的一种新民歌。而广泛流传于晋北、河北以及内蒙古地区的地方小戏“二人台”，更是农耕文化与草原文化相互交流和融合的产物。东路二人台就是在这样特殊的历史背景和社会条件下萌生的。

（2）俗民的介入与蒙汉文化的交融

艺术源于生活，没有人，就没有生活，而没有生活，也就没有二人台。从民俗学的角度来讲，无论是个体还是群体，都是所谓的“俗民”。因此，俗民的介入、俗民的生活以及俗民的角色扮演，都是民间艺术能够生根发芽、生生不息的内在原因和动力。

说到我们的二人台，如果没有“走口外”的历史，没有大量内地汉移民的入迁，二人台这门来源于俗民生活的、深深扎根于民间的艺术就不可能产生。移民的入迁不仅使经济结构、民族结构发生了变化，更促进了习俗的改变与文化的交融。而蒙汉文化交融的土壤则孕育了二人台的产生。

内地汉移民的大量入迁和垦荒改变了该地区的经济结构和居民结构，由单一的游牧经济变为农牧结合，单一的蒙古族变为多民族交错聚居。这样的改变不仅促进了该地区的开发和多民族经济的发展，也促进了多民族文化的交流，从而形成了本地区民族的、经济的、文化风俗等方面的历史特点。据史料记载：早年的丰镇县是蒙古族的牧地。乾隆十五年设丰镇厅，那时，这一地区已成为口外移民经商和贸易的中心，文化交流也越来越广泛。而且，大量移民的涌入使这一地区形成了蒙汉杂居的格局，蒙汉人民在语言、习俗等方面相互影响、相互渗透，逐渐形成了本地区特有的文化现象。

随着大量移民的迁入，一些民间艺人也不断地涌至，带来了内地的文化和艺术，冬闲时人们以唱民歌和耍社火自娱，所以当时民歌和社火也大为流行。每到年关和元宵节前后，各村镇都要组织民间艺人们闹社火，走街串巷进行表演，所唱曲调也大多取之于本地民歌。后来艺人们在民歌的基础上加以引申，长而久之，渐渐地融进和借鉴了一些社火表演的成分。据老艺人回忆：过去，每到春节，在丰镇、集宁一带，一些农民和民间艺人就聚在一起“闹红火”，一直到农历二月二以后才各自回家从事生产劳动。活动的方式主要是踩高跷。辛亥革命（1911 年）前后，有了打地摊的演出。每逢春节，艺人们就搭班演出达两、三个月之久。据说，东路二人台最老的民间艺人是“常变鬼”（艺名），他是山西阳高人，白天踩高跷，晚上“打玩艺儿”，当时经常在这一带活动。除了“常变鬼”以外，经常在这一带活动的老艺人还有“天降丑”程少金、“贾大丑”武科举、“三点红”罗占福、康三、朱三等，后经当地民间艺人的发展，东路二人台逐渐在乌兰察布市这一带流传并发展起来，成为这一地区俗民喜闻乐见的民间艺术。

民族文化交融是一个不断发展变化的动态过程，不能用静止、孤立的观点来认识和把握它。而所谓的民族文化交融，主要是指两个或两个以上的民族之间，在长期的历史发展和文化交流过程中，彼此吸收一定的文化内涵，使之内化成为自身民族文化的一部分，有些民族文化可能为两个或多个民族所共有，有些文化则可能被他民族部分的吸纳，兼收并蓄。这种文化的交融同时也是对原有习俗模式的冲击，其固有的习俗体系遭到破坏，为再习俗化提供了可能性。以蒙汉文化的交融为例，这主要体现在：第一，晋、冀、鲁等地汉族移民的迁入带来了先进的农耕生产方式和生活方式，在长期的蒙汉杂居格局下，蒙族民众作为典型的游牧民族从农耕民族那里“广为学习先进的生活方式、政治制度乃至改变生活习俗”。[①] 第二，迁入的农耕民众“吸取游牧人的异域文化，并以粗犷强劲的游牧文化充作农耕文化的复壮剂和

① 张岱年、方克立主编：《中国文化概论》，北京师范大学出版社，2004 年版，第 89 页。

补强剂”。[①] 在蒙汉文化的交融下，蒙汉民众共同创造的东路二人台在音乐、文学以及乐器、演唱等方面既吸收了汉族的民歌小调和社火场面，又汲取了蒙古族民间文化的优秀养分，浩漫的蒙古长歌和生动的汉族曲调成为东路二人台形成的艺术源流。

3. 民歌、社火与打坐腔的完美结合

东路二人台流传至今已有百余年的时间了，在长期的流传过程中，蒙、汉两族的民间艺人对东路二人台的流传、发展做出了共同的努力。从最初的“蹦蹦儿”到“玩艺儿”，再到最后形成一种集化妆、说唱、舞蹈、表演为一体的民间艺术形式“二人台”，东路二人台可以说是走出了一条独具特色的艺术之路。

东路二人台是在社火、民歌、打坐腔的基础上产生的，在长期的演出实践中，它吸收了民歌的曲调，社火的舞蹈动作，打坐腔的演唱方法，尤其是较多地吸收了道情戏的音乐特点与表演特点，逐步形成了自己独特的演出风格。它融当地民俗、民风为一体，承载着地方厚重的文化底蕴，呈现出鲜明的个性色彩，具有独特的风格特色。

东路二人台形成的地域，民间艺术非常丰富，再加上汉移民带来的地方小曲、民歌、社火以及道情戏等，为东路二人台的形成提供了丰富的艺术来源。当时，晋、冀、鲁、陕等地的汉移民大量迁入到内蒙古境内，随之也将自己传统的地方小曲、民歌、社火等文艺形式带入内蒙，比如晋西北的“山曲儿”、“晋剧”、“山西梆子”，陕北的“信天游”，再加上内蒙古当地的民歌小曲、“爬山调”、“烂席片”、蒙古长调等，成为东路二人台形成的主要艺术源流。

除了民歌之外，东路二人台以民间舞蹈为基础，从社火中吸

---

① 张岱年、方克立主编：《中国文化概论》，北京师范大学出版社，2004 年版，第 89 页。

收了很多舞蹈动作和场面，又从其他剧种中学了不少舞蹈步法和表情动作，所以它就更接近于戏曲。社火是汉族民众的一种歌舞表演形式，在过去每逢过年过节，村村都办社火。社火分文、武两种。武社火是武术或杂耍表演，文社火的表演形式多样，有闹秧歌、耍高跷、跑旱船、抬搁、挠搁、车灯等。其中又以文社火为主要表演形式。社火表演中，演员们载歌载舞，动作非常丰富。据《丰镇县志书》（1916 年）记载："上元俗名灯节，乡下多扮灯官，唱秧歌，互相征逐，仿傩礼，献城中。各大街设棚迓三官入主于其中，或用鼓乐，或扮秧歌，或献戏。十四、十五、十六日各晚大放花灯。有灯山、灯树、灯楼。各色焰火有丈余高。大旺火及时发之，炮声震天，满城灯火，照耀如昼。"东路二人台借鉴了社火和戏曲中的舞蹈动作，摸索出适合自身的表现形式。比如传统东路二人台中挖步、滑步、花步、散步、碎步的使用就和戏曲中青衣的台步、彩旦花梆步、小旦的小跑步很接近。

"打坐腔"是一种小曲坐唱的演唱形式，一方面是在逢年过节、丰收喜庆时群众自发性的坐唱，另一方面是富人们在办婚丧喜事时聘请一些艺人或爱好者来坐唱。演唱者多见一人（偶有二人），不戴行头不化妆，席地而坐，尽兴而唱。伴奏乐器有四胡、三弦、八角鼓等，可以自拉自唱。在"打坐腔"的演唱形式中，为了适应蒙汉人民共同的欣赏需要，艺人们又将蒙汉语掺杂在一起演唱，这种蒙汉交融的演唱方式谓之"风搅雪"。蒙汉不同语言的交错使用，使这种艺术表现方法具有独特的格调，更具一种饶有兴味的意境。东路二人台就是在"打坐腔"这种演唱形式的基础上，经过不断的探索与完善，逐渐形成一种戏曲表演。

（二）东路二人台的地域流布与演变

1. 东路二人台的地域流布

目前有关东路二人台的最初起源地可谓是众说纷纭，山西学派的认为，东路二人台最初起源于山西阳高县，因为东路二人台老一辈的艺人大都是山西阳高人；内蒙学派的则认为，东路二人台是一种兼有汉、蒙两种文化因素的地方小戏，而且，流传至今的史料所记载的东路二人台表演也都在乌兰察布市这一带地区。那么现在比较主流的观点认为，东路二人台是以内蒙古乌兰察布市为中心，同时在乌兰察布市周边地区、山西雁北、河北张家口坝上地区广泛流布，之所以在这一带地区缘起、形成，是与这里特殊的地域、社会环境分不开的。

以乌兰察布市为中心的周边地区正是农耕文明与游牧文明的交汇之地，广阔无垠的乌兰察布市地处内蒙古中部，与山西、河北毗邻，全市辖两区、四旗、五县，面积5.5万平方公里，人口近300万。据史料记载：察哈尔部在蒙古历史上占有重要地位。清康熙十四年，察哈尔部从辽宁义州移至张家口、宣化、大同边外，东南距京师430里。东界克什克腾旗，西界归化城（今呼和浩特）土默特，南界直隶（今河北）独石口、张家口及山西大同、朔平，北界苏尼特及四子部落，此即为察哈尔八旗驻牧地。也就是今乌兰察布市所辖之地。随着清朝末期晋、冀、鲁等地汉族移民的大量迁入，乌兰察布市一带地区形成了蒙汉杂居的格局，蒙汉经济的交流也促进了两族人民在文化上的交流、融合。这也就造就了这一地区独特的社会文化环境。这也就是为什么东路二人台恰恰在乌兰察布市这一带形成的原因。

这里要提到的是河北、山西与内蒙古三省交界的一处被称为“鸡鸣三省”的地方—马市口。马市口正好是在长城口上，属河北省怀安县管辖，清代时系长城内外农耕民族与游牧民族互市的地方。它处于内蒙古兴和县、河北省尚义县与山西省天镇县交界的地方，出马市口往北走十几里，就算到了口外，即内蒙古的兴和县。东路二人台则以兴和、尚义及商都、康保、张北等县最具代表性，并其周边的察右前旗、中旗、集宁、怀安县、阳高县等。

2. 东路二人台的演变

最初的东路二人台可以说算不上真正的艺术，它只是劳动大众闲暇之余、田间地头的一种娱乐形式，是劳动大众消愁解闷、抒发感情，特别是表达反抗封建压迫、束缚的民间故事的一种形式。这种纯粹的自娱形式是民众潜意识中创造出来的，只要大家喜爱就行。随着大量内地移民的迁入，丰富多彩的社火活动和不同风格的民歌小调也流入这片粗犷、朴实的土地。汉族人民与蒙族人民和睦相处，共同生活，共同劳作。在丰收、节日的喜庆时候，他们聚在一起，用不同的方式来庆贺。据商都县一位艺人的讲述：过去，大多数人们农忙时都在田间，农忙完就闲在家里，因此，闲暇之余，节日之时，一些农民和民间艺人就聚集在一起"闹红火"，白天踩高跷、扭秧歌，晚上就唱"二人台"（当时称"蹦蹦儿"），在当时是相当的红火。

自清末至民国初年，乌兰察布市各地出现了一些艺人班社，其中比较有名的有前旗、集宁一带的罗占福班，兴和的秦小宝班，商都的霍家班、游八子班。这一些小班的初期活动还是季节性的半职业班，主要在正、二、三月，农忙即散。这一阶段的东路二人台小班比较活跃，比较有名的艺人也较多。如兴和县秦小宝、赵有根，商都县常有禄、高八子、游八子，集宁康三等。在这一时期，东路二人台突破抹帽戏形式，进一步增加戏剧成分，向多人台按剧情分角色表演人物发展，如《大走西口》、《回关南》。另一方面，东路二人台艺人大都是农民出身，没有文化，曲调、剧目全靠口传面授，从未经过文人加工整理，而且只在穷乡僻壤间活动，社会地位低下。因此，东路二人台艺术自身发展缓慢。

到了民国初年，东路二人台进入了一个新的发展时期。那时的农村贫苦，谈不上什么文化生活，只有逢年过节，作为一种娱乐方式，常聘请民间艺人来演唱二人台。小班由五六个艺人组成，一般打地摊演出，丑旦角挥舞着彩扇、手绢和霸王鞭，边歌边舞，众人席地而坐围观欣赏。晚上演出时用麦秸作篝火，有时通宵达旦，尽兴而散，所以，民间习惯称它为“玩艺儿”。随着发展，“玩艺儿”逐渐从社火中脱胎出来，演出中添加了一些简单的故事情节，后来打地摊的小班逐渐增多，剧目也就丰富了起来。

中华人民共和国成立后，为适应土改、镇压反革命等政治活动需要，东路二人台“改头换面”（用旧曲调唱新编词），兴起了新热潮。如：《镇压反革命》、《美人计》、《卢占奎刁人》等剧目，在当时起到了一定宣传鼓动作用，但并未从艺术上研究和发展东路二人台。1960 年，盟文教（当时称市为盟）组织了老艺人和戏曲工作者挖掘、整理出一批东路二人台资料，重点整理、改编《走口外》，并于 1963 年参加全区二人台汇演。这是东路二人台经过戏曲工作者整理、加工后第一次登上大雅之堂。这一次的演出成功，为发展东路二人台开辟了希望之路。然而，“文化大革命”的十年动乱让这种希望破灭，挖掘整理工作被迫中断，资料被毁，老艺人被迫害，造成东路二人台艺术发展上无可挽回的损失。

党的十一届三中全会后，东路二人台重获新生。在盟文化局直接领导下，戏曲工作者抓紧组织老艺人座谈、录音，整理音乐、文字资料，重新开始对东路二人台抢救、整理、研究，同时，鼓励广大业余戏曲作者积极创新新剧目。自 1978 年至 1980

年，出现一批整理、改编的传统剧目和新编现代小戏，如《秀姑劝夫》、《拉毛驴》、《摘花椒》、《光棍娶妻》等。这批剧目从选材、结构故事、塑造人物、语言等方面进一步发展了东路二人台地方特点，在音乐唱腔上进一步突破单曲体，对现代东路二人台小戏和传统小戏如何实现戏曲化表演（包括行当分工）做了适合本剧种的探索。同时，培养出一批年轻优秀的东路二人台演员，如武利平、王凤云、赵德厚等。1981 年，内蒙古艺校乌兰察布市分校东路二人台戏曲班创立，为东路二人台培养第一批青年演员队伍。1984 年，第一批东路二人台专业学生毕业，在政府支持下成立了乌兰察布市二人台实验剧团。至此，东路二人台后继有人，更有了展示这一艺术的平台。

然而，随着改革开放的深入，民间传统文化受到现代文化以及外来文化的冲击，这种冲击表现在方方面面。东路二人台作为一种民间艺术，由于其本身的限制和地域的局限，毫不例外地遭受冲击。受新型艺术形式的影响和经济利益的驱动，正规演唱东路二人台的剧团，面对经济收入的过少难以继续维持，造成一些艺术骨干弃艺经商。表演人才的短缺致使演出活动的减少，而且不少剧团名存实亡，有的转演其他。据乌兰察布市二人台实验剧团团长、东路二人台“国家级非物质文化遗产项目代表性传承人”冯来锁讲述：剧团刚成立时，受到政府的大力支持，现在剧团的演员主要是艺校毕业分配过来的，过去分配过来的都有编制，现在则没有编制，因此现在能留下来的不多，都出去单干了。虽说东路二人台的民间根基深厚，但现在已不像过去那样在民众生活中广泛流传。为数不少的个人演唱团队，由于艺术水平的限制和编剧、导演、舞美、灯光等效果的不正规，难以保证艺术水平，导致东路二人台艺术发展呈下降趋势。流布地域的局限，原有人才的流失，老一代艺人的逝去，年轻人才的短缺，致使东路二人台形成一种青黄不接的现象，这些都从根本上制约东路二人台的发展。除此之外，现在的东路二人台演出更多的是政治、文化宣传和商业性质演出。

随着国家对非物质文化遗产的重视，抢救、保护非物质文化遗产成为各级政府的重要任务。2006 年 5 月，二人台有幸被列入第一批国家级非物质文化遗产名录。在此契机下，东路二人台又重新受到关注和重视。近年来，乌兰察布市东路二人台艺术在党和政府的关怀下，在广大人民的爱护下，如今已形成市民族艺校培养人才、剧研室收集整理创作剧目、二人台实验剧团演出这样一个二人台良性发展链。2007 年 11 月 28 日，乌兰察布市东路二人台学会的成立，又为其营造了一个特定的人文圈子。乌兰察布市民族艺校现在不仅有二人台专修班，还有“武利平二人台明星班”，这些都是二人台发展的希望所在。

三、东路二人台的艺术风格特色与俗民生活

（一）东路二人台的语言风格特色与俗民生活

东路二人台是地方戏曲中的一朵奇葩，它来源于乡土民间，扎根于劳动大众之中，始终散发着一股泥土之香、山野之气。从东路二人台那里，我们可以感受到率真质朴的乡土气息，可以聆听到辽阔悠远的草原情怀，更可以领悟到生活在这里的人们勤劳、坚强、朴实的品性。东路二人台之所以能在地方戏曲的园地中独放异彩，粗犷、朴实的语言是最具特色的。

从东路二人台流传的地理环境、民风民俗来看，这些为东路二人台的形成与发展奠定了一个独特的自然、社会环境。探索、研究东路二人台的语言风格与特色，就要立足于这个大环境之中。流传在乌兰察布市的东路二人台与流传在山西雁北地区及河北张家口坝上地区一带的东路二人台虽说都称作东路二人台，但

它们最大的区别就在于语言的运用上。这也反映了东路二人台是与当地的环境和俗民生活文化紧密联系的。先从东路二人台历史上流传下来的传统剧目和现代表演中的剧目来看，它的剧目内容大多来源于劳动人民的日常生活和社会实践，深刻地反映了劳动人民的思想、感情和愿望；它不仅满足了劳动人民文化生活的需要，而且作为劳动人民进行生产斗争、阶级斗争及自我教育的武器；它是劳动人民生活中不可分割的一个组成部分。正因为东路二人台在内容上把劳动人民的日常生活与劳动、社会现象结合在一起，再加上具有浓郁生活气息的语言，因而备受民众的喜爱。

东路二人台在语言的运用上，与其他地方戏曲一样，在道白、唱腔的声韵上，都以方言土语为基础，大致可以归纳为以下几个特点：

1. 丰富多彩的叠字语言。

叠字语言是当地农村群众的惯用语，是群众语言中最有代表性、最有特色的语言，是在内蒙古二人台、爬山调、民歌等传统文艺中常用的语言。如：毛乎噜噜毛眼眼、花圪生生、喜鹊鹊、水灵灵、泪蛋蛋、小妹妹、欢欢儿、刚刚儿等叠词语在二人台艺术中的运用较为广泛。这种叠字语言感情色彩强烈，地方特色浓重，说起来抑扬顿挫，自然流畅，别具一番韵味和情趣。在传统剧目《大走西口》中，叠字语言的运用如：

孙玉莲（唱［哭板］）哥哥走西口，
小妹妹实难留。
止不住伤心泪蛋蛋，
突噜噜往下流。

创编剧目《光棍娶妻》中，作者运用不少叠字语言来叙事、抒情和塑造人物形象。如：

牛大（唱）瓜秧秧受尽了风和雨，
瓜蛋蛋落地苦了我和你。

如今咱生活有了富余，
你的婚事我着急。

2. 幽默诙谐的歇后语。

歇后语是一种风趣、诙谐、含蓄、幽默、生动活泼、通俗易懂的语言，能增强人物的立体感，能引人猜测，发人深思，达到讽刺效果。如："袖筒里揣面仗——直来直去"，"炉炕里的山药——灰圪蛋"，"月亮进家啦——越看你越（月）来啦"。诸如此类的歇后语不胜枚举，这些语言直接来自生活，形象生动，幽默风趣，增添了喜剧色彩和戏剧效果，给观众朴实、爽快之感。

3. 生动形象的串话。

串话是内蒙古西部地区广大群众创造出来的一种口头诗，每句话的最后一个字合辙押韵，听起来节奏明快，语调流畅，类似外地顺口溜。如："天上的星星，心中的灯，咋也赶不走你那人影影"；"霜打的山花火朴朴红，老天无情人有情，寡妇的荷包姑娘的心，十年的黄连出了根"；"樱桃长得红通通，闻一闻香喷喷，吃在嘴里甜盈盈"。串话在叙事、写景、抒情、刻画人物、状物拟声等方面有广泛用途，土色土香的语言能够真切表达出当地群众的喜怒哀乐，生动形象地体现了人民群众的审美观点。

4. 别具音韵的语助词及儿化语言。

语助词及儿化语在小戏中广为应用，尤其在人物对话中，为了增强小戏的感染力，加强句子的语气，经常运用一些诸如"啦、哇、哩、呀、啊"等助词及"儿"字。这样可以把剧中人的疑问、陈述、停顿、祈使等语气生动形象的表达出来。如："敲打甚哩，进来哇"，"听你们的嘴哇，一个甜成蜜罐儿，一个香成油坛儿"。

5. 妙语联珠的呱嘴。

呱嘴常常出现在小戏开场时，句式短小精干、音韵谐美，能吸引观众很快进入小戏情节。呱嘴与数板、莲花落、顺口溜、快板相似，都是东路二人台小戏中常见的群众语言。如：《拉毛驴》开场时刘根喜的一大段呱嘴：说南乡，道南乡，南乡有个好姑娘，姑娘今年二十岁，爹娘给她配新郎。又如：《大走西口》第三场开场时马玉红的呱嘴：我名就叫马玉红，成天起来乱哄人，东家出，西家进，吹吹拍拍去看病。只要金钱一到手，哪管病人好和疼。

6. 具有浓厚乡土气息的方言土语。

东路二人台这种地方小戏的独特魅力之处也就在于它那浓厚乡土气息的方言土语，土腔土调。在东路二人台剧目中，运用方言土语来反映故事环境情节，表达人物的思想感情是随处可见的，如：称身强力壮的年轻人为好后生，称好逸恶劳为懒孩儿、灰人。到家里看望你叫眊你，惦记某人叫结记，向远处看叫放眼，等等。这样通俗易懂的语言，不仅能让广大群众看得懂、听得懂，而且使观众与演员之间能够形成共鸣，才能够博得广大观众的喜爱。

此外，对仗工整的对子话、比兴真切的谚语以及活泼风趣的谐音岔话也是东路二人台语言中的独特运用，这些地方语言的运用对表现人物性格、体现戏剧情节、渲染生活气息、增强戏剧效果，具有极其重要的作用。可以说，方言的运用是东路二人台最大的特色，不用方言就没有地方戏曲的那个味道了。

上述各种类型的语言形式，在生活中常常是触景生情，即兴编出或用来，大多常有本地语言韵脚，地方色彩浓厚。在戏剧中，用得贴切，对增强生活气息、表现人物、增强戏剧效果具有重要作用，这种语言的独特地方色彩构成了东路二人台一大特点。剖析了东路二人台语言的种种特色之外，我们也应该认识到，东路二人台作为一个地方小戏，有着区别于其他戏曲的独特之处，但也在某种程度上限制了它的扩大与发展。对于外地的观众而言，土腔土调的语言是特色，但也是局限，他们很难听懂，也很难理解整个故事的情节，因此，也限制了东路二人台走向全国，走进更多俗民的生活中。

（二）东路二人台的音乐风格特色与俗民生活

东路二人台主要来源于地方民歌，是在民歌和社火的基础上，吸收了大秧歌、道情、北路梆子等音乐元素而发展衍变来的。作为戏曲音乐的雏形，东路二人台的音乐保留着许多民间歌曲的形态，曲调基本上保留了原民歌乐曲的风格。东路二人台的唱词中主要采用地区方言，语言通俗易懂，特别是大量吸收和运用了当地人们所熟悉的俗语，增加了语言表达的效果。这种方言质朴而淳厚，词语中多双声叠韵，串话丰富诙谐，凝练质朴，叙事性强。人物刻画形象生动，朴实无华，既有热情大胆，言直豪爽的个性风格，又有浓郁的乡土气息。东路二人台是劳动大众在山间田野上创作的小戏，是他们思想感情的自然流露，保留着较浓的乡土生活气息。东路二人台的音乐包括唱腔和牌子曲两大部分。

1. 唱腔

东路二人台的唱腔是由流行在当地的民歌（包括秧歌、烂席片、爬山歌、地方小曲等）所组成的。这些民歌有的是从山西、河北、陕西等省流传过来的，有的是当地土生土长的，还有一部分是蒙古族民歌，这些民歌经过几代艺人们口传面授，融会消化，已经变成地道的东路二人台唱腔了。由于民歌与东路二人台的语言、语音不同，再加装饰、润腔方法口语化、地方化，特别是东路二人台由民歌演唱形式发展为小戏后，这一戏剧化要求，是外省流入民歌和当地生长民歌以及蒙古族民歌都融合在一起，变成具有独特风格的东路二人台唱腔。

东路二人台的唱腔来源于民歌，对曲调的运用有一定的提炼，最初的唱腔较为简单，从一曲专用或一曲多用，发展成多曲联用的套曲形式，基本上保留了原民歌乐曲的面貌，曲调变化不大，只有快慢之分，多数曲调至今依然保留着原民歌风格。随着剧目戏剧性的增强，部分唱腔已突破了原来较为规整的民歌体形式，同时也有了简单的板式变化。唱法高低起伏变化小，比较平缓，欢快流畅，定调比西路二人台略高，适合男角演唱，故不用假声。唱词多用比兴手法，极富夸张，衬词叠字使用频繁，唱念简练生动，诙谐幽默，唱词中主要采用地区方言，语言通俗易懂，特别是大量吸收和运用了当地人们所熟悉的俗语，增加了语言表达的效果。这种方言质朴而淳厚，词语中多双声叠韵，串话丰富诙谐，凝练质朴，叙事性强。人物刻画形象生动，朴实无华，既有热情大胆、直言豪爽的个性风格，又有浓郁的乡土气息。

在东路二人台的发展过程中，受道情戏的影响较大。道情戏是我国黄河流域流行的一种民间小戏，它起源于唐代道士所唱的“经韵”，宋代发展成为唱白相间的曲艺形式道情鼓子词。清代乾隆年间，流传于晋北的说唱道情被搬上戏曲舞台，成为深受当地观众喜爱的一个戏曲品种。道情主要以唱戏为主，至今仍保留有说唱痕迹，所演剧目多以“三小戏”为主，行当主要有生、旦、丑，没有大净、架子花脸等行当，不演武功戏，擅长演喜剧。道情戏唱腔以真嗓演唱，清悠委婉，悦耳动听，有浓郁的生活气息。东路二人台在音乐唱腔上吸收了道情戏的演唱风格，与西路二人台相比，更具有浓郁的戏曲特点。

后来的东路二人台在创作完善中，作为戏曲音乐，在戏剧性要求与制约下，已经有了初步的、不够成熟的、不够完整的板式变化。它也像其他民间小戏一样，在表现戏剧内容前提下，脱开民歌体原形向戏剧性方面发展、演变。它的唱腔曲调有大起板

(散板)、慢板、流水板、快板、煞尾等板式。东路二人台唱腔曲调的感情色彩，随剧目不同基本有四种类型：以唱、做为主的抒情曲调，如《走西口》、《回关南》等；载歌载舞叙述故事一类曲调，如《珍珠倒卷帘》、《下山》等；还有一种就是带有演唱形式的歌表演，如《打连城》、《十对花》等；另一种也是比较多的一种，就是故事情节比较复杂，戏剧性比较强的剧目所用曲调，如《摘花椒》等。东路二人台经过近百年的发展，在唱腔上已由原单纯性的民歌提升到有一定戏剧成分的高度，除有抒情的慢板和叙事性的流水板外，还有配合动作的间奏、打击乐和对比性很强烈、表现人物思想感情细腻的散板、哭板和新颖的转调整。

总之，东路二人台的唱腔具有优美抒情、委婉流畅的艺术特点和浓郁的戏曲特点，是具有浓厚乡土气息的原生态的民间艺术。作为一种戏曲音乐，它的多变性、自由性、随意性、即兴性，也丰富、润色了东路二人台的音乐。

2. 牌子曲

东路二人台的牌子曲是在唱腔的基础上吸收古牌曲、民间流行牌曲和戏曲音乐及蒙古民歌等发展起来的，这些牌子曲，有的来自民间乐曲，有的来自晋剧，有的是佛曲。牌子曲一般是在演出前先奏，用来招徕观众。有些是根据剧情与演员动作需要，为某一特定情景伴奏使用。牌子曲音域宽广，曲调激昂奔放而又婉转缠绵，有的牌子曲善于表现热烈欢快之情，有的则善于抒发深沉感伤之情，喜怒哀乐，非常丰富。东路二人台的牌子曲主要有：满堂红、花梆子、喜相逢、一句半、大救驾、八板、九连环、千声佛等等。

除了唱腔和牌子曲之外，东路二人台在表演时还有伴奏乐器。东路二人台的乐器主要是笛子、板胡或四胡、扬琴，俗称“三大件”。这三大件合奏起来，各抒所长，协调统一，能使曲调变得丰富、华丽，显示出浓郁的二人台风味。后来，随着东路二人台的发展又逐渐增加了打击乐，有鼓、锣、镲、莲花落、四块瓦、梆子等。

东路二人台的音乐是由多年的文化积淀形成的，音乐的旋律、调式、节奏、音域等，保留着诸多晋、陕民歌与蒙族民歌的特点，这是符合它的地域特点与民族特色的，也是与蒙汉两族俗民的生活紧密相连的。其中，东路二人台最独特的演唱方式“风搅雪”就是为适应蒙汉两族民众的不同审美需要而把两种民族语言或音乐糅合在一起，“演唱时蒙汉语兼用，蒙汉民歌皆唱，有时蒙歌汉唱，有时汉歌蒙唱。这种蒙汉交融的演唱方式，当时老百姓谓之‘风搅雪’”。[①] “风搅雪”的演唱方式具有生动、形象的表现力，非常动听，消除了不同民族间欣赏的隔阂，突出了蒙汉民族杂居的地区特点，促进了不同民族语言文化的交流，沟通了两族人民的思想感情和审美欣赏习惯，也促进了二人台在语言、声调、声韵的发展，也给二人台音乐的完整丰富提供了素材。如《阿拉奔花》表现蒙古族和汉族青年相爱的故事，有时旦角唱汉语，丑角唱蒙语，有时蒙、汉语共用：“叫一声姑娘你给我唱，只要唱在我心眼上……哎，阿拉奔花，我的那银子赏给你”，“哥哥好比一条鱼，妹妹好比一池水，鱼傍水，水养鱼，咱二人相好谁也离不开谁。海莲花，乌拉银齐花，你走了妹妹咋想呀！”另外，东路二人台在创作过程中，蒙汉两族音乐的融合丰富了东路二人台的音乐表现力，使之更加优美动听，高亢明亮，独具塞北草原粗犷清新的风格，让人有如临其境的感觉。“风搅雪”这种用两种语言在同一个剧目里演唱的方式，在其他地方戏曲中确不多见，这是游牧民族的草原文化与悠久的农耕文化融合碰撞的结果，是蒙汉两族劳动人民智慧的结晶。

---

① 《中国戏曲志·内蒙古卷》，第 73 页。

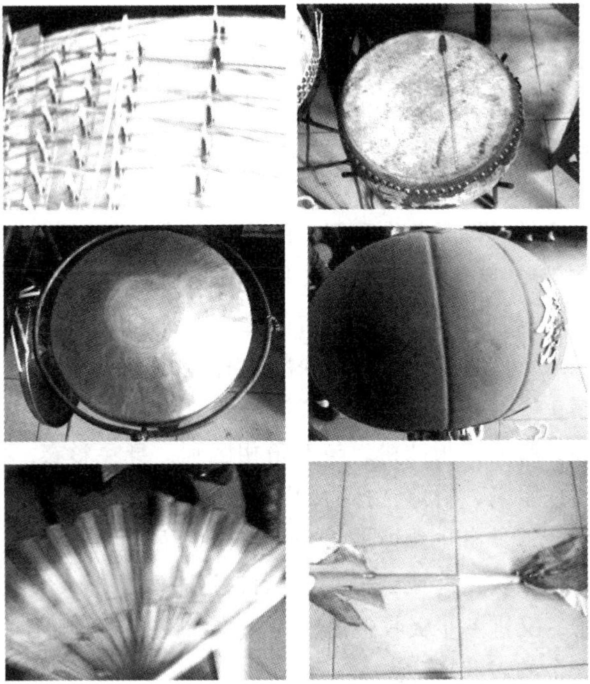

图1　东路二人台表演中使用的乐器及道具

（三）东路二人台的表演风格特色与俗民生活

表演在特定的语境下是一种动态而复杂的形成过程，这个过程是由诸多因素共同参与、而且也是由诸多因素共同塑造的，既有表演者、参与者与观众的交流互动，又有表演的即时性和创造性。东路二人台就是通过活态的表演方式，呈现给观众视觉、听觉上美的享受，更多的时候是表演者与观众之间的一种交流与共鸣。东路二人台不同于其他的戏曲表演，它在语言、音乐、舞蹈动作等方面有自己独特的风格，而且，东路二人台虽然属于戏曲，但是却不像其他戏曲那样具有严格、规范的程式性。

东路二人台最初的表演是一种小曲坐唱的形式，演唱者多见一人（偶有二人），不戴行头不化妆，席地而坐，尽兴而唱。伴奏乐器有四胡、三弦、八角鼓等，可以自拉自唱。这时的表演完全是劳动民众自娱自乐的形式。后来，东路二人台由这种小曲坐唱的形式发展到“玩艺儿”阶段，就吸收了汉族社火中秧歌和高跷的较原始的舞蹈动作和简单的化妆方式。“玩艺儿”的表演形式也比较单一，主要艺术特点除演唱外还增加了道白的成分。表演者为二人，有了丑、旦的角色之分。丑角在鼻子部位用白颜色画个三角形或青蛙状，或在眼部、嘴部用白粉抹一斜道，头戴高筒毡帽，手持霸王鞭，俗称“滚边的”或“丢丑的”；旦角是男扮女装，脸上涂脂抹粉，与丑角相区别，身穿彩衣，扎腰带，手持扇子或手绢，俗称“抹粉的”或“唱旦的”。表演者的服装也很简陋，道具有手绢、彩扇和霸王鞭。乐器伴奏有笛子、四胡、扬琴、四块瓦（或梆子）。之后，这种表演形式经艺人们的加工完善，又进一步吸收融汇了戏曲的某些身段和舞蹈动作，丰富了二人台的表演技巧。

建国后，“玩艺儿”改名为二人台，由最初的打地摊搬到舞台，女演员也登台表演，结束了男扮女装的历史。之后又发展出小旦、老旦、彩旦、小生、老生、小丑等多种角色，表演形式也逐步形成了比较固定的演出模式。东路二人台的表演，可分为歌舞和小戏两种。歌舞的表演来自社火的高跷，虽不再踩跷，但仍保留着高跷颠颤步的遗风，穿插过场仍用高跷的剪子股、编蒜辫以及秧歌的大小八字、大小圆场、二龙出水等套数。所用道具彩扇、霸王鞭、手绢都有一定技巧。彩扇有开扇、摊扇、背扇、摇扇、抖扇和各种扇花。打霸王鞭时，先打地三下谓三点头，然后随节奏分打上中下三路：上打肩背手臂；中打腰围；下打双脚或用脚踢。打法无固定套数，整学乱使唤。手绢原为红绸，后改为专用的八角硬手绢，有抛、接、旋转等难度较大的技巧。小戏的表演无程式规范，动作生活化。小班演出人物较多的剧目时，多采用“摸帽戏”的形式，但是大班演出已能做到根据剧情安排角色，有了行当之分。随着剧目内容的扩大，戏剧结构发生了变化，剧情中也有了矛盾冲突。所演唱的内容，多是反映现实生活和爱情故事之类，群众用自己所熟悉的民歌小调，以及其通俗的生活语言，来抒发自己的感情，表达他们的爱憎和追求。个别的剧目还出现了简单的武打，文武场也有了初步的分工，经常演出的传统剧目有七十多个，其中有一定故事情节和人物形象的剧目占一定的比例，其余的大都是说唱形式的小型歌舞节目。这些节目有的是从民歌基础上发展的，有的是从戏曲中移植改编的，有的是根据当地发生的事件编写的，大多数都表现了人民群众的生活和思想感情，有一定的现实意义。

此时的东路二人台艺术表演，在发展和创作中走向了比较完善和成熟的阶段，表演更富生活化、人物化和情节化。东路二人台成为一种集民间歌舞和传统戏曲于一体的独具特色的民间艺术。现代的东路二人台表演基本秉承了这个时候的表演形式，只不过现代的表演在服装、道具、化妆、设备等方面更为先进，剧目、角色更为丰富了。

综上所述，无论是从东路二人台的语言、音乐还是表演风格来看，根本上都来源于俗民的生活文化。我们知道，艺术来源于生活，民俗文化的精髓也就在于它是俗民的生活文化，而民间艺术是作为一种表达民俗文化的方式生成、存在于民间。因此，东路二人台是一种极具民间性的文化，它的民间性蕴含着持久性与灵活性，不同于我国其他戏曲的程式化、规范化那样规模宏大。这种充满泥土气息的粗犷通俗与独特自然的地域文化特色，更显出它旺盛的生命力，使其能够长久活跃于民间，而且，它的短小灵活也便于在发展中由传统化向现代化转化，以适应新时代新世纪的需要。

（四）东路二人台的功能与俗民生活

“任何民俗事象和民间文学作品都不是无谓地传习的，它在所依存的俗民社会中总是起着这种或那种实际的作用，满足着社会整体的共同需要，也满足着个人的心理需求，这种将人们生活融为一个整体的有效作用，就是功能。”① 在民俗生活中，各种民俗事象都以不同的形式发挥着各自不同的功能。东路二人台从它产生之日起，就在民众的生活中发挥着它的功能。

1. 俗民的“精神食粮”

从东路二人台最初萌芽的那个年代看，广大的劳动人民整日过的是“面朝黄土背朝天”的日子，而且，传统的封建专制使劳动人民长期处于被剥削、被压迫的地位。因此，他们精神上的需求使潜意识中产生各种不同的表达方式。东路二人台最初便是劳动人民闲暇之余一种自娱自乐的活动形式。也许，通过这种娱乐活动，能够使他们尽情地抒发内心的感情。从东路二人台的传统剧目来看，大多数都是反映封建社会的剥削、压迫以及劳动人民的艰苦生活、爱情故事，这也就说明了劳动人民通过不同的创作形式来表达内心的感情，更是一种精神上的寄托与希望。

东路二人台从最初的娱乐形式发展到后来的专业化表演，应该说是不断满足创造、传承并享用它的俗民群体的需要，其实也是适应社会发展的需要。“功能伴随着社会制度在变化、发展，伴随着人的物质与精神的需要而不断演进。功能的演进既有自然规律的驱动，也有人为的推进。”② 而这种需要在很大程度上推动了东路二人台的发展。从东路二人台百余年的发展历程来看，“打坐腔”的娱乐形式为其奠定了形成的基础，之后，它由劳动

① 陶思炎：《应用民俗学》，江苏教育出版社，2001年版，第45页。

② 陶思炎：《应用民俗学》，江苏教育出版社，2001年版，第45页。

人民闲暇之余的自娱自乐，到出现半职业的民间艺人、班社进行的一种季节性表演，再到后来有专门的民间戏班和民间艺人的职业化表演，如果说没有俗民群体对东路二人台的需求与推动，东路二人台怎么能够有不断的创造并世代传承下来。可以说，东路二人台之所以能够在民间深深扎根，能够在民众的生活中世代流传，因为它已成为了俗民的“精神食粮”，它在所依存的民众生活中已起着实际的作用。

2. 教化功能

“民俗是在一定社群中传习，满足人们的多方需求，有的事象偏重情感教育和道德感化，诸如敬老、爱幼、济贫、救死、劝诫、告慰等，都在实际生活中发挥着教化的作用。”① 东路二人台是劳动民众集体创造的一种民间艺术形式，它反映的是劳动人民的现实生活，表达的是劳动人民的真实情感，因此，民众在欣赏、享用东路二人台的同时，也受到了一定的教育和感化。比如，在东路二人台的传统剧目《秀姑劝夫》中，秀姑费尽心力苦劝好赌成性的丈夫，最终劝服了丈夫，一家人又和乐融融地过日子。像《秀姑劝夫》这样的剧目，民众在欣赏表演的同时，也从中得到了警示。其实，在东路二人台的剧目中，类似这样有教化作用的剧目并不少，这也反映了东路二人台的创作来源于民众的生活，也是受到民众喜爱的真正原因。

3. 认识功能

“民俗是一定社会的产物，常常凝聚着一时一地的生活经验和生产知识，并以行为惯习或民间文学的形式，借助动作与语言的媒介而传布，在传习的群体中发挥着认识的功能作用。”② 那么，就东路二人台而言，作为一种民间艺术，作为俗民群体生活

① 陶思炎：《应用民俗学》，江苏教育出版社，2001年版，第50页。

② 陶思炎：《应用民俗学》，江苏教育出版社，2001年版，第48页。

文化的体现，它使更多的民众从中认识到了不同的生活文化。而且，东路二人台促进了蒙汉两族在物质、文化等方面的交流，使两族民众形成了一种共同的社会心理和群体意识，维系着整个社区的和睦与安宁。我们在看待东路二人台时，不能片面地看到它只是一种地方小戏，在它的现象中，还蕴含着民族文化的融合与民族团结、和睦共生的历史渊源。东路二人台独特的历史文化底蕴，为研究民俗学、民族学、社会学、美学等提供了广阔的天地。

4. 原有功能的丧失与新功能的产生

我们不可否认，东路二人台正是为了满足它所依存的俗民社会的需求而产生的。不论是作为一种民间艺术，还是作为民众的生活文化，东路二人台从其产生之日起，就在民众的生活中发挥着这种或那种作用。然而，任何一种民俗事象都不可能无限延展。民俗事象原有的功能伴随着社会制度在变化、发展，伴随着人的物质与精神的需要而不断演进。“随着历史的发展，人们认识的提高，当然还有科技的进步，在人们的精神世界，那些负载沉重、内涵丰富的观念和意识的产品，逐渐消解了历史的涵义，变成了以审美或娱乐为主的艺术产品或形式，虽然这种观念和内涵的转换、淡漠，仍是令人深思的，但却是历史的结果。”① 因此，东路二人台在民众生活中所发挥的功能也会发生转化甚至丧失，同时也伴随着新功能的产生。

新功能的产生，正是为了适应现代社会的需要，也是满足创造、传承并享用它的民俗主体的需要。这种满足需求的功能在很大程度上延续了东路二人台的存在和发展。更为突出的是，东路二人台原有的功能是在当时的社会环境下发挥作用的，随着社会

① 唐家路：《民间艺术的文化生态论》，清华大学出版社，2006 年版，第 89 页。

的进步和人们思想意识的提高，东路二人台已经不是劳动民众的精神寄托和诉求载体了，现在越来越多的民众则把东路二人台当作一种艺术来欣赏。对于政府和商业戏班来说，东路二人台则可以发挥其他的功用。于是，东路二人台更多地出现在了政治、文化宣传和商业性质演出的舞台上。也许，对于一种渐将被时代潮流淹没的民间艺术而言，宣传化和商业性的演出是其延续生命力和重新崛起的良好铺垫。在现代社会环境和文化观念的冲击之下，我们不应该再把眼光仅仅放在民间艺术本身的价值上，更应看到它在社会环境下的无限价值。当然，东路二人台创造的初衷不是这样的，现在的发展态势也许也是创造者们未曾料想到的，但是，若不是东路二人台以新的形态与内涵出现，也许它早已远离了人们的视线和生活。

一种民俗事象的功能消长，还要诉诸功能理论的解释。“民俗事象形态与内涵的演变，首先是功能转化的结果，即便是导源于时空条件的客观变化，也体现为适应主体需要的文化调整。功能作为人的自然属性与社会属性的体现，协调着主客体间的相互关系，并引导着作为特殊自然力的文化创造，决定着文化，包括民俗的盛衰转化。……没有一成不变的民俗，也没有始终如一的功用。”① “功能是民俗消长的动力，一切存在着的民俗现象都有其实际的功能，而一切消亡了的民俗则是因为功能的丧失。”② 因此，东路二人台还想要在现代社会和民众生活中拥有立足之地的话，就只好尽最大努力，或者改变功能，或者改变性质，去适应时代潮流，满足社会和民众的需求。

---

① 陶思炎：《应用民俗学》，江苏教育出版社，2001 年版，第 47 页。

② 陶思炎：《应用民俗学》，江苏教育出版社，2001 年版，第 58 页。

四、东路二人台的传承方式与俗民角色

(一) 东路二人台的传承方式

从民俗传承的理论角度来讲，民俗学在探索传承的法则性本质时，不能不关注传承人或传承者、民俗传人的主体位置。民俗传承不是理论上概括出来的行为特征，它是来自人在实践中的具体行动。在习俗环境中，传送者传布的作用是十分重要的，他们不仅拥有丰富的民俗知识和参与民俗活动的经验，而且还在社会群体中，在大多数接受习俗化养成的承受者（受众）中获得信赖、荣誉和崇敬。同时还要有口头说服、宣传、传说或演唱的方法、技巧和本领，把民俗的、口头文艺的大量信息传递给他们的受众，主要是下一代受传人，产生听觉、视觉或多种感受的效果，形成绵延不断的传承系谱。① 民俗，作为一种由广大民众共同创造、享用，并世代传承的一种生活文化，无论从其创造的过程还是其世代的沿袭传承，都非一人之力可以完成。东路二人台作为一种民间戏曲，之所以能够流传百年而不息，不仅在于它有着深厚的民间根基，更重要的是其能够流传下来的传承方式。

1. 社会传承方式

毋庸置疑，东路二人台作为一种依靠口传心授、心领神会的戏曲艺术，传承是它的基本特点，“只有通过口传心授的方式传承，才能使某种非物质文化遗产的表现形式得以世代相传，不断流、不泯灭、不消亡，在自然淘汰中逐渐形成一种相对稳定的文

① 乌丙安：《民俗学原理》，辽宁教育出版社，2001 年版，第 288 页。

化传统或文化模式。”① 而“所谓的社会传承，大致有两种情况：一是师傅带徒弟的方式传承某种非物质文化遗产，如某种手工技艺，如戏剧曲艺；二是没有拜师，而是常听多看艺人或把式的演唱、表演、操作，无师自通而习得的。”② 在社会传承这种方式中，不论是有师还是无师，人还是传承的主体。东路二人台作为一种戏曲表演形式，社会传承方式在它的世代传承过程中应该是一种重要的传承方式。

东路二人台流传至今已有百余年的历史，老一辈的东路二人台艺人大都是以师傅带徒弟或是自学习得这种方式来传承的，也就是依靠所谓的社会传承方式来代代相传的。根据民间艺人的讲述和相关资料记载，笔者对东路二人台民间艺人的世代传承关系进行了整理。东路二人台最老的艺人是“常变鬼”，为东路二人台的第一代民间艺人。第二代是“常变鬼”教的三个徒弟：“天降丑”程少金、“贾大丑”武科举、七六子“拆散人家”。“鸡毛丑”和“麻到底”亦是第二代同辈的艺人。武科举的徒弟“三点红”罗占福、康三，“拆散人家”的徒弟“六娃儿旦”，算是第三代艺人。“三老板”梁美、“老财汉”程之中、李飞高师父“万人迷”刘水山、游占奎的师父“高老八”亦是第三代同辈的艺人。至于李飞高、游占奎、“二姑娘”安有、冯子存等算是第四代艺人。最年轻的一代算是赵有根、郭有山等人了。这几代民间艺人代代相传，将东路二人台这一宝贵的民间艺术流传于后人，他们可是做出了很大的贡献。

个案1. 东路二人台的第一代民间艺人“常变鬼”的徒弟“天降丑”程少金的讲述：我师父（指“常变鬼”）会演高跷会

① 刘锡诚：《传承与传承人论》，载《河南教育学院学报（哲学社会科学版）》2006年第5期。

② 刘锡诚：《传承与传承人论》，载《河南教育学院学报（哲学社会科学版）》2006年第5期。

唱戏。当时学的是高跷、装身子、化脸子，十个八个人踩着高跷一边扭一边唱。那时高跷上唱的东西，除一般小曲外，还唱有故事的戏，如《走西口》、《种洋烟》、《绣荷包》、《放风筝》、《卖麻糖》、《媒妈妈提亲》等。最初我们都是踩跷子唱，此后我们白天踩跷子唱，黑夜拆了跷子唱。后来，我们成立了班子，开始登台演唱。因为我们演的戏多数是两个人的戏，所以人们给起名叫“二人台”。民国十五年，因生活无法维持而走口外，来到集宁，由于亦难生活就邀请原来的伙伴们搭班演唱，白天踩跷子，黑夜演二人台，很受人们的欢迎。当时，我师父教的另一个徒弟武科举，艺名“贾大丑”，比我来的还早，也唱二人台。

个案 2. 东路二人台的第二代民间艺人“贾大丑”武科举的徒弟康三的从艺经历：我的原籍是山西阳高，八、九岁便在村里学唱小曲，那时阳高一带盛闹社火，高跷最为流行，我一开始学的是高跷。当时阳高一位老艺人“常变鬼”白天踩高跷，晚上唱二人台。我的师父是“常变鬼”的徒弟“贾大丑”武科举，我于民国七年来到集宁唱二人台。

在田野调查的过程中，笔者与几位东路二人台艺人进行了访谈，可以说明社会传承方式是东路二人台传承的主要方式。

个案 3. 乌兰察布市二人台实验剧团团长、东路二人台国家级非物质文化遗产项目代表性传承人冯来锁在谈及东路二人台的传承时讲到：作为一门艺术，东路二人台的传承应包括两个方面，一方面是传，也就是从上一代传下来，另一方面是承，就是要有下一代来继承。传与承这两个方面都要具备才能将一门艺术传承下来。

就拿冯来锁团长的从艺经历来说，他从小就特别喜欢二人台，年幼时跟着大人在农田里拔猪菜，拣麦穗，也顺便“拣”到了三句两句二人台，便学着唱，一唱还唱得味道十足。一些热心肠的父老见他对二人台如此着迷且天赋不凡，便成心教他。于是，他便跟着一些家乡的二人台行家里手学，学唱腔、记台词、练舞姿，在看演出的时候就跟着台上的表演自学自唱。如此一来，他便成为一名身手不凡的“小戏子”，每年的元宵节，乡村里扭秧歌、办社火、闹花灯，他竟成了秧歌队里一根小小的顶梁柱。

1980 年，内蒙古艺校乌兰察布盟戏班在和林格尔县定点招生，冯来锁表演了几段独角二人台，赢得了主考老师的一致赞赏，录取后便进入乌兰察布盟艺校戏曲班学习二人台表演。学习过程中，1981 年他拜师东路二人台老艺人赵有根学习传统东路二人台的唱腔与表演。1985 年又拜师二人台表演艺术家武利平学东路二人台丑角表演。经过几年的拜师学艺和在艺校的专业学习，再加上后来他自己的实践摸索，冯来锁集二人台硬码戏、带鞭戏于一身，以表演老生和丑角见长，基本上形成了自己独具风格的表演体系。

个案 4. 商都县的一位民间艺人王老师在讲述她的从艺经历时说：小时候看二人台表演就非常喜爱，台上表演自己就跟着学，当时家里人反对学唱二人台。后来因自己一直坚持要学唱，家里就把我送到商都二人台艺人“白四女”那里去拜师学艺，师傅“白四女”看我是学二人台的料，就留下我教我学习东路二人台的唱腔和表演。拜师学艺一年后，我 13 岁开始登台唱，14 岁又回到公社宣传队唱，30 多岁又到了文化馆宣传队，一直到现在退休了还参加了社区的艺术团。

小结：传唱东路二人台主要依靠口传心授、心领神会，重要的是要有传承这一艺术的主体，也就是人。东路二人台能够传承下来正是因为有这些一代又一代的民间艺人。然而，东路二人台发展到现代，由于老一代艺人的逝去，原有人才的流失以及年轻一代的人才越来越少，东路二人台的这种社会传承方式似乎正面临着艰难。

2. 专业传承方式

从东路二人台的发展历史来看，它的传承主要依靠社会传承方式。除此之外，专业传承这种方式也逐渐成为培养传承人的主要途径。社会传承方式与专业传承方式应该说是两条并行不悖的传承路线。

最初东路二人台的传承更多的是沿着社会传承方式这条路线来实现世代相传，后来这种主要以师傅带徒弟或是自学习得的方式逐渐向学校专业培养这种方式转变。这种方式的转变一方面是得到政府对东路二人台的重视，成立了一些专业性的团体；另一方面，也是由于民间老一代艺人的渐渐逝去，拜师学艺的徒弟也逐渐减少。

最早的专业东路二人台表演艺术团体是平地泉行政区文工队（乌兰察布盟东路二人台职业剧团），成立于 1954 年，前身是集宁县人民剧团，演员和演奏员都来自于民间，有东路二人台艺人韩世五、李德山、李福奎、米淑珍、张占全等。该队所有上演剧目的音乐、唱腔大多由东路二人台曲调编创而成，上演传统东路二人台《拜大年》、《挂红灯》、《打金钱》、《打樱桃》、《走西口》、《打秋千》等。该队的剧目排练、演出实践对传统东路二人台音乐唱腔的继承与提高起到较大的促进作用。

1950 年，政府举办了民间艺人学习会，培训二人台演员。从此，东路二人台有了专业的二人台演员，集宁的韩世五就是当时参加民间艺人学习会走上了专业道路的。1980 年，政府成立了内蒙古艺术学校乌盟分校（现乌兰察布市民族艺术学校），专门设立了东路二人台戏曲表演专业，为培养东路二人台的专业表演人才做出了积极的贡献。第一批东路二人台专业的 37 名学生毕业后在政府的支持、鼓励下于 1984 年 7 月成立了现在的内蒙古乌兰察布市二人台实验剧团，这是现今全国唯一专门从事地方东路二人台艺术创作表演的地区级专业团体。该团在挖掘、整理、继承地方特色文化东路二人台传统节目，创作表演，发展东路二人台现代剧目上起到重要作用。著名二人台表演艺术家武利平曾说：由于受历史、地域、文化、语言、艺术表现形式以及地方经济发展滞后的局限，人们在思想观念上对二人台有所偏见，自愿从事这门艺术的人才日渐减少，二人台几乎成了“濒危”的剧种。不仅后继乏人，就是现有演员也寥寥无几，有些过去学过二人台表演艺术的艺人由于市场冲击而改行，二人台的发展前途十分暗淡。为了将这一门艺术传承、弘扬下去，武利平在艺校设立了“武利平二人台艺术明星班”。这个明星班的宗旨是传承二人台艺术，招收的学生要经过仔细地筛选，进校后第一学年将由戏曲教师为他们打下扎实的戏曲功底，第二年将接受民间舞、芭蕾舞等舞蹈艺术培训，第三年和第四年接受影视、戏剧等表演艺术培训，经过四年学习，争取把他们培育成具有现代表演艺术才能的二人台专业人才。武利平称之为“武利平教学模式”。

近年来，乌兰察布市东路二人台艺术在党和政府的关怀下，在广大人民的爱护下，如今已形成市民族艺校培养人才、剧研室收集整理创作剧目、二人台实验剧团演出这样一个二人台良性发展链。2007 年 11 月 28 日，乌兰察布市东路二人台学会的成立，又为其营造了一个特定的人文圈子，这些都是二人台发展的希望所在。

3. 其他传承方式

社会传承方式与专业传承方式是东路二人台传承过程中两种主要的方式，除此之外，有一些东路二人台艺人是从小受家庭影响而走上从艺道路，还有一些社区团体，主要是由业余喜好东路二人台的俗民或是民间艺人组成的。

个案 1. 商都县的一位民间艺人杨改珍老师在谈及她的从艺经历时说：当时家里人大都唱二人台，耳濡目染，我从小也就喜爱二人台。我 7、8 岁时家里人就开始教我学唱二人台，是娘舅家传唱下来的，慢慢地开始登台演唱。十几岁时，冬天农忙完就到公社参加排戏、汇演。一直到现在五十多岁了，仍在唱二人台，我这辈子就奉献给二人台了。

个案 2. 商都县的青松艺术团：这是社区组织的民间性的剧团，有演职员 20 多人，主要演东路二人台，以演东路二人台现代戏为主，也唱传统戏，大都是团里自编自演。剧团的演职员有几位是一直从事东路二人台艺术的专业演员，退休后就来到艺术团，还有一些就是因业余喜好而来到团里学习二人台的。

小结：传承是民俗的本质特征，民间艺人都是因喜爱二人台而走上从艺道路，从小时候的耳濡目染到后来的从艺，不管是哪种传承方式，他们都为东路二人台的传承做出了贡献。

（二）东路二人台传承中的俗民角色

“民俗生活是民俗主体把自己的生命投入民俗模式而构成的活动过程。”① 那也就是说，在民俗生活中，民俗主体因为融入和参与了民俗事象而承担着不同的民俗角色。角色的确定便意味着身份、位置的确定。然而角色并不是单一的，而是多重的。从民俗生活的实践中发现，那种“专业性”的民俗传承人角色在民俗活动中基本上少有角色转换的时候，因为通常俗民按照角色的规范要求他们充分发挥他们的民俗特长。也只有大多数随俗角色，俗民们对这种随俗角色并没有什么规范性的期望和要求。②

1. 俗民个体的角色

这里提到俗民个体的角色，主要是为突出那些在传承过程中起到主要作用或是说扮演“专业性”角色的个人。他们不仅以

① 高丙中：《民俗文化与民俗生活》，中国社会科学出版社，1994 年版，第 145 页。

② 乌丙安：《民俗学原理》，辽宁教育出版社，2001 年版，第 129 页。

遵守习俗规范而成为承载习俗的一般角色，更值得注意的是他们还以自己积累的丰富民俗知识，掌握有特殊的操作某种民俗活动的本领和特长而获得更加“专业”的民俗角色。[①] 像东路二人台传承中的师徒关系，他们常常结合成互为对象的关系进行东路二人台传唱的民俗活动，这里的师傅就是十分重要的民俗的传送者，而徒弟就是民俗信息的接收者，他们都是民俗的承载人，像他们这样的每个人就都是俗民个体。在这里，对于东路二人台传承中的俗民个体，可以引入非物质文化遗产中“传承人”一词来表明在民俗活动中俗民个体的角色。

在民俗学的学科著作中，很少会提及“传承人”一词，然而随着非物质文化遗产的提出，“传承人”成为非物质文化遗产中最为突出和重要的一词。那么，对于“传承人”一词的理解，我认为，按民俗学的学科术语来说，其实与民俗事象的负载人，尤其是那些具有“专业性”角色的负载人是一样的，他们就是历代的民俗传承人。这样我们就可以理解，传承人在民俗或者说非物质文化遗产中的角色是相当的重要了，在世代的传承过程中，可以说他们起着领导性的作用。东路二人台的传承自然离不开传承人所起的作用。那么，对于东路二人台传承人的角色，从东路二人台最初的产生至今，可以进行一一剖析。

东路二人台最初只是蒙汉劳动人民在劳动闲暇时聚集在一起进行的一种自娱自乐的表演形式。这个时候，东路二人台只是作为民众的生活文化，处于民众的生活常态，因此可以说是无所谓传承人的。这时的传承，就在民众的不知不觉中传了下来。后来，每逢春节，一些相对比较专业的东路二人台艺人们就进行搭班演出，时间长达两、三个月之久，这是属于季节性的半专业活动。从此时起，传承人的角色就开始显现了，这些相对比较专业

① 乌丙安：《民俗学原理》，辽宁教育出版社，2001 年版，第 127 页。

的艺人就开始担当传承人的角色了。不过，在他们的意识中，也许并未意识到自己所担当的角色，只是把演出当做一种消遣和娱乐的形式。清末民初，内蒙古土默特地区开始出现了职业班社。到了抗日战争时期，在内蒙古与河北张家口地区交界的商都等地也出现了东路二人台的职业班社，有的班子多达十几人，初步有了行当之分，除净、末角外，又发展了其他行当。这种职业性班社中的艺人们，已经在东路二人台的传承中充当起了主导性的角色，也许在当时的境况下，这些艺人们只把东路二人台的演出当做是谋生的手段。而且这时的东路二人台表演形式已有了很大的突破，原有的一丑一旦角色已不能适应剧目的发展，开始由多人饰演不同角色同台演出。同时有少数剧目还加进了武打，音乐、唱腔也有所创新。过去多是专曲专用，一曲到底，后来则根据剧情，配以多种曲调，有的唱腔向板腔体式发展。在表演方面，根据剧目内容的不同，形成了载歌载舞的“带鞭戏”和重于唱工的“硬码戏”。这些艺人们不仅在传承东路二人台这门艺术中发挥了重要作用，更在东路二人台的艺术创作和发展中做出了重要贡献，使之在表演形式上趋于完整和成熟。但是，后来由于受到社会的歧视，东路二人台的处境艰难，发展相当缓慢，直到建国前，仍处于“两小戏”的形态，戏班也一直是由五、六个人组成的“小班儿”。这种状况下，对于东路二人台的传承是不利的。幸好东路二人台在民间具有深厚的根基，仍是底层民众喜闻乐见的艺术，这才没有导致它的失传。

建国后，在党的文艺政策的鼓舞下，在当地政府的重视和支持下，政府将流散的艺人组织起来，组成剧团，进入剧场演出。这是二人台第一次登上大雅之堂。至此，东路二人台得到了蓬勃的发展，先后在内蒙古，山西的河曲、阳高、大同，河北的张北、沽源、尚义、康保以及陕西的榆林、府谷等地建立了二人台专业演出团体和培养二人台演员的艺术学校。同时，东路二人台的民间班社也重新活跃起来，为东路二人台的存在和发展延续了生命力。对于此时东路二人台的传承，似乎不能简单的用传承人来定位。传承人，在某种程度上，更多地意味着一种民俗文化的衰落。也许我们可以这样理解，此时，专业性的团体、专业性的演员和民间的艺人们全都充当了传承人的角色。若这种角色能一直延续下去，东路二人台这种民俗文化也就不会出现之后所谓的衰落和危机了。

随着现代文化的发展和市场化、商业化的艺术行为观念的转变，东路二人台这一传统的民间艺术面临着生存和传承的危机。这主要体现在以下两个问题中。第一是生存的困境。在市场经济体制下，除了民俗的理念之外，具有经济理念尤其是作为民间艺术更是延续生命力的必要条件。现代的东路二人台演出已不像以前的演出那么简单了，服饰、道具、设备以及其他各种花销需要耗费不少的资金，没有资金作为演出的成本，剧团或者民间戏班已没有了从前表演的积极性。第二是传承的危机。现在东路二人台的专业人才主要是由学校培养，再加上政府只是对公有的学校、剧团给予一定的资金投入，因而民间戏班的发展出现停滞。这样的话，民间传承的势力单薄，长此以往，必定会出现民间传承的断代。而另一方面，学校专业培养难以招收到学生，也将导致东路二人台的传承出现危机。在这种情况下，作为东路二人台最主要的传承方式——社会传承就难以再传承了。这时，传承人尤其是个体的传承人就会显示出他的重要地位。正如刘锡诚教授所说："传承人是非物质文化遗产的重要承载者和传递者，他们以超人的才智、灵性，贮存着、掌握着、承载着非物质文化遗产相关类别的文化传统和精湛的技艺，他们既是非物质文化遗产的活的宝库，又是非物质文化遗产代代相传的'接力赛'中处在当代起跑点上的‘执棒者’和代表人物。”①

2. 俗民群体的角色

一种民俗文化或是非物质文化遗产的传承，无论是从其创造的过程还是其世代的传承，都非一人之力可以完成。在上面所提及到的俗民个体在传承中扮演的重要角色或许更为突出了某个人或某些人的作用，那么，其他大多数非“专业性”角色又在传承过程中起着什么样的作用呢？

在民俗的传承过程中，“专业性”的角色总是少数，而这少数人正成为历代的民俗传承人，但我们更应看到绝大多数俗民在民俗文化的传承中所起的作用。这些绝大多数俗民拥有相当多的民俗元素，在俗民生活中作为具有普遍意义的“随俗角色”在所在的环境中无意识地传播着民俗事象。在东路二人台的传承过程中，专业性的艺人是其传承的主要承担者，担当着传承人的角色，不可否认，他们在东路二人台的世代传承过程中起着重要的作用。然而，不能忽视的是，除了这些专业性的艺人之外，还有相当一部分人成为“随俗角色”，这些人大都是喜爱二人台表演的观众以及把二人台当作业余爱好的民众。在他们的意识上，只是把东路二人台作为一种生活的文化或是一种娱乐来对待，并没有形成所谓的“传承”这个概念，殊不知，正是他们的这种无意识活动，在一定程度上推动了东路二人台的继续传承。

东路二人台作为一种表演艺术，表演者是主体，但是，它的表演面向的是观众，而不是封闭的自娱自乐。当然，最初的东路二人台表演是劳动大众的自娱自乐形式，可以说，他们既是创造者和表演者，也是表演的欣赏者。但之后随着一些比较专业的民间艺人的出现，表演者和观众就自然地区分开来了。再到后来民

① 刘锡诚：《传承与传承人论》，载《河南教育学院学报（哲学社会科学版）》2006 年第 5 期。

间班社的出现和专业剧团的建立，他们就真正成为表演者，他们的专业职能就是表演，这种表演也成为他们谋生的手段或者说是一种工作了。那么，如果没有喜爱东路二人台演出的观众，没有观众对表演和演员的欣赏，东路二人台也许早就成为一部静止的戏曲了。所以说，“假如没有大多数俗民对民俗的广泛需求，这些角色也就没有了存在的价值。‘随俗角色’作为习俗的‘携带者’在任意所在的环境中无意识地传播着民俗事象。”①

六、结语与进一步的思考

（一）对东路二人台的研究总结

流传在内蒙古乌兰察布市的东路二人台是当地民众喜闻乐见的一种民间艺术，也是当地一份珍贵的文化遗产。本文之所以选择东路二人台作为毕业论文的选题，一是以家乡民俗学的研究范畴作为选题标准；二是东路二人台作为一种活态的民俗，作为一种非物质文化遗产，应以东路二人台最朴实、最具民间性的特点作为着眼点，更应以保护和传承东路二人台的传统本质为重任。纵观全文，笔者运用民俗学的理论方法对东路二人台进行了全面系统的阐释，主要可以总结为以下三个方面：

第一，俗民创造了东路二人台。当我们把民俗作为客观对象研究时，应该关注到民俗的主体是人，而这作为主体的人即是所谓的“俗民”，正是负载民俗文化和分享民俗文化的群体和群体中的个人。无论是作为俗民群体还是俗民个体，他们常常分担着一定的民俗角色，承载着一定的民俗文化。把东路二人台作为一种民俗文化进行研究时，必定要关注它的产生与存在所依附的主

① 乌丙安：《民俗学原理》，辽宁教育出版社，2001 年版，第 128 页。

体。通过前文对东路二人台缘起演变的阐述，可以得出，东路二人台就是在“走口外”的历史背景下，在内地汉族移民入迁带来的农耕文化与游牧文化相互碰撞、交融的过程中由蒙汉两族民众共同创造的。如果没有汉族移民的入迁，就不会给当地带来社火、民歌等这些农耕民族的民俗文化，汉蒙两族民众的文化交融也难以实现，这样也许就不会产生东路二人台。所以说，任何民俗事象造就和养成了一代又一代的“民俗人”，他们就是民俗的主体—俗民。

第二，俗民生活中对东路二人台的享用。民俗起源于人类社会群体生活的需要，在特定的民族、时代和地域中不断形成、扩大和演变，为民众的日常生活服务。俗民创造的所有民俗文化不是凭空存在与延续的，它来源于俗民生活，为俗民所享用，在俗民生活中发挥着它的功能。“民俗文化的传承一直都在满足人类社会历代人的多种需求而持久不衰，除了满足人类生存、生活的基本需求外，更重要的是满足人们精神上的，包括情感上的、知识上的、道德上的、娱乐上的和信仰上的更多更大的需求。只要人类社会存在，人类的民俗传承就会传送大量信息满足人们的种种需求，并适应社会的变迁发展新形式的民俗传承。”① 东路二人台是深深扎根于俗民生活的一种民俗文化，它的产生、发展是与俗民生活紧密相连的。东路二人台反映了俗民的生活文化与价值观、审美观，满足了俗民的精神需求，如果没有蒙汉民众对东路二人台的创造、享用及传承，东路二人台就失去了存在与延续的空间。

第三，东路二人台依靠俗民而传承下来。民俗学探索民俗传承的一个重要方面正是沿着俗民所传承的事象及其实证，去把握

① 乌丙安著《民俗学原理》，辽宁教育出版社，2001 年 1 月第 1 版，第 326 页。

以往俗民自身并未意识到的种种传承的相互关联和结构。传承性是民俗的本质特征。东路二人台作为一种民俗文化，或者说是一种非物质文化遗产，传承是其基本特点，而俗民是传承的主体。它主要依靠口传心授、心领神会的方式来进行传承，教授者与被教授者之间沟通、习得的过程正是东路二人台世代传承的过程。其中，那些掌握、精通东路二人台演唱、表演的俗民个体承载着文化传统和精湛的技艺，他们扮演着“专业性”的角色，是东路二人台代代相传的代表人物，而大多数喜爱东路二人台的俗民群体在所在的环境中无意识地传播着东路二人台。无论是作为俗民个体还是俗民群体，他们都在东路二人台的传承中担当着一定的民俗角色，为东路二人台的传承发挥了重要作用。

从以上对东路二人台的研究分析来看，东路二人台就是俗民创造、享用、传承的一种民俗文化，它具有所有民俗文化最一般的特征。因此，对东路二人台的研究总结可以得出以下三个结论：

第一，民间文化是在特定的历史文化背景下产生的。民间文化是其俗民在长期的自然条件、生态环境和人文背景下的适应手段和存在方式，民族性、地域性强，且蕴含着群体文化的精华。东路二人台产生的历史伴随着“走口外”的移民史，随着这些移民的迁入，他们把汉族的农耕文化也带入了当地。在农耕文化和游牧文化相互碰撞、交融的过程中，蒙汉两族民众共同创造了东路二人台。它融当地民俗、民风为一体，承载着地方厚重的文化底蕴，呈现出鲜明的个性色彩，具有独特的历史和文化价值。

第二，民俗的存在与延续是民俗功能发挥的作用。任何民俗都不是可有可无的赘物，它在其承传的俗民社会中总是起着这种或那种实际的作用。这些作用就是功能，它作为传承的动力，构成一切民俗事象赖以形成的前提。历经百余年的东路二人台能够传承至今就要诉诸于民俗功能理论的解释。东路二人台正是因其来源于俗民生活、反映俗民的生活文化、满足俗民的精神需求和审美观念而得以拥有其继续存在与延续的空间。但是，“没有一成不变的民俗，也没有始终如一的功用”，① 东路二人台要随时代、社会的发展和民众价值观、审美观的转变而改变其功能去适应时代潮流，满足社会和民众的需求。

第三，任何一种民俗都会随着时代的发展而产生变异，变异性是民俗的重要特性。变异是民俗传承和延续的常态，是谁也无法阻挡的。时代的地域的民俗发生了变化，东路二人台作为民间戏曲不能无动于衷，而应该认真研究民俗发展的趋势，切实把握民俗需求的新动向，努力反映民俗的主流，才能更好地满足当下社会的民俗需求，实现戏曲的民俗文化功能，从而不断使自身得以发展。反过来，戏曲作为民俗文化的重要组成，如果离开了民俗的需求，离开了生存和发展的文化土壤，就会失去强大的融汇力和创新力，从而走向衰亡。因此，加强与民俗的联系，是戏曲传承与发展的一个重要课题。

（二）关于东路二人台今后发展的思考

中国传统文化是我们的先辈传承下来的丰厚遗产，是历史的结晶，有着活的生命。② 正是因为有了这些传统的文化，我们才能有精神的满足和享受。

东路二人台是农耕文化与游牧文化相碰撞、相交融而产生的一种民间艺术，是蒙汉两族集体智慧的结晶，是体现蒙汉两族民众生活的活态艺术。它不仅是乌兰察布市的一份极为珍贵的艺术遗产，而且是中华民族民间传统文化的宝贵遗产。因此，东路二

---

① 陶思炎：《应用民俗学》，江苏教育出版社，2001 年，第 47 页。

② 张岱年、方克立：《中国文化概论》，北京师范大学出版社，2004 年版，第 7 页。

人台今后的发展一定要在继承传统的基础上进行创新，千万不能将它的传统摒弃，也不能固步自封，那样的话，东路二人台就不是真正的东路二人台了。

这里要提及的继承传统，主要是从以下几个方面来考虑的。第一，东路二人台是一种地方民间戏曲，它源于民间，扎根于民间，因此，不论怎么变，它都要取材于民间生活而不能脱离民众。它要将视角投向广大的劳动民众，要关注劳动民众的生活和思想。像传统戏《走西口》、《打金钱》、《秀姑劝夫》等等都有着广泛的现实主义基础。对于这样一批优秀的传统剧目可以力求不变，尽量保持其“原汁原味”。第二，东路二人台的音乐来源主要是民歌小调，同时还吸收了蒙古长调和秧歌、道情等其他音乐元素，它的独特艺术魅力也就在于具有民歌的风格。因此，对东路二人台音乐上的创新还要保留原生态的成分。第三，东路二人台更为突出的艺术风格是用方言演唱，方言是其最大的特色，但也是障碍。因此，曾有剧团尝试改变用方言演唱，但是实践证明，这种尝试是失败的。改变用方言演唱的东路二人台失去了它本身的特色，更是没有地方小戏的特征了。

然而，任何一种民俗事象都不可能无限延展，它原有的功能伴随着社会制度在变化、发展，伴随着人的物质与精神的需要而不断演进。随着历史的发展，人们认识的提高，当然还有科技的进步，在人们的精神世界，那些负载沉重、内涵丰富的观念和意识的产品，逐渐消解了历史的涵义，变成了以审美或娱乐为主的艺术产品或形式，虽然这种观念和内涵的转换、淡漠，仍是令人深思的，但却是历史的结果。① 东路二人台亦如此。由于现代文化的发展，传统的东路二人台表演形式已跟不上时代的潮流了，

① 唐家路：《民间艺术的文化生态论》，清华大学出版社，2006 年版，第 89 页。

为了适应时代、社会的需要，也是为了满足创造、传承并享用它的民俗主体的需要，东路二人台不得不在继承传统的基础上，注入现代的表演因素。

东路二人台是一种源于民间的土生土长的地方戏剧，它的艺术魅力就在于它的民间性（群众性）和民族性，离开这片孕育其生长、发展的土地，也就失去了它独特的艺术风格。因此要清楚地认识到，东路二人台要想能够长久地传承下来，重要的是在继承东路二人台艺术传统表演手法与独特技能的同时，又必须在继承的基础上创新。

在考虑时代特点和气息以及新老观众的审美习惯和趣味的前提下，对东路二人台的创新应有以下几点认识。第一，剧目方面要推陈出新。在这方面，近年来，乌兰察布市创作了一大批深受群众欢迎的新剧目。比如：改编剧目《劝夫》1997 年荣获内蒙古自治区“五个一工程”入选作品奖，《风雨山乡路》1997 年荣获内蒙古自治区“五个一工程”入选作品奖，《风雪情》1998 年荣获文化部戏剧小品比赛三等奖，大型东路二人台现代戏《光棍汉与外来妹》2001 年荣获内蒙古自治区“五个一工程”入选作品奖。这些改编或新创剧目在内容上与时代结合，突出反映了现代民众的生活。第二，要在表演方面有所发挥。从舞台表演上来讲，东路二人台的表演中虽涉及“唱”、“念”、“做”、“打”等表现手段，但多数还是以“唱”为主要表现手段来塑造人物形象、刻画人物性格，表演的其他手段并未得到充分的展示和发挥。所以，东路二人台应充分利用不固定性和相对自由的特点，以歌舞为中心，以准确表达人物情感为根本点，广泛地、灵活地、准确地选择、吸收传统戏曲中的表演手段以及合理成分，创造出生动活泼的歌舞化、戏剧化表演方式。第三，培养一批优秀的东路二人台表演人才，尤其是要培养一批领头人。就像东北的“二人转”，正是因为有像赵本山、阎学晶以及当前正红的

"小沈阳"等这些出身于二人转的演员，从而将"二人转"带向全国。东路二人台也应像二人转学习，在人才培养上下功夫，培养领头人，要让东路二人台也走向全国，让更多的观众认识并认可东路二人台这门艺术。第四，重视培养和熏陶观众的审美情趣。东路二人台的表演是面向观众，没有观众的欣赏与支持，东路二人台就失去了生存的空间。随着时代的前进和文化观念的变化，东路二人台应不断寻求发现、选择适应这种变化的内容和艺术表现手段，密切艺术与大众之间的关系，引导一般观众的审美归宿和艺术消费市场。

参考文献：

一、专著类

1. 乌丙安：《民俗学原理》，辽宁教育出版社，2001 年版。

2. 高丙中：《民俗文化与民俗生活》，中国社会科学出版社，1994 年版。

3. 陶思炎：《应用民俗学》，江苏教育出版社，2001 年版。

4. 董晓萍：《田野民俗志》，北京师范大学出版社，2003 年版。

5. 唐家路：《民间艺术的文化生态论》，清华大学出版社，2006 年版。

6. 施旭升：《中国戏曲审美文化论》，北京广播学院出版社，2002 年版。

7. 张岱年、方克立：《中国文化概论》，北京师范大学出版社，2004 年版。

8. 钟敬文：《民俗学概论》，上海文艺出版社，1998 年版。

9. ［英］马凌诺夫斯基：《文化论》，华夏出版社，2001 年版。

10. 叶涛、吴存浩：《民俗学导论》，山东教育出版社，2002 年版。

11. 王娟：《民俗学概论》，北京大学出版社，2002 年版。

12. 黄淑娉、龚佩华：《文化人类学理论方法研究》，广东高等教育出版社，2004 年版。

13. 江帆：《生态民俗学》，黑龙江人民出版社，2003 年版。

14. 张士闪：《艺术民俗学》，泰山出版社，2000 年版。

15. 邢野、王芳：《东路二人台艺术集成》，内蒙古人民出版社，2006 年版。

16. 赛音塔娜：《中国民俗大系·内蒙古民俗》，甘肃人民出版社，2004 年版。

17. 陶犁：《民族民俗风情》，旅游教育出版社，2006 年版。

18. 《乌盟戏剧资料（一）》，内部出版，1986 年版。

19. 《乌盟戏剧资料（二）》，内部出版，1987 年版。

二、期刊类

1. 刑野：《“二人台”的形成与发展》，载《音乐艺术—上海音乐学院学报》1980 年第 1 期。

2. 贺宇：《内蒙古二人台产生背景与社会作用的初步研究》，载《阴山学刊》2006 年第 1 期。

3. 刑野：《有关内蒙古地方戏二人台的田野调查》，载《内蒙古大学艺术学院学报》2006 年第 3 期。

4. 裕熙：《浅谈东路二人台》，载《内蒙古艺术》1999 年第 1 期。

5. 书智：《东路二人台调查报告》，载《内蒙古师范大学学报》1982 年第 1 期。

6. 焦春梅：《二人台演唱艺术探究》，载《音乐研究》2007 年第 2 期。

7. 魏琳琳：《二人台音乐句式结构初探》，载《内蒙古艺术》2006 年第 1 期。

8. 乔春霞：《浅谈东路二人台唱腔特点及呼吸的运用》，载《电影评介》2008 年第 1 期。

9. 高步成：《东路二人台音乐建设和发展的思考》，载《内蒙古艺术》2001 年第 2 期。

10. 魏建国：《“二人台”艺术的继承与发展》，载《大舞台》2007 年第 2 期。

11. 李红梅：《关于二人台传承与发展的几点思考》，载《艺术评论》2008 年第 2 期。

12. 刘晓文：《关于二人台艺术传承变与不变的思考》，载《内蒙古艺术》2007 年第 1 期。

13. 刘锡诚：《传承与传承人论》，载《河南教育学院学报（哲学社会科学版）》2006年第5期。

14. 杨旭东：《传承人的个体崛起与民俗文化的发展》，载《重庆文理学院学报（社会科学版）》2008年第1期。

15. 王璧永、王丽：《东路二人台艺术发展的思考》，载《大舞台》2005年第2期。

16. 李兰波：《东路二人台剧种建设漫谈——在东路二人台专题研讨会上的发言》，载《内蒙古艺术》2001年第2期。

17. 阎生华：《寻找二人台的艺术定位和文化定位》，载《内蒙古艺术》2001年第2期。

18. 姜明、雷家军：《论民族文化交融及其社会功能》，载《内蒙古社会科学》1998年第4期。

19. 蔡登云：《从源流沿革谈二人台艺术的群众性》，载《内蒙古艺术》2004年第2期。

三、论文类

1. 王鑫：《论晋西北二人台艺术演唱技巧及风格的起源与流变》，首都师范大学硕士学位论文，2006年。

2. 姜晓芳：《论内蒙古西路二人台》，内蒙古师范大学硕士学位论文，2004年。

3. 马志华：《民间舞龙习俗中的民俗主体与乡土文化》，西北民族大学硕士学位论文，2005年。

4. 钱永平：《民间小戏与乡土社会民众的互动状况研究—以祁太秧歌为个案》，西北民族大学硕士学位论文，2005年。

5. 罗金满：《泉州梨园戏与民俗文化研究》，福建师范大学硕士学位论文，2007年。

永靖“财宝神”俗信研究

刘红红

一、绪　论

（一）研究的缘起

产生、流传于河州地区群众中的集歌、舞为一体的民间表演艺术——“财宝神”，表演形式古朴，唱词雅俗结合，具有很强的娱乐性，这种独具特色的表演艺术被当地人所接受、喜爱，寄托着人们对美好生活的祝愿以及对理想生活的期盼。

因为从小生活在农村，对“财宝神”这种民俗活动有很真实、切身的体会，从而对表演时人们为什么要反穿皮袄、载歌载舞感到好奇，更想知道民众为什么要去信仰，信仰它对民众的生活有什么影响。经过自己三年来对专业学科知识的学习和熏陶，觉得有必要对家乡的这一民间表演艺术做一详细的调查和了解。在搜集资料的过程中，笔者了解到“财宝神”已作为省级非物质文化遗产，而且唱财宝神在甘肃省永靖县刘家村、芝家湾等村特别兴盛，并一直传承不衰，因此笔者锁定刘家村和芝家湾村为调查点，进行调查了解。

带着这些好奇和疑惑，笔者对永靖县“财宝神”这一民间表演活动进行了田野调查，经过对财宝神传承人刘世玉老人的几次访谈和对当地俗民的访问，笔者想从科学的角度，即把民俗事象放到河州地区民众生活及其文化中对其进行整体研究，来了解当地俗民群体的精神世界，以及他们的生活理念和价值观。

（二）研究的目的和意义

笔者在搜集资料的过程中发现，目前关于“财宝神”的研究甚少，能够查阅到的文章只有三篇：第一篇是马晓晨的《呵护土族文化的瑰宝——访〈财宝神〉的搜集整理者赵永寿》（《中国土族》2004 年第 4 期）；第二篇是毕艳君的《甘青河湟地区“财宝神”文化内涵阐释》（《民族文学》2007 年第 1 期），文章主要从财宝神的地方差异性和文化价值取向等内容做了详细的阐释；第三篇是章文儒的《甘肃临夏地区财宝神初探》（《群文天地》2011 年第 10 期），文章主要描述了“财宝神”的历史渊源、演唱内容和演唱形式，最后指出了“财宝神”演唱的价值。除了以上文章，目前还没有发现其他学者研究“财宝神”，更没有学者从民俗学学科角度对其进行的研究。

永靖县“财宝神”信仰文化，由于其生成、发展于黄土高原与青藏高原的过渡地带，中原汉儒文化、伊斯兰文化和藏传佛教文化在这里互相浸溶融合，它长期根植于多民族、多宗教互相影响的多元文化共生的环境之中，因而其特点更为鲜明独特。研究这样一种具有一定典型特征的民间信仰文化现象，其学术价值是不言而喻的，也有积极的现实意义。

近年来，随着国家对非物质文化遗产保护的重视，2006 年“财宝神”入选为第一批省级非物质文化遗产，这在一定程度上肯定了它存在的价值，同时也警示人们要重视和保护中华民族传统的民间文化。

第一，学术意义，现有的对“财宝神”的研究，多是从文学的角度研究了它的唱词、内涵等，这是一种孤立的静态的研究。本文则是从民俗学的学科视角，借助相关理论和方法，把这种集歌舞为一体的民间表演艺术放到民众生活中，展现其立体性，对其进行整体的“活态”的研究。

第二，现实意义，“财宝神”在民间老年人中传承、发展，是民众生活中不可缺少的一部分，且在民众生活中发挥着不可替代的作用。通过对这种富有浓厚民族与地域特色的民间信仰的研究和分析，达到从民俗事象了解俗民群体精神世界的目的。

（三）与本选题研究相关的理论

表演理论，是20世纪60年代末70年代初，在美国民俗学界兴起的一种重要的研究视角和方法，其影响力在20世纪80年代至90年代上半期臻至顶峰。代表人物主要有戴尔·海莫斯（Dell Hymes）、查理德·鲍曼（Richard Bauman）、罗杰·亚伯拉汗（Roger Abrahams）等，其中查理德·鲍曼的影响最大。

查理德·鲍曼在其代表作《作为表演的口头艺术》中指出表演的本质：“表演是一种说话的模式”，是“一种交流的方式”，“从根本上说，作为一种口头语言交流的模式，表演存在于表演者对观众承担展示自己交流能力的责任。这种交流能力依赖于能够用社会认可的方式来说话的知识和才能。”“表演是语言使用的一种形式，是一种言说的方式。”①

表演理论是以表演为中心的，特别关注从以下视角探讨民俗文化：（1）情境性语境中的民俗表演事件；（2）交流的实际发生过程和文本的动态而复杂的形成过程，特别强调这个过程是由诸多因素（个人的、传统的；政治的、经济的、文化的、道德的等）共同参与，而且也是由诸多因素共同塑造的；（3）讲述人、听众和参与者之间的互动交流；（4）表演的即时性和创造

① 查理德·鲍曼：《作为表演的口头艺术》，广西师范大学出版社，2008年版，第12－13页。

性，强调每一个表演都是独特的，它的独特性来源于特定语境下的交际资源、个人能力和参与者的目的等之间的互动；（5）表演的民族志考察，强调在特定的地域和文化范畴、语境中理解表演，将特定语境下的交流事件作为观察、描述和分析的中心。[①]目前运用表演理论对中国口头传统进行研究的文章不是很多，还处于起步阶段，本课题运用表演理论对“财宝神”进行研究，也算是一次有意义的尝试。

（四）本选题的研究方法

本论文采用的主要方法是田野作业法。因“财宝神”相关文献资料的缺乏，本论文的研究主要是靠田野作业的第一手资料来进行的。在写作过程中，笔者主要通过访谈和观察的方法，以永靖县刘家村、芝家湾村的“财宝神”表演为调查观察点。以“财宝神”传承人刘世玉老人和村中的老年人为重点访谈对象，并结合当地的传统文化和风俗习惯，努力使本论文切实达到对“财宝神”民间信仰最真实准确的了解。本论文的主要田野作业过程如下：

1. 基础阶段

由于“财宝神”是在春节期间和社火一起组队整装演出的，因此笔者于2011年正月期间，在甘肃省永靖县刘家村、芝家湾村进行了为期半个月的田野作业，对“财宝神”的演出过程进行了拍摄，获得了许多珍贵的第一手资料。同年年底，笔者论文选题确定后，于2012年春节再次到该地去做调查，但遗憾的是该地这年没有举行社火表演。因此，此次笔者主要对“财宝神”传承人和当地老年人进行了深度访谈，并做了访谈记录。其中主要围绕财宝神的历史渊源、当地群众信仰财宝神的原因、信仰中

① 杨利慧：《表演理论与民间叙事研究》，载《民俗研究》2004年第1期。

存在的禁忌等问题做了访谈。此外，也采访了当地较年轻的群众，这些对笔者的研究提供了很大的帮助。

2. 补充调查阶段

对永靖“财宝神”概况有了基本的了解之后，笔者于 2012 年 7 月至 2012 年 8 月，再次到刘家村和芝家湾村进行了回访，对前几次调查所遗漏的问题和回答模糊不清的问题进行了补充调查。在对“财宝神”表演艺术进行采访并获得相关资料和信息的同时，笔者就“财宝神”信仰在现实生活中对老百姓的影响进行了实地观察。

（五）核心概念的界定

1. 乡土文化

乡土文化是“指那些生长在乡村土地上的农民群体所共同拥有的生活意义。”① 本论文所指的乡土文化，正是指这种具有农业社会生活背景、保留了较多传统的文化，是来自社会底层的老百姓在民俗生活中自发创造的文化，包括精神文化、口头语言等社会习惯。

2. 俗信

俗信是一种普遍存在的民间文化现象，伴随着人类社会发展始终，是一个比较宽泛的概念，学术界也没有对它下一个统一的定义。“俗信”一词，是乌丙安先生在 1981 年讲授民俗学课程时使用的。他认为，俗信大多是从远古原始思维、原始祭祀仪式和巫觋活动中代代传袭下来的神奇思考和朴素行事，经过历代的文化沿袭和流变，约定俗成，人们往往不再深究其原本的神秘含义，便采取了自发的、盲目的或习惯性的崇信态度，把他们都继

① 赵利生、余吉玲：《乡土文化——民间信仰存在的探究》，载《濮阳职业技术学院学报》，2010 年第 2 期。

承下来，再传之后世，形成了形形色色、五花八门的民俗信仰形式和手段。许多信仰形式和手段与人们的日常民俗生活及其细节结合得十分紧密，使他们早已脱离了古老的巫术活动，失去了奇异神秘色彩。①

本论文所指的俗信正是相对于佛教、伊斯兰教、基督教等成熟的世界性宗教以及官方的宗教祭祀仪式和迷信而言的。

二、“财宝神”的生存空间及概况

（一）永靖县概况

1. 地理位置

永靖县地处东经 102°53′～103°39′，北纬 35°47′～36°12′，总面积为 1863.6 平方公里。位于甘肃省中部西南，临夏回族自治州北部，素称“河州北乡”；东界兰州西固区、临洮县；西边毗邻青海民和回族土族自治县，是黄土高原与青藏高原的过渡地带；南濒黄河，与东乡族自治县、临夏县、积石山保安族东乡族撒拉族自治县为邻。黄河流经境内后以独特的“S”水向，由南朝北，贯穿中部，并冲积成刘家峡、盐锅峡峡谷，将全县分为东、西两山区，沿岸形成川塬地带。

2. 历史沿革

据县志记载，秦以前，永靖县境内居住的是羌族部落，古称“西羌”之地。西汉时，永靖县辖境分属凉州刺史部金城郡之允吾县和金城县。东晋、十六国时，永靖县辖境属河州晋兴、金城两郡。隋初，永靖县辖境属兰州总管府之河州。唐代宝应元年

① 乌丙安：《“俗信”：支配中国民俗生活的基本观念》，参见《民俗学的历史、理论与方法》，商务印书馆，2006 年版，第 158 页。

（762 年），地入吐蕃，直至北宋，吐蕃占有 306 年。南宋，永靖县辖境为金占有，先后属熙秦路、临洮府辖河州。1226 年，蒙古攻占河州全境。明时永靖县辖境分属河州和兰州。民国十八年（1929 年），从临夏县和皋兰县析置，于莲花堡设立永靖县。1949 年，永靖县先后隶属临夏专员公署和临夏回族自治州。1958 年，撤销永靖县建制，政区规划临夏市。1961 年，恢复永靖县建制，县址设于刘家峡镇。

历史上，在永靖地区生息活动的民族是羌族部落，汉代的烧当、勒姐、罕幵诸羌人部落，都曾是这里的主人。魏晋南北朝时期，这里又新增了鲜卑族。唐宋时又有了吐蕃人和党项人。元明时蒙古人和回族人进入。而汉人则早于汉代就开始陆续来到这里。历史上迁入这里的各个民族，通过长期杂居，相互均有融合。

有史料记载，截至解放初期，殃及这一地区的重大战争就有 32 次，政变 7 次，一般战事 189 次，人民备受战乱之苦，对战争有深刻体验，强烈的渴望和平与社会的安定。民国十八年分置新县，取名“永靖”，即百姓渴望永远安定之意。

3. 经济文化

久居这里的劳动人民，凭着黄河母亲所赋予的灵感，用自己的双手，创造了古老的仰韶文化、齐家文化和辛店文化。在丰富的遗存中，彩陶瓮以其造型古朴典雅，纹饰富丽流畅，堪称一绝，列为国宝，由此永靖县列为“彩陶之乡”。加之黄河、洮河、大夏河、湟水在这里汇聚一川，著名的“丝绸古道”盘亘其间，商家过从往来，中西文化交流荟萃，有了闻名遐迩的炳灵寺石窟。但永靖又是一个干旱多灾的地区，共和国成立后，特别是改革开放的年代，丰富的水力资源渐渐得到了开发，建成刘家峡、盐锅峡水电站，现代文明与灿烂的古文化在这里相映生辉。

（二）“财宝神”概况

1.“财宝神”简介

“财宝神”是流传于永靖及周边地区的一种集歌、舞为一体的民间表演艺术。它的扮演者多以老年人为主，中年人辅之，其中1人打阴阳鼓，1人打钹，2人掌灯，1~2人为主唱，辅唱的人数不限；他们头戴礼帽，帽子边缘塞着折好的黄纸，佩戴一副墨镜，反穿羊皮袄，腰系红布带，手持或在衣领处插鸡毛掸子；它不是单纯指一个形象，还包括和这一形象有关的一系列表演，是一个集体活动；它是河州北乡秧歌里的主要角色，是一个特殊的方阵，是秧歌队的司令部、先行官，走在秧歌队的最前面，同时它也是秧歌的精神支柱。但在表演的过程中往往与秧歌队游离，进行单独活动。

“财宝神”在北乡秧歌中有两个含义：一是指这些神化了的人物；二是指他们演唱的词、曲。财宝神唱词内容十分丰富，既有史前神话故事，也有民间传说、宗教神灵；有歌颂历代民族英雄丰功伟绩的；也有说唱天文地理、农耕万象的。它的曲调古朴、含蓄优雅。

我们知道，汉族人通常供奉的财神有文财神和武财神之分。供奉的文财神有比干、范蠡等。比干成为财神，是缘于“失心”的传说。相传比干失去心之后来到民间，广散财宝。他因生性耿直忠贞，公正无私，心被挖空后成了无心的人，正是因为无心无向，办事比较公道，所以被后人奉为财神。范蠡因是春秋战国时期杰出的政治家、思想家和谋略家，同时也是一位生财有道的大商家，所以被后人供奉。而武财神一般指赵公明和关公。道教传说中认为，赵公明是终南山人，很早就隐居深山，精修至道，功成之后，玉皇大帝把他封为“正一玄坛元帅”，简称“赵玄坛”。过去每家每户和财神庙所供的财神，面容比较凶悍，乌面浓须、怒睁圆眼、头戴铁冠、左手拿着钢鞭、右手捧着元宝、身下还骑着黑虎，所以赵公明又有“黑虎玄坛”之称。传说这位赵公元帅能驱病禳灾。凡人们遇到难事，他会主持公道，人们买卖求财时，他能帮助人们获利。他原先的职分并不是专职的财神，但因能使人获利，没有其他人可以取代，民间便把他看作财神了。关公即关羽，小说《三国演义》将关羽的勇猛、重义、忠贞的形象演义的淋漓尽致，很多人把关公作为全能保护神。

而存在于永靖地区的“财宝神”虽然并非是这里所说的财神，但它也是送财、送福、送太平、祈求风调雨顺的赐福者。从其宣扬的思想内容看是跟群众广泛信奉的“财神”如出一辙，都是人民群众对福禄双全、幸福平安的祈愿；从当地流传的传说来看，“财宝神”历时已久。

2. 有关“财宝神”的传说

有关“财宝神的”传说至今还在被当地老百姓传颂，笔者在田野调查的过程中就多次听到这些故事。根据老人们的讲述，将有关“财宝神”的传说整理如下：

传说一：

汉朝的使节苏武奉皇帝之命去了匈奴，去了之后，被番邦的单于扣下了（扣留），一天往黑哩（整天）让他去北海放羊，一放就是十九年啊，期间把他逼着与猩猩结成婚配，生下了一儿与一女，儿子叫苏金，女儿叫苏玉。后来苏武趁猩猩没有防备，就逃回了汉朝。而猩猩母子一直期盼苏武能回到他们身边，但始终没有音信，猩猩就带着儿女到处寻找苏武，在寻找的过程中，得到了神仙的帮助，神仙袖子一挥就将苏金、苏玉送到了长安城，撂（抛）在汉朝皇帝的金銮殿中。皇帝及大臣们看见那浑身长毛、又会说人话的怪物时，十分害怕。皇帝当即下令将二人扣在金钟的下面，之后苏金、苏玉就死了。虽然人死了，但是他们的阴魂不散，晚上叮叮当当地响个不停，扰的人们晚上不得安宁。

中原的皇帝实在是没有办法，于是就赐封苏金为普天之下万姓敬奉的财宝神，给各家各户送太平，享受家家户户的香灯。

（讲述者：刘世玉，76 岁，退休教师　讲述时间：2012 年 8 月 12 日）

传说二：

昭君被嫁到番邦的前面（之前），就已经有了身孕了，并且汉朝的皇帝已经给肚子里的孩子赐了名字，要是生下了尕娃（男孩）就叫刘玉龙。但昭君娘娘在去和亲的路上，因那时候的路不好走就小产了，娘娘特别的伤心，就用当时自己铺盖的羊皮包住了小孩尸身，把它扔在了路边的洞穴里。小孩夭折了之后，阴魂不散，闹得番邦和汉邦不得消停（安宁），迫不得已汉王和单于分别设坛祭祀，把刘玉龙封为财宝神，给天下送太平。

（讲述者：罗奶奶，70 岁　讲述时间：2012 年 10 月 2 日）

传说三：

汉朝有个人叫毛延寿，他看上了美女王昭君，皇帝命令给宫女画像时，他使坏把昭君画的直接（非常）难看，所以皇帝没有看上王昭君，就命令昭君去番邦和亲。等到单于来接昭君时，人们才发现昭君美若天仙，汉朝皇帝十分后悔，但是也没有办法，就让大臣苏武护送去番邦。和亲队到达番邦后不久，昭君就投河自尽了。但单于就不让苏武回来，而是让他去北海牧羊。放羊期间被猩猩抓进了洞里，猩猩出去找东西吃的时候，就拿大石块堵住洞口，他没办法出来，就这样和猩猩生活了很多年，和她配成了婚，生下了一男一女，儿子叫苏金，女儿叫苏玉。有了孩子之后猩猩对苏武也没有了戒备，想他不会再跑了。就没有堵住洞门，苏武也算是自由了。但苏武因思念家乡，就背地里（暗地里）设法出走，偷偷做好了木筏。趁猩猩出去找东西，他把女儿苏玉留在了洞中，领着苏金向汉朝中奔去。当猩猩回到洞中发现苏武已经离开，就急忙追赶，但是到河边后，看到苏武、苏金已经渡过了江，一气之下，猩猩把苏玉撕成了两半扔进了河中。苏武回到汉朝后，他因是朝中大臣，回去后由汉天子和众大臣相迎，但他孩子苏金生上有毛，在金殿转来转去也不好看，皇帝及众大臣看见那浑身长着毛，又会说人的苏金时，十分恐惧。就命人将苏金扣在金钟下面，苏金丧命后，阴魂不散，扰的宫廷不宁。汉皇就赐封苏金为财宝神，给每家每户送太平。

（讲述者：徐桂花　75 岁　讲述时间：2012 年 8 月 1 日）

弗·雅·普洛普认为宗教有两个表现形式：仪式和神话传说。神话传说是关于人们实际上信仰的神或神性人物的叙述。[①] 以上传说正是当地民众对崇拜信仰的对象——财宝神的叙述。根据以上三则传说发现以下三点：

首先，可以将财宝神传说的程式总结为：统治者冤死了身穿羊皮的王昭君的孩子或是浑身长毛的苏武的孩子——小孩死后阴魂不散，扰得天下不宁——统治者封他为财宝神——财宝神给各家各户送太平。

其次，发现财宝神的起源较早，几乎都是跟汉代历史故事“苏武牧羊”和“昭君和番”有关，这些民间传说因为是口口相传，没有固定的文本，所以在传播过程中被传播者或多或少的加进了自己的观点，传说内容产生了变异，使这些传说出现不同的版本。苏武牧羊和昭君和番的故事是同一朝代但不是同一时期的，因年代久远加之口口相传，百姓将这些故事都进行了融合。根据这些传说，财宝神是产生于汉代的，但遗憾的是，因当地史料较少，已无法查证。

第三，财宝神的传说被当地俗民以口耳相授的方式一代代传承下来，“财宝神”的表演也不断发展延续至今。其实，民俗传

---

① ［俄］弗·雅·普洛普：《神奇故事的历史根源》，中华书局出版社，2006 年版，第 15 页。

承的不仅仅是民间传说或民俗活动，最主要的是表现出俗民对苏武牧羊民族气节和昭君和番民族大义的认同和赞扬。

三、“财宝神”的艺术特色

（一）“财宝神”演唱的内容与唱词的艺术特色

“财宝神”，从名字上就可以看出它的大概内容主要是跟“财”有关的，多是祈求招财进宝，福禄双全、风调雨顺、国泰民安、六畜兴旺、恭喜发财、幸福平安的一种美好祝愿。在当地“财宝神”的演唱是秧歌的主体与灵魂，它不仅贯穿于秧歌活动的始终，而且决定着秧歌演出的成败与水平的高低。正因如此，演唱者都是村庄里比较有声望、有文化、有学识的中老年人，他们不仅善唱且思维敏捷。对演唱者有众多限定条件的原因就在于，“财宝神”的演唱涉及的内容繁多，笔者根据传承人的说法和收集的资料发现“财宝神”的内容主要涉及以下方面：

1. 神话人物及传说。有《盘古开天辟地》、《女娲补天》、《大禹治水》、《三皇五帝》、《姜子牙封神》、八仙、玉皇大帝、王母娘娘等。有关大禹治水的唱词有“上古穴居在荒野，既无财门更无房。洪水泛滥居树上，啊里（哪里）家院盖门房，禹鲧治水越汪洋，工程失败身丧亡。其子禹王改方向，洪水大治出地方。耕地住地不惆怅，开了财门又盖房”，等等。

2. 历史人物及故事。财宝神唱词涉及《苏武牧羊》、《昭君和番》、《桃园三结义》、《三顾茅庐》、《完璧归赵》、《西游记》、《水浒传》、《二十四孝》、杨家将、木匠祖师鲁班等。“苏武牧羊北海边，他和猩猩结了缘。北海受罪十九年，猩猩洞里把身安。”“五行山下收悟空，收服妖魔并降龙。高老庄上收悟能，九齿钉耙显威风。路过金河收老龙，降伏龙马驮行李。大战九合翻山岑，流沙河里收沙僧。”“八戒悟空保唐僧，唐僧西天取真经。江流和尚淌来僧，天生喇嘛会念经。”“虞舜以孝感天下，百姓安心种庄稼。/汉文帝待母守病床，熬好的汤药先自尝。/曾参入山去伐薪，娘咬指头子心痛……”

3. 生产生活方面，有《二十四节气》、《二十八宿》等。“到户好处说的全，麦子大熟哪一天。阴历七月二十三，麦子大熟就这天。说的清楚答的秀，什么时期种瓜豆。/保错前来保①错后，清明前后种瓜豆。头伏荞麦二伏菜，萝卜种在两‘夹概’②”都是在生产劳动过程中总结的生产经验。“小财神送个尕礼当③，二十八宿安家堂。甲乙木星安东方，东方之地发阳光。丙丁火星安南方，太上老君降吉祥。庚辛金星安西方，接引道师显园光。壬癸水星安北方，镇武祖师降家园。戊己土星安中央，万贯家财往上长。十二星宿安下方，你家大小乐安康。”

4. 除了以上这些内容，有些唱词中还涉及宗教神灵，如有关观世音菩萨、释迦牟尼的唱词等。如“观音菩萨救八难，法身住在什么山。观音妙善南海岸，法身常住普陀山。大喜大悲观世音，普陀山有什么林。普陀山有紫竹林，紫竹林里有观音。”

总之，“财宝神”的演唱内容都是由这些神话传说、历史人物及故事或民间故事等和求财的愿望结合起来的，除了这些以外大多还要应时应景，随即创造。

民间有“财宝神没有本，三年五年唱不完”之说。这是群众对财宝神演唱内容的形象概括。财宝神在演唱的过程中也形成了较固定的曲目，主要曲目有：《财宝神根源》、《门神根源》、《姜子牙封神》、《桃园三结义》、《关老爷出五关》、《杨家将》、

① 方言，“保”意为“不要”的意思。
② 方言，意为“两者之间”。
③ 方言，意为“小礼物”。

《唐僧取经》（又名《问西游》）、《封财门》、《赏宝号》、《八仙庆寿》（又名《问八仙》）、《二十四孝》、《二十八宿》、《二十四节气》、《浇奠酒》、《问观世音菩萨》等。

作为一种集歌、舞为一体的表演艺术，“财宝神”的唱词同样也有着鲜明的艺术特色。

首先，有“民间性”。“财宝神”不是以文字记载的方式传承，而是以口头的方式创作和传承的。因传承和享用这些内容的都是生活最底层的劳动人民，所以他们用方言演唱的这些历史故事和民间故事等，都是通俗易懂的。老百姓家缺少小孩时，财宝神一般会赏（唱）《小儿童》，如“积善行德的厚道人，送子娘娘有感应，百子宫中去挑选，专门送到您府中。赏你的儿童不落空，来年一定能降生。生下的儿童乖得很，天庭饱满鼻子棱。一岁两岁好操心……十七八岁上取功名”，可以看出这些不仅仅是反映现实，也体现了人们的价值观念和人们对生活的期望。表达真实的思想情感，直抒胸臆，语言通俗明了，感觉就像是在田间、庭院中随意的聊天。这些口语化的表达在无形中拉近了和群众的距离。“生活困难当木匠，真人口里讨吉祥。脚轻手快身强壮，靠你技巧必发旺。金口玉言我受应，鲁班老祖什么人。公输子巧来你也巧，造出木檐飞云霄……”这些都没有脱离民众的生产生活，是民众生活的一部分。

其次，是“地方性”。方言是一种独特的民族文化，它传承千年，有着十分厚重的文化底蕴。“财宝神”的演唱独具魅力，体现在很多方面，但方言的铸音个性和文化内涵在很大程度上成为它主要的表现形式。地方性使演唱音律建立在了方言发音的基础上，永靖地区最大的方言特征是前后鼻音不分，也就是（an/ang，en/eng，in/ing，un/ong）韵母不分。如“头顶香盘发虔心（xing），中途路上来践行。”“三大财神果然真（zheng），请坐供桌受香灯。”这里的“心”发音（xing），“真”发音

(zheng)。因为使用当地方言演唱，从而使唱词有很强的韵味，朗朗上口。

再者，它有“随意性”的特点。虽然财宝神的唱词一般有上下两句，以七字句居多，但是也有八字、九字、十字句的。每句字数的多少根据演唱者而定，可自由发挥，并在演唱时适当加入“者”、“哈”、“了”等虚词。相对于作家文学来说，比较随意、灵活。如“感应不过喜财神，请到座位稳一稳。龙眼凤胆待我们，这样当人通没经。粗粮疙瘩燕麦茶，招待不周要笑话。小财神走过天边路，带来一棵摇钱树。”演唱时上句落音多为仄声，下句落音一般为平声。上句多是承受对方的问题和生动的比喻，下句是解答问题和演唱的目的。一问一答，有问就有答，不能答非所问。如“悟空神通大得很，胜过悟空什么人。一个跟头到天根，逃不出如来的手掌中。”

除此之外，因老一辈的演唱者多是上过私塾、精通四书五经的秀才，他们文墨高深，唱古论今，见象作赋，很多财宝神的唱词十分精美；但又因他们生活在社会最底层，直接从事生产劳动，他们的演唱更多的体现了民众的生活、思想和情感，唱词又是通俗易懂的。因此，财宝神的演唱，既有词义优美的高雅之风，又有纯朴生动、通俗易唱的民间艺术之味。

（二）财宝神表演的艺术特色

《诗经·魏风·园有桃》中说“心之忧矣，我歌且谣”。在举行生活仪式和祭祀仪式时所唱的歌，早在原始社会时期就已经广为流传，它受到了原始宗教和生活习俗的影响，有一定的祈祷目的，如求福、禳灾等。随着社会的不断发展，这些歌也在不断地发生改变，有的同原来的仪式一起消亡，有些仪式歌演变成了民歌或儿歌；而有的则变成了一些具有新的内容与形式的民歌。《毛诗·大序》中说：嗟叹之不足，故歌咏之；歌咏知不足，不知手之舞之，足之蹈之也。[1] 这句话是说，感叹不足以表达人们的感受、想法，就会唱歌；唱歌还不足以表达，就开始手舞足蹈了。而“财宝神”正是集歌、舞为一体的，有着新的内容与形式的一种民间艺术表演形式。

1. “财宝神”演唱的主要乐器

鼓，“原是在各种祭祀活动中通灵请神的乐器。《周礼·地官·鼓人》有‘以雷鼓鼓神祀，以灵鼓鼓社祭，以路鼓鼓鬼享，以鼖鼓鼓军事’等记载。”[2] 鼓，属于打击乐中的“膜鸣乐器”或“革命乐器”。财宝神表演中的鼓，俗称“阴阳鼓”（如图1右图），是扁鼓，两面蒙皮，演唱时一人手举，间歇击之。以前都是百姓自己制作的，多用牲畜皮，打击效果最好的是牛皮，驴皮次之。

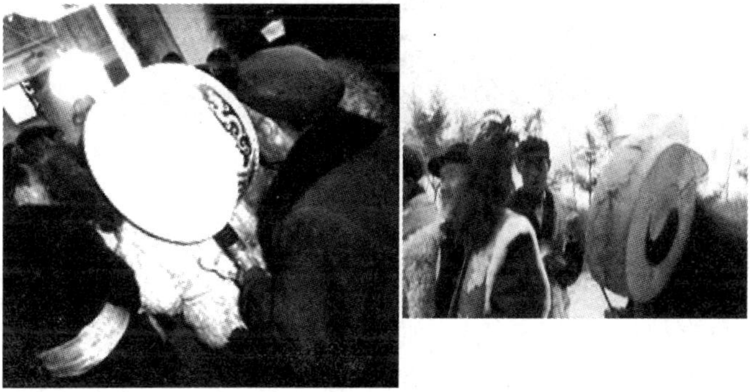

图1　扁鼓

钹，属于打击乐器中的“提名乐器”，是一种古老的碰奏乐器。一般都是铜制的，圆形，中间隆起半球状，正中有孔，可以

① 黄涛：《中国民间文学概论》，中国人民大学出版社，2004年版，第13页。
② 李智信：《社火溯源》，载《青海民族研究》2008年第4期。

穿绸条等用以持握，由两片组成为一副，相击发声（如图2）。

图2　钹

2. “财宝神”音乐特色

财宝神的演唱分对唱、独唱和合唱等几种形式。其中问答式对唱的形式较多，一方问一方回答，但答方在回答了问题之后，也可以反过来问对方。合唱时一人为主唱，其余人对附腔伴唱。演唱时适当加入“者”、“哈”、“了”等虚词，使唱腔婉转而悠扬。演唱曲调既高亢而辽阔，又不失古朴典雅，音调平稳、和缓、拖腔较长，速度缓慢。财宝神的演唱曲调主要有两种，一种是财宝神曲，一种是浇奠酒曲，如下图：

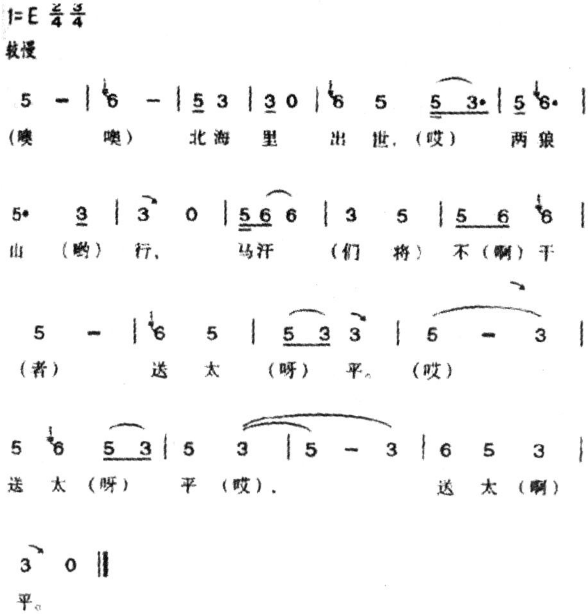

图3　财宝神曲

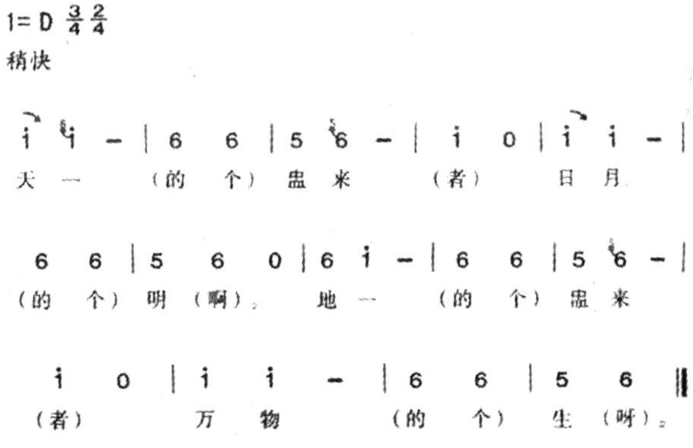

图4　浇奠酒曲

浇奠酒的曲调与财宝神的曲调不同，财宝神曲比浇奠酒曲更慢，末句反复。而浇奠酒曲一韵到底，中间没有停顿，也不反复，语速比财宝神曲稍快。

3. “财宝神”舞蹈特色

作为集歌、舞为一体的表演形式，“财宝神”也有着它的舞蹈特性，但是相对于内容丰富的唱词来说，它的舞蹈动作相对来说比较简单的，大部分只是为了配合唱词而做的一些富有节奏感的跳跃动作，左右摇摆、前后颠慌，跳跃幅度也不大，有时还用手里的拂尘掸子做一些挥舞的动作。

四、乡土文化空间中的“财宝神”信仰

（一）财宝神的表演空间

1. 喜庆宴席中的表演

永靖老百姓，平日多在田间劳作，但在喜庆宴会中，他们纵酒高歌，以唱“财宝神”的形式，表达对东道主诚挚的谢意和对宴会“中心议题”的祝愿。如在节假日、婚礼、祝寿及亲朋好友相聚时，常常以唱财宝来助兴。祝寿时一般演唱《八仙祝寿》《二十四孝》等内容，如唱“头顶太空北斗星，寿增您府老人翁。”“童颜鹤发寿星伴，松姿柏态古稀罕。”“福寿双全喜气胜，子孙后代满堂红。”婚礼上演唱《麒麟送子》《秦晋良缘》等内容，如“南国佳人赔东陵，东陵才子得美人。”“新郎精干新娘俊，杨宗保配了个穆桂英”、“天作之合白头老，和爱家庭百年好。”在建成堂屋或有乔迁之喜时唱“建成广厦千万间，天下寒士尽欢颜。”等等。

在这些喜庆宴会中，财宝神的演唱和酒歌一样，是把酒高歌的祝词，是即兴的演唱。宴席中的财宝神演唱并没有严格的仪式

程序，多是随意即兴的演唱。只要亲朋好友小酌后，男女老幼都会哼唱财宝神，演唱形式随意自由，对唱者可以尽情地问答，以酒起兴，用歌尽情，民众乐在其中，演唱是以老百姓为主角的活动。

2. 大型秧歌中的表演

春节是中国最为盛大的传统节日，人们会在腊月二十几开始准备直至正月十五、二月二才算结束。期间人们打扫房间、准备新衣服、祭祀神灵和祖宗，还会组织各种各样的民俗活动来庆祝，可见春节对人们来说有着重要的意义。而在永靖县岘塬镇，春节期间只要玩秧歌，就必须要有“财宝神”的表演。“财宝神”的演出选择在春节，它体现了广大民众对丰收的祈盼和美好生活的向往，同时它也是集体精神的凝结。

俗语说“排队打前锋，吃饭坐上席，休息受香灯”，说的就是财宝神是秧歌队的司令官，走在秧歌队的最前面，它不仅贯穿于秧歌活动的始终，也决定着秧歌表演的成败与水平。春节期间财宝神的演出有着十分严格的程序。

（二）财宝神演出的程序

1. 演出组织形式

当地财宝神的演出是和秧歌一起组队整装演出的，都是以村为单位的表演。很多村庄人口不是很多，但基本上都是同姓家族，如刘家村、芝家湾村、姬家川村等。它的演出时间也是固定的，从大年初二开始，按顺序轮流在各村表演，直到正月十六结束。据老人们讲，在很久以前，自玩秧歌时起，周围各村就有了“马路”，马路也就是指各村间玩秧歌时互相邀请的顺序及往来关系。在永靖，有个不成文的规定，举办秧歌的村庄要具备三个条件：一是有马路往来的村庄要按约定俗成的顺序举办；二是该年年景好，五谷丰登，外出打工的人员有较好的收入；三是该村要有很多表演秧歌的能手。假如轮到的村庄年景不好、人数不够或其他的原因无法举办秧歌，就要组织6－8人的财宝神到有马路的村庄送太平，以替代秧歌。对方同样以接待秧歌的规格接待，同时将轮流次序下延。

腊月二十三过后，村里的年轻人就聚在巷道，不分昼夜，间歇性地将桶子鼓敲得震天响，来提醒全村的男女老少："我们村该玩秧歌了。"全村人听到鼓声就知道是在"煽秧歌"。煽秧歌是永靖民间玩秧歌的传统之一，它有两个目的：一是鼓动村中的民众及玩秧歌的能手早作打算；二是提醒周围有马路往来的村子，做好迎请的准备，注意动静，打探消息。

在玩秧歌时，凡秧歌队路过亲戚家的大门时，必有"备饯"之举。亲朋便设宴于门前，迎请财宝神（如图4），秧歌队便以这家为中心，在道路上折回演出。待财宝神起身后，秧歌队紧跟其后，继续前行。

图5　等候备饯

"备饯"就是在秧歌队路过的村庄，亲朋好友在自家门前扎彩门、或挂彩幅、红灯，接待财宝神和秧歌队。当财宝神和秧歌队看见这些符号时就会在这家门前停顿，进行演出，财宝神将进行一系列的表演，秧歌队在巷道进行演出，整个表演的仪式过程就通称为“备饯”。备饯一般有公饯、私饯和官饯之分。

公饯，是以村、社为单位的接待，一般都在村口举行，体现了村与村之间的往来和友好关系。各种所需的物品都是村庄集体置办，体现了村庄的集体性和凝聚力。演出比较隆重、庄严。

私饯，就是指村中与秧歌队的成员有亲戚关系的农户、或有某种特殊愿望和期盼的农户，根据自家的经济条件自己置办用品，在自家门口接待财宝神及秧歌队。私饯是亲情的真诚表现，此时财宝神总是根据亲情关系和各种已知的情况“见象作赋”，送上美好的祝愿。一般有农民备饯、木匠备饯、供有家神人家备饯、念经人备饯、老人备饯、缺子者备饯等，演唱者都是根据现时情况，即兴演唱。

官饯即沿途的一些乡镇政府、企事业单位等按当地老百姓“备饯”的习俗和规矩接待秧歌队。财宝神带领秧歌队到县政府院子进行表演，给县城送太平等。

备饯，反映了河州北乡民众热情友好的接待礼俗，也是民众与秧歌队之间的一种互动。

2. 财宝神的演出仪式

俗语说“要得婆娘玩图乐活，一到正月玩秧歌”，在当地因秧歌是以村为单位演出的，财宝神又是秧歌的灵魂，所以在此期间唱财宝神是一件非常庄重、严肃的事，有很多严格的程序。（为便于记述，以“东”代表接财宝神一方，“财”代表送财宝神一方。在实际的演出过程中，接与送是可以相互转化的。如 A 村打发人去 B 村邀请财宝神，理应说 A 村的是接财宝神的一方，但是到了 B 村他们的身份就发生了转化，对 B 村人来说，他们又成了送财宝神一方。）

（1）订结经

订结经，是指在大年初二这一天，邀请秧歌的村子派自己“探马”[1] 去和玩秧歌的村商议秧歌送太平的日子，并送“请票”[2] 邀请。第一场要去哪个村庄表演，这是马路关系中早已确定好的，不能更改。第二场要去哪个村庄表演，是根据各村探马来请的早晚顺序来决定的。探马这时的任务主要是迎请和护送秧歌队。探马有大探和小探之分，小探又叫“杂篮子”。订结经时的探马主要是指大探，它一般由4—6人组成，骑着高头大马，一路都不下马，和财宝神接触后，就被请到堂屋炕上，对唱商定送太平的具体时间，对唱词如下：

探：我的亲戚们在上听，来的迟了耍怄成。
　　我们风不调来雨不顺，老年人打发者请财神……
　　这八仙的桌子尖对尖，吃酒的盅子交替传。
财：黄河临近水半盅，升起的盅子要喝尽。
探：这酒不是残的酒，汉中带来的糯米酒。
　　你是领兵挂帅的领头人，早订结经早回程。
财：我们的老年人有命令，你们不吃不喝订不成。
探：鱿鱼海参油炸果，这样的待人没经过。
财：十辈子亲戚亲上亲，请的有劲没待成……
　　初四的晚上听鼓声。

就这样，双方以对唱的方式确定去邻村表演的时间，每个村的时间是不一样的。

（2）财宝神起身

① 探马，过去指骑着高头大马去请财宝神的人。
② “请票”是方言，指邀请函。

当商定的日子来临的那天，财宝神就要带领秧歌队动身去邀请者那里。早上邀请村的人要打发自己的探马来提前来迎请。这时的探马主要是小探，也叫“杂篮子”，是化妆成各式各样角色的小团体（如图5）。小探人数不限，扮相也没有统一的规定，所以每个村的小探装扮都不尽一致。扮有“八仙庆寿”，铁拐李、何仙姑、蓝采和、汉钟离、吕洞宾、张果老、韩湘子、曹国舅，多是按传说中的人物形象装扮的；有装扮成少数民族的；有装扮成济公的；还有装扮成庄稼人赶牛耕地的等。凡是在社会上的传说、故事，以及七十二行都可以进行装扮，多是根据群众的喜好扮演。小探演唱的是地方小调，群唱群舞，他们化妆也比较夸张，主要是娱乐群众，催促秧歌队尽早动身。

图6　小探之老汉

当财宝神头戴礼帽、反穿羊皮袄、手持鸡毛掸子，穿戴整齐后，就开始起身，唱到：他们起身的目的是送太平，真名是财宝神，财神起身时有八个神，分别是做菜造饭的火头军；吞云降雨的水龙王；万物生长的大地神；分拨庄家的五谷神；翻山过海的带路神；身上还带有三位神：背上背的福禄神，头上戴的过往神，怀里拽的增寿神。然后骑上白马，带领秧歌队出发。小探们这时尾随秧歌，缓缓前行。

（3）上庙降香

图 7　刘家村福神庙

图8　庙内降香

财宝神起身后，首先要到本村的福神庙里去降香，以告慰神灵（如图6、图7）。当地福神庙供奉的主要有福神爷、二郎爷、关老爷等。但凡秧歌经过自己村里的庙宇、寺院、关帝殿、圣人殿、或先祖祠时，都要进去院中降香。财宝神们唱着进入庙院，手拿黄香、双膝跪地、虔诚地敬奉神灵。比如有这样的唱词：“一上香来天门开，玉皇大帝施恩来，日月星辰光耀宇宙；二上香来地门开，万物生长，五谷丰登，三上香来人门开，睦邻和顺，尊老爱幼”。所表达的主要是希望本村平安，风调雨顺，以及秧歌队出行顺利，免去一些口舌是非。财宝神的唱词随着环境的变化而发生改变。如在圣人殿，都是赞颂孔圣人及其儒家学说，仁义礼智信等；在祖先祠，多是祈愿祖先保佑，子孙后代满堂红，祖祖辈辈出良将，愿后代得益。降香完毕后，秧歌队向着邀请的村子出发。

（4）接财宝神

当夜晚降临时，秧歌队就朝着邀请村行进，这时请方众老者们早已穿戴整齐，手拿点燃的清香，表情严肃，至村口财门处迎候，路旁一隅设香案，燃香点灯，火盆要烧得很旺，八仙桌上供有各种供品。当财宝神到达后，鸣鞭炮，东家众人们一字排列开来，摈香焚化黄表跪接（如图8），犹如真神降临一般。这种活动中，请方谓之接财宝神，被邀方谓之送财宝神，双方接触后开始对唱且伴随简单地对舞。当黄表焚尽，对唱一段后，接财宝神一方被扶起。将财宝神及秧歌队迎入村，此时要特别注意，接财宝神一方要退迎。这时秧歌队在道路上进行表演，财宝神被邀至村上专设的接待人家或路旁进行表演、享用供品。这时秧歌队和财宝神暂时进行单独活动。

图9　化黄表接财宝神

接财宝神时仪式主要有：

①念钱马

首先，东家先跪地，唱到“我抓缰绳你下马，摆起香案了祭天地。”然后财宝神也应身跪地，唱到“完璧归赵的蔺相如，请票交给你旧财主。”送财宝神一方把请票交给东家、便顺手接过钱马（如图9）。财宝神郑重的读：天运岁次某某年，公元某年正月某日，新春佳节，我某某村的财宝神率领秧歌队应邀来到某某村，祝年保吉庆，风调雨顺，国泰民安。并对村上各行各业的从业人员送上满怀深情的祝福。当唱段“龙凤钱马火烧焚，保佑你庄村里落太平。”唱罢，便开始焚烧钱马。应者将酒盅交给财宝神。

图10　钱马

②浇奠酒

财宝神接过酒盅谦辞几句，便才开始浇奠酒，唱词如下：

八里八来九里九，小财神举杯浇奠酒。
上天一盅日月明，地一盅来万物生；
日月二熙酒一盅，展转阴阳五谷丰；
玉皇大帝酒一盅，早降甘露救万民；
观音菩萨酒一盅，救苦救难渡众生；
地藏王菩萨酒一盅，过世的亡魂早超生；
四海龙王酒一盅，清风细雨按时行；
虚空的神灵酒一盅，善恶是非要分明；
当方的土主酒一盅，年保吉庆月保平；
山神土地酒一盅，狼虫虎豹远藏身；
坟茔后土酒一盅，儿女子孙满堂红；
石摞窝钵酒一盅，村庄里甭踏个鬼脚踪；
山崖壑口酒一盅，恶风暴雨挡虚空；
虫蝗八蚱酒一盅，麦豆长成松柏林；
庄前巡神酒一盅，村庄里老幼保安宁；
庄后的护神酒一盅，村庄里祥顺万事成；
说念不到的酒一盅，各寺各庙里受香灯。
这酒不是平常酒，祭奠万神的浇奠酒。
鸟儿吃了变凤凰，鱼儿喝了变龙王。
一盅金来一盅银，赏于东家你受用。

浇奠酒时，把酒洒在地上，一一浇奠天地日月、玉皇大帝、观音菩萨、地藏王，龙王……山神土地、坟茔后土等。这要求财宝神的演唱者要有特别好的记性。浇奠酒的曲调，一韵到底，中间没有停顿，也不反复。起前和断后多用“财宝神”调转换。

浇奠完毕后，财宝神们开始享用供品。

③封财门

享用完供品后，财宝神们开始封财门。“在专门记载北宋汴梁风物的《东京梦华录》中出现了‘财门’一词，其书卷十‘十二月’条云：‘近岁节，市井皆印卖门神、钟馗、桃板、桃符，及财门钝驴、回头鹿马、天行帖子。’王树村的《中国古代民俗版画》收录了一幅名为‘财库之门’的图样，王注：此图绘刻两文职官员，一似判官，一像主簿，二人相向而立，中间地上放置一大盆珠宝，光焰耀目。背景刻一紧闭之大门，上书‘财库之门’……从图中地上一盆珠宝，而不是聚宝盆来判断，此图疑是元代（北京）绘刻的财门形式之一。”① 这里所说的财门主要是指一种刻制的印刷品，在新年时贴在门上，有招财的作用。

图 11　封财门

① 转引自王欢：《中国民间的财神信仰与财神宝卷研究》，扬州大学硕士论文，2010 年。

而在永靖的财门就是指各个村、社或每家每户的大门（如图 10）。财宝神到了接待人家门口，赞许财门坐位风水。东家一行早在门口迎候，唱到“三大财神是真神，把我的财门封一封”，后由财宝神对接，一问一答从上古穴居到夏禹治水，从平土而居到公输子造财门，将财门从门楼、门枋，门柱、门扇逐一赏封清楚。又将门神秦琼、敬德的来历道明。对唱时，要特别注意宾主的立场。

④进财门

进财门时，财宝神一定要唱到把百样的宝物带进门等吉祥话语，如“财宝神进门时空不进，万年的福气带进门”“左脚进门文曲星，右脚进门是武曲星”“白龙马驮的金和银，赶快卸到院当中”。如果进门时不唱这些，会令主人不满。

⑤赏宝号

赏宝号是财宝神演唱的主要内容，意为财宝神代表天庭下凡，向人间赠送各种“宝物”。此时东家唱着祈求财宝神赏宝号，东家字里行间说出所求之物，财宝神心领神会，从怀里掏出象征宝物的东西，让东家辨认。东家故说辨认不清，便由财宝神来赏宝物。这宝号主要有“杏黄旗”、“小儿童”、“养人宝”、“无字经”、“紫荆梁”、“聚宝盆”、“摇钱树”、“人参果”等。宝号都有各自的用途，老百姓认为它具有灵气。根据东家所求，时间的限制等情况，所赏宝号的内容可多可少。演唱者可根据不同的对象灵活应变。赏宝号“小儿童”给求子者时，夫妻两个须跪到财宝神旁边，洗耳恭听。赏完宝号后，夫妻将恭敬的三叩首。

赏宝号的唱词有较为固定的程式，每一次“赏宝号”演唱的前端和后端，都由财宝神与东家进行问答式对唱，句式有两句或四句，东家一边唱一边向财宝神敬酒，多为讨宝号之词和表达谢意。中间是财宝神转调独唱“赏宝号”的内容。前后两端是“财宝神”曲，中间是赏宝号”的内容是浇奠酒曲，两种曲调互相转换。

摇钱树

财宝神：牡丹开花层上层，去了一层又一层。
东　家：真人真马真财神，带来宝号多得很。
财宝神：有福的东家你认一认，这件宝贝叫啥名。
东　家：心里想认识认不清，祈请财神来赏清。
财宝神：你积德行善把香烧，财宝神给你去找宝。
天塔山上去寻找，太上老君把手摇。
蓬莱岛上走一遭，钟离大仙说没宝。
日月山上去寻找，总算找到一件宝。
存放仙洞到如今，今晚遇上了有福人。
（转“浇奠酒”曲）
伏羲画卦极奥妙，遗留此宝时间早。
千年开花万年茂，青枝绿叶金钱吊。
摇钱树上财不断，栽是栽到后花园。
有朝一日刮大风，金钱落下一树坑。
黄的金子白的银，子孙后代用不完。
东　家：多谢财神的摇钱树，我上香点灯下功夫。

⑥出财门

出财门时，财宝神必须退着出门，跟进财门时刚好相反，一定要唱“口舌是非带出门”“瘟疫疾病带出门”等话语，否则东家会心生疑惑。演唱时要十分谨慎，万万不可唱错。据刘老汉讲，几年前财宝神在其他村表演，出财门时误唱出“金银福气带出门”，使东家不悦，两村断了几十年的“马路”。

(5) 元宵节降香

元宵节到本村的庙里降香，意味着送太平的日子也就告一段落了，这天财宝神带领秧歌队，到指定地点或十字路口，准备“拆身子”①，要把纸做的道具都烧掉，不再敲锣打鼓，而是悄无声息的散去，散去时有的人甚至连头也不回，这个活动俗称“卧龙”。此时立春节气已将近，村民已准备春耕。

(三) 表演时的禁忌

永靖财宝神是带有浓厚宗教祭祀色彩的表演，在演出的过程中，有许多必须遵守的规矩和禁忌。在当地祖祖辈辈都遵循这些古老的规矩，若是触犯这些禁忌，人们认为会遭到谴责和报应。在财宝神表演的过程中，主要的禁忌有以下几点：

1. 在正式演出开始时，首先必须要到本村福神庙、寺院去降香，以告慰神灵，祈求保佑。

2. 在春节期间的财宝神表演中，财宝神的表演者必须是男性，女性不得参演。据刘世玉老人讲，过去白塔寺川的一个秧歌队来到邻村送太平，但家中没有男子迎接财宝神一行，没办法妇人就去迎接财宝神。财宝神便唱道：“我游了九州十三省，没见过妇道人接财神。”那老妇人便反问：“你说那些话也当真，财宝神的阿娘是什么人?”妇人的反问把财宝神给难住了。从这件事可以看出，对女性的歧视，以及女性对此的反抗。但是到如今，财宝神的演唱者仍然是男性。忌讳女性装扮财宝神，一是因为受儒家男尊女卑思想的影响，女性历来处于从属地位。二是因为永靖重视礼节规程，讲究长幼有序。在接财宝神活动中，历来都是由村里的中老年男性持香、对财宝神行跪拜之礼，因此禁止妇女装扮财宝神。

---

① 拆身子，方言，即卸装。

3. 财宝神的演唱特别忌讳不吉利的词汇，十分讲究“新年头上闹太平，只唱吉来不唱凶。”唱词中禁唱“杀、死、斩”等不吉利的词汇，是唱喜不唱忧、唱胜不唱衰的。

4. 迎接财宝神时，迎接方要缓缓退迎。

总而言之，在“财宝神”的表演过程中，可以发现：俗民们以最朴实的心态展现了他们最朴素的追求。深刻地显示出了民众对美好生活的追求及理想生活的向往，是美的一种展示。

五、财宝神信仰解析

（一）财宝神信仰的构成

永靖的财宝神信仰，不是单纯的财神信仰，更不是单纯地追求金钱的行为。与正统的制度化的宗教信仰相比较，财宝神信仰是世俗化的，它没有严格的教义教规，也没有严格的组织。作为民间自主生成的信仰，它的“世俗化”与正统的制度化的宗教是不同的，它不仅主张万物有灵论、崇拜多神，甚至对圣贤仙佛各种偶像，不分彼此，都一例崇拜。它没有正统宗教的“排他性”，也没有强调神灵之间严格的等级制度，信仰方式的世俗化，使得民众对多种能保护自己利益的神灵都予以崇拜。

1. 神灵崇拜

在永靖农村，很多农户有供奉家神的习俗。有的人家多年供奉二郎神、地藏王菩萨等。在刘家村，因大多都是同姓家族的人，农户有供奉老祖爷的习俗，每隔2年，老祖爷被农户轮流供奉。具体要在哪家供奉，都要经过严格的仪式选定。在春节期间，财宝神在村中备饯时，根据每家供奉的神灵和具体情况，进行演唱。

（1）祖先神

祖先崇拜是神灵崇拜中最普遍也是最主要的一种崇拜现象，它是随着鬼魂崇拜不断发展起来的，和人们有血缘关系的历代祖先是它崇拜的对象。财宝神唱词“我家供有老祖师，一同欢喜迎财神。家神老祖爷笑融融，小财神门外来拜奉。/家神老祖杨四郎，尽忠报国为宋王……祖神财神两位神，初一十五长点灯。/财神拜罢老祖神，你家从此大翻身。”“几百年的祖先真成神，早烧香来晚点灯。先祖先太笑融融，子孙后代满堂红。”这些唱词反映出人们的心理愿望，希望通过对财宝神的拜奉和自家烧香祭祀，能使祖先灵魂保佑自家兴旺发达。“祭如在”，他们不否认鬼魂的存在，相反的劝喻世人对待它们，有如他们真的存在一样。

（2）门神

门，历来和人们的日常生活有着密切的关系。《玉篇》称“人之所出入也”为门，而《博雅》则说：“门，守也。”看似这两个界定是矛盾的，其实说出了门的两个主要的作用。其一，门是内部空间与外界之间的主要出入口；其二，守者，防也。外防内守，保障了内部的安全。“门神崇拜的起源可以追溯到人类远古时期的自然崇拜观念和神灵信仰观念。”① 随着社会的不断发展，人类对自然的崇拜逐渐转化为对人格神的崇拜和信仰。

在永靖，春节期间群众一直都有贴门神的习俗，有的人家还在门口点香灯、供奉门神牌位（如图11）。张贴的门神几乎都是唐代将军秦琼和尉迟敬德的画像。二位神手中执刀锤鞭锏等兵器，横眉怒目、威武雄赳，体现出门神对于“邪祟”、“鬼祟”的基本防卫功能。在财宝神唱词《门神来历》中，唱到唐太宗让秦琼和尉迟敬德来守门，阻挡鬼魂的故事。财宝神表演的

① 戴欣佚：《中国民间门神崇拜源流初探》，载《金陵科技学院学报（社会科学版）》2005年第4期。

“封财门”仪式，也正好说明了民众对门神的崇拜，寄托了对美好生活和家宅平安的祈愿。

图 12　供奉的门神牌位

（3）道教神

道教是中国土生土长的宗教，距今已经有 5000 多年的历史，深深扎根于中国本土文化当中，对社会各个方面都产生了深远的影响。

道教崇奉的神灵繁多，是一个崇拜多神的宗教。崇拜的主要有“三清”、“四御”、“诸星神星辰之神”、“玉皇大帝”、“三官大帝”、“文昌帝君”等。“三清”主要是指原始天尊、灵宝天尊和道德天尊，他们是道教的最高主神。“四御”是指北极紫徽大帝、南极长生大帝、勾陈上宫天皇大帝、承天效法後土皇地祇，它们掌管着人间很多事务，地位仅次于“三清”。“诸星神星辰之神”主要有五曜、五斗星君、二十八宿星君等。“玉皇大帝”是众神之王，在道教神阶中修为境界不是最高，但是在民间的威望很高。“文昌帝君”又称文曲星或文星，古时被认为是主持文运功名的星宿。道教有很庞大的神灵体系，这些神灵仅仅是道教神灵中的一部分。

永靖地区生活的民族主要是汉族，占当地人口的87%。大多数汉族群众佛、道兼信，在当地道教信仰比较兴盛，绝大多数村子（除回族聚居的村落外）都有各自的方神庙，每个月的初一、十五，信众既去寺院烧香也去庙里拜神。财宝神信仰受到道教的影响非常明显，在财宝神唱词中有很多的体现。在缺子者备饯时，唱到“缺儿少男家中空，真人口里讨封赠。/财神走过百子宫，送子娘娘赐一小儿童。”如到庙里降香时，唱到“一炷香来天门开，玉皇大帝施恩来，天有三宝日月星，光耀宇宙运转行，甘霖滋润万物生，五谷丰登落太平。”进财门时唱到“左脚进门文曲星，右脚进门武曲星，财宝神进门时空不进，万年的福气带进门。”在道教神仙谱系里，文曲星是主持文运功名的星宿；武曲星为财富之神，掌管着财富、武勇。广大民众希望自己家里的孩子长大后能取得功名利禄，因此文武曲星得到了民众的广泛信奉。

除了这些神灵以外，财宝神也唱《问八仙》，八仙属于道教中的神话人物，有“上八仙”、“中八仙”和“下八仙”之分。人们熟悉的八仙，是明代吴元泰的神魔小说《八仙出处东游记》

中的八仙：铁拐李、张果老、汉钟离、吕洞宾、韩湘子、曹国舅、蓝采和、何仙姑。“八仙过海”的故事在当地广为流传，很多民众把“八仙”图悬挂在中堂或正厅享受人们的供奉，从中可以看出，民众对得道成仙神奇人物的崇拜和敬仰。八仙各有不同的神奇经历和传说，他们通过点化和修炼，最终都得道成仙，又各有法宝，身怀道术、上天入海、无所不能。财宝神中八仙也有和财神一样的职能，也可以给人们招财进宝，带来荣华富贵。民众对这些仙人的崇拜，也就是想让这些得道之人下凡给人们解除现实的困难。

（4）佛教神

唐朝中期以后，藏传佛教进入了甘肃永靖地区。清朝初期，在炳灵寺建立了活佛转世制度，标志着藏传佛教在炳灵寺的发展达到了顶峰，也标志着永靖地区藏传佛教发展达到鼎盛。清朝末年，西北地区爆发了大规模回民起义，佛教寺院毁于兵燹，虽屡经修葺，但已不如往昔。① 但是现在还有很多人信奉佛教。

财宝神在表演时，遇到念经人备饯财宝神唱到“南海岸上观世音，手执杨柳洒净瓶。句句念得保佑经，救苦救难观世音。”到庙里降香时唱到“释迦牟尼做的莲花台，四大金刚两厢立，诚信的弟子来上香。”等无不体现出民众对佛教神的崇拜。

总之，民众对财宝神的信仰是源于财宝神能提供现实的庇佑，神灵只要是灵验的民众就会接受它，这种信仰导致道教、佛教、和祖先神等混合在财宝神的演唱中。在财宝神杂项问答中，财宝神唱到三教原是一家人。如“儒家头子是仲尼，释家头子是牟尼，道家头子是龙尼，三尼自古称稀奇。太上逍遥在天宫，看见尘世善不行，一气化出三个人，儒释道教三个正，三教生自

① 豆珍惜：《藏传佛教在永靖地区的传播历史及现状研究》，西北民族大学研究生论文，2011 年。

太上君，因此原来一家人。”道教神仙体系中的一些神灵也被供奉永靖地区的藏传佛教寺院，如在罗家洞寺供奉有吕洞宾，中庄菩萨殿等处供有道教的送子娘娘等。这些现象从侧面反映出了道教和藏传佛教的相互影响。

2. 英雄人物崇拜

(1) 创世英雄崇拜

财宝神中唱到，“先有盘古开天地，女娲补天造了人，天地人皇三才定，日月山川从此分。”“自从盘古开天地，三皇五帝到如今。”“三皇治世年代久，五帝为君记不清。”等。有关三皇五帝，后人的记载和说法都不一样，不管是那种说法，他们都是创造万物被幻想而成的神灵。在财宝神的表演中盘古、女娲、三皇五帝等创世英雄被不断地传颂。

(2) 历史英雄崇拜

历史英雄，是指为社会发展和进步作出过特殊贡献，生前有助于国家、有助于人民或有特殊德行的人。财宝神的演唱中出现的历史英雄有：苏武、王昭君、桃园结义的三兄弟刘备、关羽、张飞等。

永靖群众通过演唱财宝神从侧面歌颂这些历史英雄人物。“苏武牧羊北海边，他和猩猩结了缘，北海受罪十九年，猩猩洞里把身安”，历史上确有苏武牧羊，但财宝神中苏武和猩猩结缘是人们增加的故事情节。这个故事在当地的广泛流传，正说明了爱国英雄苏武坚贞不屈、困苦不移的精神受到了群众的敬仰。

永靖历史上是一个多战争的地区，当地群众对王昭君的崇敬，一方面如史学家翦伯赞所说，“汉武雄图载史篇，长城万里遍烽烟。何如一曲琵琶好，鸣镝无声五十年。”体现了群众对这种和平和安定生活的渴望。另一方面，昭君出塞，对匈奴经济、文化的发展作出了重大的贡献，王昭君也赢得了人们的敬仰和爱戴。

送、迎财宝神在财门处相遇时，接唱“三人三姓三结义，一君一臣一圣人。不求同年同月同日生，只愿同年同月同日死。”“桃园结义刘关张，要推刘备做皇上。”“三人结义感情重，徐州失散音不通。”“出五关斩六将，老爷功勋世无双。”“志在春秋功在汉，心同日月义同天。”他们三个人互帮互助，精诚团结，象征了送、迎财宝神两村之间应互相帮助、互相团结。“义”是中华民族传统文化之精髓，对桃园结义三人的崇拜，其实是对我国传统文化——忠、节、义的倡导。

作为俗神，财宝神信仰在民间尤为兴盛。根据以上内容的分析，可见在财宝神信仰过程中，崇拜多神，甚至对圣贤仙佛及各种偶像，不分彼此和财神信仰融合在一起一例崇拜。同时也可以看出，文学作品对当地财宝神信仰产生了影响，民间信仰和文学作品交织在一起，对财宝神信仰起到了推动作用。桃园结义中，对关羽的演唱“出五关斩六将”很明显是在小说《三国演义》中出现的。“杨家父子九条龙，杀敌制胜立大功。宋王江山一千斤，杨家担着九百斤。”“四郎忠君替宋王，大郎射死天庆生。”这些是历史小说《杨家府演义》中出现的，与历史事实相去甚远，但是这些根据历史塑造的杨家英雄正直无私、勇敢顽强的精神，博得了广大人民的喜爱和尊敬。演唱中采用历史人物，加强了故事的真实性，对于这些早有耳闻的人物，民众更是怀着一种更加信服的态度。

（二）财宝神信仰存在的原因

1. 外在原因

（1）自然环境

永靖地处青藏高原边缘的内陆深处，生态破坏严重，境内沟壑裸露，气温较高，雨量偏少，旱、雹、霜等自然灾害频繁，尤其是旱灾，受灾面积大，损失严重，属于“三年两头旱”的贫困地区。“自1929——1985年的57年中，受旱的年份竟有37年之多。每遇旱年，占全县耕地面积的70%以上的山旱成灾，粮减产，草不长，树枯黄，泉断流、窖无水，极大地制约着农业生产的发展，至1985年任未得到完全、稳定的解决。”① 由于自然灾害的频繁发生，使得人民的生活困苦不堪。在强大的自然力面前，人们深深感觉到自己的渺小。对自然灾害产生了恐惧。在自然环境的逼迫和农耕文化的影响下，当地百姓为了生存，不得不求助于神灵的护佑，希望神灵能帮助他们实现风调雨顺，五谷丰登的愿望。正如乌丙安先生所说：历代民众的生存愿望，生活需求是民俗得以产生，传习，保存，应用的基本动因，只要人们的生存愿望得不到实现，生活需求得不到满足，他们就不停顿的动用各种民俗形式表达这种愿望和需求，即使世世代代也难以得到实现和满足，人们也乐此不疲。②

（2）历史环境

首先，“有史料记载，截止解放初期，殃及这一地区的重大战争就有32次，政变7次，一般战事189次。”③ 永靖因濒临黄河，地势险要，是历代兵家必争之地，唐代在这里设置凤林关，宋代设安乡关。历史上这里曾是古战场，人民备受战乱之苦。杜甫的“每惜河湟弃”、“凤林戈未休”以及清代河州知州王全臣诗云“行来竟日无烟火，到处逢人哭野坟。”的悲怆诗句，真实再现了当时的社会现状。永靖人民对战争灾难有深刻的体验，人们渴望和平和社会安定。故在民国十八年分置新县，取名“永靖”，希望消弭战祸，永久平靖。财宝神唱词中出现最多的也是“普天之下送太平”，财宝神的传说也都和“太平”有关，它是

① 陈世文主编：《永靖县志》，兰州大学出版社，1995年版，第6页。

② 乌丙安：《民俗学原理》，辽宁教育出版社，2011年版，第174页。

③ 永靖县县志办公室编：《河州北乡秧歌》，甘肃文化出版社，2006年版，第367页。

一位送太平的神，可见这些都是民众最真实的心声。

其次，在1958—1968年间，国家在境内修建刘家峡、盐锅峡和八盘峡三大水电站。水库的建设中，“征用土地11.75万亩，耕地54691亩（内水地52138亩）”①。库区移民，除了安置在临夏县、东乡县外，就在永靖就地安置。移民安置后，土地连年塌陷和碱化，致使很多村庄裂陷，房屋倒塌，迫使很多移民迁而又迁，耗费了大量的人力、物力和财力，给当地的群众生活带来了越来越多的困难。由于大部分移民被安置在人口稠密地区狭窄的川塬区，随着人口的增加，移民区的耕地逐年减少，人均耕地0.88亩，粮食不够吃，生活十分困难。

本文的调查点刘家村正是刘家峡水库的纯移民村，原先住在最富饶的川水地区——白塔寺川。1958年因兴建刘家峡水库，整体迁至塬上。刚开始的几年里作为移民，人多地少，经济发展缓慢，群众生活很困难。但穷则思变，经过几十年的发展，该村现在是当地有名的制砖专业村，全村8个社，564户人家中就有500多制砖能人，他们活跃在省内各个地方及青海、西藏等地，承包经营着70多家砖厂，有着可观的经济收入。而在当地财宝神信仰比较浓厚，这是和民众的生产生活密不可分的，在春节期间举行财宝神的活动，民众祈求外出务工人员来年能有好的收入，平安健康。移民初期，生活困难，人们信仰财宝神，希望能摆脱贫穷，发财致富；现在人们生活条件变好了，群众更加相信财宝神是保佑他们的，是有灵性的。“在人们把某人或某物视为神时，最初主要是看他或它所具有的某一作用上，造成这些神灵的神性最初都体现在该作用上。”② 正是因为民众认为财宝神满足了他们的现实需要和诉求，改善了人们的生活状况，民众更愿

① 陈世文主编：《永靖县志》，兰州大学出版社，1995年版，第424页。

② 王继英：《民间信仰文化探踪》，民族出版社，2007年版，第177页。

意去信仰。

（3）政府的作用

财宝神信仰就是在春节期间祈求神灵的保佑，能使社会太平，民众生活富裕、五谷丰登、六畜兴旺、风调雨顺。而且财宝神表演是和秧歌一起演出的，所以政府对民间财宝神信仰给予了很大的自由空间和支持力度。

2. 内在原因

（1）万物有灵论的影响

人类学家爱德华·泰勒在《原始文化》中，提出了万物有灵的概念，认为这是在蒙昧时期人类世界观的最明显最主要的特征。“万物有灵论”认为世界上万物都是有灵魂的，而且灵魂不灭，并且相信各种灵魂可以升格成为诸神。万物有灵的原始思维是信仰产生和生存的前提和基础。

在财宝神的传说中，人们认为苏武的儿子苏金死后，灵魂不灭扰得宫廷不得安宁。仪式中有关崇拜祖先、门神等的行为，都说明当地民众受到了万物有灵思想的影响，而且认为灵魂还有赐福或降灾的神力。人们通过自身的感知、情感、意欲和社会生活经验去理解一切事物，认为它们也跟人一样具有感觉、情感、欲望等，通过供奉祭品等来祭祀神灵，神灵就会降福于人。

（2）原始巫术的影响

英国人类学家詹姆斯·乔治·弗雷泽在其著作《金枝》中提出了，巫术赖以建立的两个思想原则：一是“相似律”，巫师根据“相似律”仅仅通过模仿就能实现任何他想做的事，基于这个原则的巫术就叫做“顺势巫术”或“模拟巫术”；二是“接触律”或“感染律”，他能够通过一个物体对一个人施加影响，只要该物体曾被那个人接触过，不论该物体是否为该人身体的一部分，基于它的巫术叫做“接触巫术”。

首先，财宝神信仰体现了“顺势巫术”，是一种模拟，它通过模拟本文开头提到的传说中的神化的人物，反穿皮袄，给每家每户送太平。其次，财宝神信仰借助了“接触巫术”，在备饯的仪式中，财宝神要将怀中的“宝物”赏给备饯的人家，这些“宝物”经财宝神之手，送给老百姓，“宝物”就有了神奇的作用，就能使人发财致富。所以说财宝神信仰受到了巫术观念的影响。

（3）财宝神信仰文化的多元性

首先，随着道教、佛教的传入，加上永靖地理环境的特殊，在这里道教、佛教融合在一起。使得当地老百姓在信仰的过程中，对于神灵身份、来历并不介意，只要是灵验的，民众就会接受拜奉它。其次，随着社会的不断发展，人们的需求也在不断的增多，财宝神原有的送太平的神性，已经很难满足人们更多精神上的需求，于是人们就在财宝神原有神性的基础上，根据自己的需要赋予了它更多的神性。这样就使原来只有一种神性的神灵变成了有多种神性的神灵。如在备饯时，财宝神根据不同的家庭，一会扮演了生育神的角色，一会帮助人们祈求取得功名利禄，一会又扮演成财神。人们给神灵赋予更多的神性的过程中，不是根据自己的需要来随便赋予的，而是在人们遇到各种各样实实在在的困难时，为了得到神灵的帮助，把克服各种困难的希望寄托在了神灵上。这两种因素导致在财宝神信仰中出现了佛教神、道教神以及原始宗教中的祖先神都和俗神融合在一起的现象，甚至对文学作品中的杨家将、哪吒等也当成了神仙。民众需求的多样性和神性的单一性，使得在现实中出现了财宝神这种具有多元性的神灵，它能够满足人们各种不同的需要。

唯物辩证法认为，事物的发展是内因和外因共作用的结果。内因是事物发展的根本原因，外因是事物发展的条件。由于受万物有灵、原始巫术的影响及财宝神有多神性的特点，加上外部环境的影响，财宝神信仰在当地长期存在。

（三）财宝神信仰的特征

1. 功利性和现实性

财宝神的表演中，处处可见财宝神信仰的功利性和现实性。财宝神的演唱极富针对性，他们根据受众的职业、年龄而演唱。如遇到庄稼人备饯时，唱“病虫灾害远离分，风调雨顺落太平。”“象牙筷子交加行，田苗长成松柏林。”教师备饯时唱“山不在高来水不嫌浅，小巷之中有大贤。桃李满门遍天下，培养人才多专家。”木匠备饯时唱“公输子巧来你也巧，造出木檐飞云霄。善心感动天地人，春满乾坤福满门。”外出经商者备饯时唱“出外经商心开放，财源滚滚如长江。”听众来自各行各业，不但有庄稼人，还有木匠、工商业者、教师等，财宝神信仰能够准确地掌握民众的祈望。对于社会中陷于贫困的群体，财宝神主要帮助他们摆脱贫困；对于追求事业的老百姓，财宝神又帮助他们达到职业上的目标，希望他们有美好的未来。对整体的民众，财宝神凸显“财神”的职能，满足人们对财富的追求愿望，使得越来越多的民众虔诚地信仰财宝神。正如费孝通先生说：“我们对鬼神也很实际，信奉他们为的是风调雨顺，为的是免灾逃祸。我们的祭祀很有点香请客、疏通、贿赂，我们的祈祷是许愿，哀乞”。① 从这些可以看出财宝神信仰的功利性和现实性。

2. 信众的广泛性

在信仰的过程中老百姓的需求各不相同，自然也就产生了不同的神灵。永靖地区的财宝神是集财神信仰、各种神灵崇拜及英雄崇拜为一体的神灵，是将人们的很多需求都包含在内，是无所不能的神灵。所以在遇到不同的民众时，财宝神就会扮演不同的角色。祭拜送子娘娘或送子观音祈求多子多孙的民众、想要延年

---

① 林国平：《关于中国民间信仰的几点思考》，载《民俗研究》2007 年第 1 期。

益寿，长生不老的民众、还有祈求除去灾祸、祈福平安的民众和祈求要生意兴隆、财源广进的民众都在信仰财宝神。男女老少都是它的信众，而且信众涉及各行各业。

3. 人的神化和神的人化

人类对社会性的人格神的崇拜与信仰，是从对自然的崇拜逐渐发展起来的。换句话说，是从对自然现象的崇拜转化为相应的神灵的崇拜的。民众根据民间传说、宗教故事或古文献历史资料一步步创造出了具有相应的人格化的神灵，这些创造出来的神灵与人们的日常生活和实际功利密切相关。根据当地流传的传说，财宝神是苏武的儿子苏玉，他因死后阴魂不散扰的人们不得安宁，才将他封为财宝神给天下送太平，是把人进行了神化。而随着社会的发展，现在当地的财宝神是由活人装扮的，通过焚香，燃鞭炮等让神降临，在民众心目中他们就是活生生的神灵。在某种程度上说，这是将神进行了人化，拉近了神和人之间的距离。

（四）财宝神信仰的社会功能分析

财宝神主要在永靖县及周边地区流传，它被反复表演，代代传承，为民众的生产生活服务，对当地人来说有着重要的功能和意义。

1. 教化功能

在过去，民间的教育很多是通过民间头口文学的形式来实现的，它也是口头文学的表演过程。“各民族传统上的民间口承文化所固有的社会功能和文化性质远远超出了文学，而包容了各个民族有史以来所创造的全部精神文化理论形式和物质文化经验总结的基本内容。”[①] 财宝神信仰是人们信仰观念、行为规范的约

① 转引李生柱：《表演理论视野下的“梅葛”研究》，中南民族大学硕士论文，2010 年。

定俗成，它在表演的过程中，不断地将当地的行为规范和伦理道德等灌输给民众，传统的口承语言民俗实际上是民间村落教育的教材总汇，它的传承活动也是一种对村民的施教活动，它的表演最根本的功能在于教育。

财宝神的唱词内容很丰富，涉及天地的开辟，治愈洪水、生产生活知识等，信仰过程中提倡“善行”，如敬天地、尊神佛、孝敬老人、家庭和睦以及广行善举等。自古以来，在中国家庭观念十分浓厚，孝敬父母是日常行为的准则之一，也是衡量一个人道德的重要标准。财宝神通过演唱《二十四孝》曲，把《二十四孝》的故事传达给民众，同时也把忠孝思想灌输给了民众，教育人们“忠孝二字做人的本，不讲忠孝枉为人。”“人人莫忘养育恩，应当效法反哺情。”在农人备饯时，财宝神演唱的二十四节气和农业生产知识等，对民众起到了传授生产经验的目的。

除此之外，文学作品和财宝神信仰有着密切的关系，文学作品丰富和发展了财宝神的唱词，在财宝神信仰的过程中也对文学作品进行了传播，特别是《西游记》、《三国演义》和《封神演义》等作品中的人物及故事。笔者在调查中发现，在永靖农村，除了学生外，有很多人一字不识，有的仅仅会写自己的名字。因此，特别是在没有广播、电视媒体的时代，财宝神通过传唱这些作品，或多或少的提高了人们的文化修养，在很大程度上起到了教育的作用。

2. 调节功能

“调节功能是指通过民俗活动中的娱乐、宣泄、补偿等方式，使人类社会生活和心理能得到调剂的功能。”[①] 财宝神的表演主要在永靖自然环境较恶劣、交通不便、生产生活方式较落后的地区，长期以来，人们生活比较贫困，原始宗教信仰在当地十

① 钟敬文：《民俗学概论》，上海文艺出版社，1998 年版，第 30－31 页。

分盛行。而民众通过财宝神的表演来取悦祖先、娱乐各种神灵，使得他们保佑民众平安吉祥，发财致富、幸福昌盛，有心理慰藉的功能。财宝神并不是直接将财富送到每一个信众手中，而是让信众相信，他们会保佑着信众，使自己有更多的发财机会。财宝神是民众寄托信仰的娱神活动，更是民众宣泄情感的娱乐活动。春节期间财宝神的表演场面神圣而严肃，更多的是娱神的功能。但是在喜庆节日中的财宝神表演，更多的是娱人，借酒唱着吉祥话，使东家高兴。娱神与娱人的功能并存。所以说，财宝神信仰中，人们通过娱乐、宣泄等维持着心理上的平衡。

3. 增强凝聚力

人类学家认为“最复杂、最迷人、最重要的社会组织方式，是以血亲、姻亲、祖先的关联为基础的组织方式。”[①] 财宝神的演出就是这样的。首先，财宝神是以村为单位组织的活动，当地的刘家村、芝家湾村等，都是同一宗族形成的村子。因此，一个村的财宝神扮演者之间互有远近亲疏的血亲关系。其次，在财宝神备饯的仪式中，除了在村口举行的公饯（以村为单位设宴，迎亲财宝神）外，都是以家庭为单位迎亲财宝神的，备饯的家庭多与财宝神、秧歌中的扮演者有血亲、姻亲的亲属关系。在备饯的过程中，备饯人要给亲人“搭红”[②]（图 12），跟藏族群众的献哈达一样，以帛为贽，表示对亲人的美好祝福。这样的表演，体现出了社会群体成员间最基本的亲属关系，增加了村与村之间的联络，同时也增进了亲属之间的往来，增强了村落、宗族的凝聚力。此外，因表演者都是中老年人，所以观看者也是以老年人居多，这样的表演丰富了老年人的生活。

---

① R·M·基辛著，北辰编译：《当代文化人类学概要》，浙江人民出版社，1986 年版，第 115 页。

② 方言，“搭红”，就是将红色被面搭在亲友脖子上，跟献哈达类似。

图 13　等待搭红的民众

财宝神信仰体现了人们对神灵的崇拜和英雄人物的崇拜。由于受到万物有灵论、原始巫术的影响以及外在自然环境和历史环境的影响，在当地形成了多元的财宝神信仰文化。财宝神信仰有现实性和功利性、信众广泛、有人的神化和神的人化结合的特点。财宝神的传唱传播了文学作品，提高了当地老百姓的文学素养，对群众有教化的作用。春节期间的财宝神表演，更多的体现了是娱神的作用；宴席中的财宝神表演体现了娱人功能。通过娱神娱人的表演，人们的社会生活和心理得到调剂。同时财宝神信仰也增进了村落、宗族的凝聚力，丰富了老年人的生活。

六、财宝神的传承与保护

（一）财宝神的传承

“财宝神”是集民间歌、舞为一体的表演艺术，只有在不断的表演中，“财宝神”才会彰显它存在的意义。而且“财宝神”的传承也是在表演的过程中实现的。只有不断的表演，她才能有持久的生命力。

“财宝神”是口头传承的，因此它没有文字记载，演唱者都是靠耳听心记演唱的内容和曲调，在各种各样的表演中反复练习，最终形成固定的模式，在固定的程式中表演者在演唱时游刃有余。

在调查中笔者采访发现，“财宝神”的演唱者几乎都是在各种休闲场所听别人演唱或在别人的对唱中学会的。这种表演是口耳相传、耳濡目染的学习和传承过程。爱好者在别人的演唱中，认真聆听、悉心学习，慢慢学会的。如芝家湾村的芝生堂（男，汉族，现年 73 岁）是当地“财宝神”的爱好者，他在接受采访是谈到：

问：您唱财宝神是拜师学过吗？

答：niu（没有）。

问：您是啊木（怎样）学会唱“财宝神”的？

答：就跟尕娃们（小孩）上学一个道理，喜欢听，我们小时候在巷道听老者们唱，听着听着就会了。唱时用到的历史资料是老人们给我们讲的。先记住历史资料，再把调学会。

问：那在唱时应该注意什么？

答：唱的时候，分析别人唱的内容是不是真实的，要按实际情况唱。

财宝神的演唱者，只要他们喜欢，就可以学习“财宝神”。他们在掌握了“财宝神”的基本演唱模式之后，就根据这些相对固定的模式，对演唱的内容进行再创作，添加一些新的内容。这些创作的内容，如果比较经典，就会被大范围的传唱，形成较固定的文本，被传承下去。

（二）财宝神信仰的现状

据笔者调查，在当地每年春节期间，都有10多个秧歌队到县城演出。有秧歌演出，就会有财宝神的表演，财宝神是秧歌中不可缺少的一部分。秧歌的演出是按约定俗成的顺序举办的，如2000年刘家村举办了秧歌，那么接下来演出村庄的顺序是罗川村、姬川村、上高白村、芝家湾村、姬川村。实际调查情况如下：

表1　2000年后秧歌的演出顺序表

村名	刘家村	罗川村	姬川村	上高白村	芝家湾村	下塬村	刘家村
演出时间	2000年	2002年	/	2005年	2006年	/	2011年

距今的十余年间，除了姬川村和下塬村没有演出之外，其余的村子都进行了演出。因为村子要具备该年年景好，五谷丰登，外出打工人员有较好的收入和该村有很多表演秧歌的能手这两个条件，还有资金的问题，该村才能够组织秧歌，所以有的村子推后了一、两年演出也是常有的事。只要哪个村子组织了秧歌活动，那么每个村子都会有财宝神的表演；无法举办秧歌的村子，就要组织6~8人的财宝神到有马路的村庄送太平，以替代秧歌。所以说，在当地“财宝神”是很兴盛的。

虽然当地财宝神信仰是一直存在的，但是在传承上也存在一些问题。以下是笔者收集的刘家村的演出时间表：

表 2　刘家村财宝神演出传承、谱系表

村名	演出时间	财宝神扮演者
刘家村	1946 年	刘玉鹿、刘口外、刘丰先等
	1956 年	刘玉鹿、刘玉山等
	1978 年	刘玉中、刘玉恒、刘文锦、刘世玉等
	1992 年	刘玉中、刘玉恒、刘文锦
	1996 年	刘玉中、刘玉恒、刘世玉
	2000 年	刘玉中、刘玉恒、刘文锦、刘世玉
	2011 年	刘文锦、刘世玉

从以上数据可知，自 1946 年至 2012 年，刘家村一共表演了 7 次大型秧歌。除去 1958 年至“文革”期间，秧歌销声匿迹的 20 年，刘家村平均每 5 年或 6 年组织了一次秧歌。按规矩，每个村也应该是每隔 5 年左右就应该举办一次。但是在调查中发现一些问题：

1. 表演的次数明显比以前少。在 2000 年至 2011 年，刘家村整整十年才组织了一次表演。在调查中，民众说：“前几年都去打篮球了，乡上赞助组织篮球比赛的村子，年轻人都去打了，没人玩秧歌。”可见，新的娱乐活动对“财宝神”表演产生了冲击。同时也是因缺乏资金。每年春节，秧歌的演出费用多是靠村里每家每户和村里老板的自愿捐资。资金状况很紧张，许多道具、乐器、服装早已破损，需要更换。每村接待 100 多人的秧歌队，也需要资金支持。相对贫困的村庄因缺乏资金，组织不起秧歌演出。

2. 后继乏人。近年来财宝神主唱中没有增加新人，现在每个村庄，善唱财宝神也就 2、3 人，且年龄都在 60 岁以上。近年来，这几位老人一直是财宝神的主唱，如果不能有效解决后继乏人的问题，一旦这些老人离世，他们身上所承载的传统文化也就会消亡。

（三）对“财宝神”信仰民俗传承问题的建议

财宝神信仰，已经深入到当地民众的日常生活中，成为他们精神生活的重要组成部分。每逢喜事人们借酒唱财宝神，以示祝福；在春节期间，迎送财宝神，那些信仰行为已经成为他们的生活习惯和心理习惯，慰藉了民众的情感，满足了民众的现实祈愿，对人们具有现实意义。

财宝神信仰民俗作为民间的非物质形态的文化遗产，通过日常生活中的口头传唱和春节期间的祭祀活动等传承方式传承至今，已经成为了一种娱神娱人的传统。它丰富的文化内涵和积极的社会功能，是值得保护的民间文化。财宝神信仰与社会发展观念相适应，有爱国爱民、地方认同等精神价值；它不仅关注了个人的心理需求，也加强了村与村、人与人之间的关系。信仰民俗属于中国传统文化的重要组成部分，正如田青所说：“假如把所有涉及民间信仰与民间崇拜的内容都去掉，对中国文化传统来说，是巨大的损失。”①

针对财宝神信仰在传承过程中出现的问题，笔者提出以下建议：

1. 加强“财宝神”保护的宣传力度。保护传统文化是每个公民应尽的责任和义务，政府应加强财宝神传承的宣传力度，让更多的人了解财宝神保护的重大意义，树立起主动保护文化的文化自觉，积极地参与到传承财宝神民俗的工作中来。

2. 财宝神是口头传承的，传承人们一旦离世，财宝神信仰就无法继续，因此，我们应该尽快地培养传承人，对传承者给予

---

① 田青：《“民间信仰”与文化》，载《浙江日报》2007 年 8 月 27 日。

一定的奖励，让传承者成为保护民间文化过程中的第一受益者，使表演艺术后继有人。

3. 加快财宝神资料的搜集整理工作。对现有的财宝神的活动进行拍摄、录像，对财宝神的唱词进行收集整理，以纸质版的形式出版保存。

七、结　语

通过对流传于永靖及周边地区“财宝神”信仰的考察，本文主要得出以下观点：

财宝神与人们通常所说的财神是有区别的。它们的相同点在于，它们都是给人们送财送福、保佑风调雨顺和国泰民安的赐福者，是喜神善神，人们把他们看做是吉利的象征；不同点在于，“财宝神”不单纯指一个形象，还包括和这一形象有关的一系列表演，是一个集体活动。

财宝神具有综合化的神性，它其实是一个神灵群体。它的职能不是单一的，而是融合财神信仰及各种神灵崇拜及英雄崇拜为一体的神灵，是将人们的很多需求都包含在内的，是无所不能的神灵。

从“财宝神”表演过程中，可发现它有很强的仪式元素。仪式元素的存在使“财宝神”有更强的传承性和稳定性。它的演出有一套严格的程序，以个人、家庭或村为单位的“备饯”（亲朋好友在门前设宴，招待财宝神及秧歌队）活动，体现了人们对血缘亲情及家族的重视，增进了亲属之间的往来，同时也增加了村与村之间的联络，增强了村落、宗族的凝聚力。正月十六的结束仪式，象征着旧的一年的结束和新一年春耕的开始。村民在财宝神演出中历来遵循的规定，民众已经达成了共识，作为祈求来年风调雨顺、家庭兴旺的愿望，“财宝神”表演成为民众的精神指向。在一定程度上，“财宝神”的表演维护了习俗社会的秩序，使民众分享了民俗知识和民俗娱乐，加强了俗民群体间的互动。人们通过娱乐、宣泄等维持了心理上的平衡。

“财宝神”的表演者都是中老年人，爱好者也以老年人居多。近年来在农村，年轻人都到外地打工，留守在村中的也都是年迈的老人。财宝神的传唱，在很大程度上丰富了老年人的生活。

总之，“财宝神”虽然有很强的传承性和稳定性，丰富了民众的民俗生活文化，也对民众有很强的教化功能，但是在传承的过程也存在很多问题，作为省级非物质文化遗传，我们需要对财宝神的表演和传承进行必要的保护，保护它就是保护当地民众的文化传统，同时也保护了人类文化的多样性。

此外，由于作者水平的局限，论文还存在一些不足之处：一方面，如本选题在理论上以查理德·鲍曼的“表演理论”为宏观指导，为本选题指明了正确的研究方向。但是笔者对理论的认识深度不够，没有将理论要求落在实处，使得本选题的理论依据比较薄弱。另一方面，由于本选题“财宝神”是和秧歌一起演出的，一般一年只有一次。但是根据当地的传统，有的年份不一定会进行表演，所以笔者实地观察的次数和时间有限，这样使得田野作业收集的资料不是很完整，有一定的片面性。针对这一缺憾笔者在今后会不断的调查，进行弥补。

参考文献：

1. 王沛：《河州说唱艺术》，敦煌文艺出版社，1999 年版。

2. 董晓萍：《田野民俗志》，北京师范大学出版社，2003 年版。

3. 郑振满、陈春声：《民间信仰与社会空间》，福建人民出版社，2003 年版。

4. 永靖县县志办公室：《河州北乡秧歌》，甘肃文化出版社，2006

年版。

5. ［美］查理德·鲍曼：《作为表演的口头艺术》，广西师范大学出版社，2008 年版。

6. 刑莉：《民间信仰与民俗生活》，中央民族大学出版社，2008 年版。

7. 刘道超：《筑梦民生——中国民间信仰新思维》，人民出版社，2011 年版。

8. 文忠祥：《土族民间信仰研究》，兰州大学，2006 年版。

9. 王欢：《中国民间的财神信仰与财神宝卷研究》，扬州大学，2010 年版。

10. 王朝林：《瑶族〈盘王大歌〉与民间信仰》，中南民族大学，2010 年版。

11. 高丙中：《作为非物质文化遗产研究课题的民间信仰》，载《江西社会科学》2007 年第 3 期。

12. 毕艳君：《甘青河湟地区“财宝神”文化内蕴阐释》，载《民族文学研究》2007 年第 1 期。

13. 黄景春：《30 年来财神信仰及其研究状况概述》，载《长江大学学报（社会科学版）》2008 年第 6 期。

14. 孙发成：《略论门神信仰》，载《北京理工大学学报（社会科学版）》2008 年第 1 期。

15. 章文儒：《甘肃临夏地区财宝神初探》，载《群文天地》2011 年第 10 期。

附录

重点访谈对象一览表

姓名	年龄	性别	职业
刘世玉	76 岁	男	中学退休教师
刘文锦	77 岁	男	永靖县岘塬镇刘家村农民
罗奶奶	70 岁	女	永靖县岘塬镇刘家村农民
徐桂花	75 岁	女	永靖县岘塬镇岘塬村农民
肖怀祖	77 岁	男	永靖县岘塬镇之家湾村村民
芝生开	73 岁	男	永靖县岘塬镇之家湾村村民
芝生堂	73 岁	男	永靖县岘塬镇之家湾村村民
芝永刚	74 岁	男	永靖县岘塬镇之家湾村村民
芝生郁	75	男	永靖县岘塬镇之家湾村村民